王子今 高从宜
孙家洲 桂维民
张占民 著

出入龙门

晋陕黄河右岸的历史与人文

[增订本]

西北大学出版社
·西安·

图书在版编目（CIP）数据

出入龙门：晋陕黄河右岸的历史与人文 / 王子今等著. —增订本. —西安：西北大学出版社，2023.5
（黄河岸边的中国 / 马来总主编）
ISBN 978-7-5604-5138-1

Ⅰ.①出… Ⅱ.①王… Ⅲ.①文化史—研究—山西②文化史—研究—陕西 Ⅳ.①K292.5②K294.1

中国版本图书馆CIP数据核字（2023）第097207号

出入龙门：晋陕黄河右岸的历史与人文（增订本）
CHU RU LONGMEN：JIN SHAN HUANGHE YOU AN DE LISHI YU RENWEN

作　　者	王子今　高从宜　孙家洲　桂维民　张占民
出版发行	西北大学出版社
地　　址	西安市太白北路229号
邮　　编	710069
电　　话	029-88302590　88303593
网　　址	http://nwupress.nwu.edu.cn
经　　销	全国新华书店
印　　装	陕西龙山海天艺术印务有限公司
开　　本	787毫米×1092毫米　1/32
印　　张	18.625
版　　次	2023年5月增订
印　　次	2023年5月第1次印刷
字　　数	253千字
图　　片	256幅
书　　号	ISBN 978-7-5604-5138-1
定　　价	118.00元

书中部分图片未能联系到作者，请作者看到本书后尽快与我社联系。
本版图书如有印装质量问题，请拨打电话029-88302966予以调换。

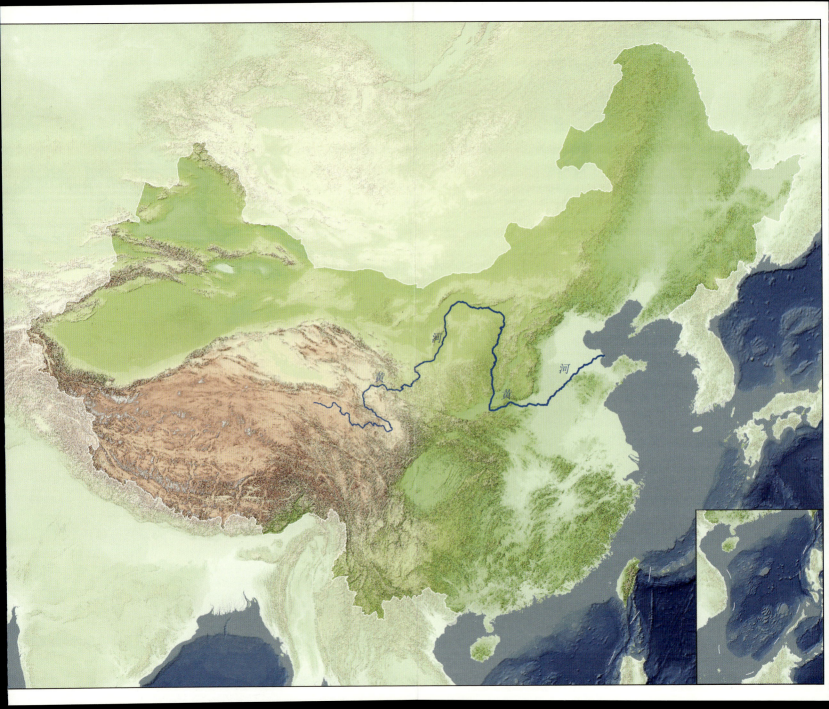

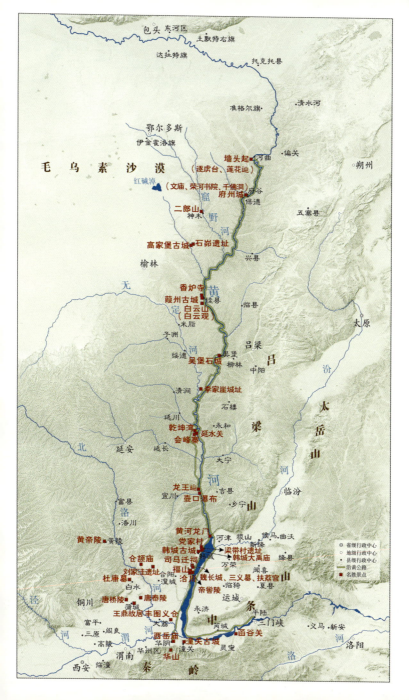

沿黄观光公路起点——华山脚下的莲花座
郭吉合 摄影

出入龙门
晋陕黄河右岸的历史与人文
【增订本】

晋陕黄河右岸风貌高清图
晋陕黄河右岸历史文化讲解
晋陕黄河右岸文化遗存背后的故事

总策划　桂维民　常江
总主编　马来
作　者　王子今　高从宜　孙家洲　桂维民　张占民
统　稿　刘栓

目录

CONTENTS

◎ 导读

河流隐藏着一个民族的秘史

——晋陕黄河右岸的历史人文考察　　马　来 / 001

◎ 汾渭谷地黄河右岸

一　潼关古城 / 003

◇ 潼关古城简介 / 006

1. 秦晋之间的黄河津桥　　王子今 / 014

2. 兴亡潼关城　　高从宜 / 018

3. 从"置关首战"看潼关制衡东西的战略意义

　　孙家洲 / 027

4. 古代的潼关道　　陈磊 / 044

二　西岳庙 / 051

◇ 西岳庙简介 / 054

1. "与华无极"西岳庙　　王子今 / 059

2. 西岳华山与东岳泰山的特殊关系　　孙家洲 / 061

3. "天威"西岳庙　　高从宜 / 068

三 丰图义仓 / 075

◇ 丰图义仓简介 / 078

1. 黄河与漕粮储运：有关"仓"的随想　　王子今 / 083

2. 泰山信仰在华山周围有明显存在　　孙家洲 / 085

四 洽川 / 089

◇ 处女泉、福山寺、灵泉村、帝喾陵简介 / 092

1. 为什么"蝎子山"称作"福山"　　王子今 / 101

2. 合阳"伊尹故里"试说"伊尹之谜"　　孙家洲 / 106

3. "帝喾陵"遐思　　孙家洲 / 127

4. 神瀵—洽川"福山"之谜　　高从宜 / 145

五 韩城魏长城、三义墓、扶荔宫 / 151

◇ 韩城魏长城、三义墓、扶荔宫简介 / 154

1. 踏访魏长城——考古人断想　　张占民 / 162

2. 韩城"三义墓"析疑——历史与传奇的两种"版本"
　　孙家洲 / 170

3. 扶荔宫：黄河岸边的汉武帝行宫　　张占民 / 192

六 司马迁祠墓、司马氏族建筑群 / 199

◇ 司马迁祠墓、司马氏族建筑群简介 / 202

1. 童年司马迁"耕牧河山之阳"　　王子今 / 209

2. 太史公墓前感悟的"班马异同"　　孙家洲 / 215

3. 不屈的灵魂——贵族血胤司马迁　　张占民 / 239

七　韩城三庙 /249

◇ 韩城文庙、韩城城隍庙、东营庙简介 /252

八　梁带村遗址、刘家洼遗址 / 257

◇ 梁带村遗址、刘家洼遗址简介 / 260

1. 芮姜与芮伯万的故事　　王子今 /269

2. 尘封的芮国——梁带村惊世发现　　张占民 /273

3. 刘家洼遗址——芮国考古新发现　　张占民 /282

九　党家村 / 291

◇ 党家村简介 / 294

1. 韩城方言的文化信息　　张占民 / 300

十　黄河龙门、韩城大禹庙 /307

◇ 黄河龙门、韩城大禹庙简介 / 310

1. 鲤鱼跳龙门　　高从宜 / 316

◎ 晋陕峡谷黄河右岸

十一　壶口瀑布、龙王辿 / 327

◇ 壶口瀑布、龙王辿简介 / 330

1.《梦溪笔谈》所记录黄河岸边竹类植物化石

　　王子今 / 335

十二 沿黄观光公路晋陕峡谷段的地貌与生态 / 339

◇ 沿黄观光公路晋陕峡谷段的地貌与生态 / 342

1. 千年的松柏万年的槐　不知枣树何时来　　刘　栓 / 346

十三　乾坤湾、会峰寨、延水关 / 351

◇ 乾坤湾、会峰寨、延水关简介 / 354

十四　李家崖城址 / 361

◇ 李家崖城址简介 / 364

1. "鬼方"何在——关于李家崖遗址的思考　　高从宜 / 367

十五　吴堡石城 / 379

◇ 吴堡石城简介 / 382

十六　佳县县城 / 387

◇ 葭州古城、香炉寺、白云观简介 / 390

1. "真武"与"云中"　　高从宜 / 396

十七　府谷县城 / 405

◇ 府州城、文庙、荣河书院、千佛洞简介 / 408

1. 谁为祖国守边关——吴堡石城与府谷石城　　高从宜 / 413

十八　墙头 / 419

◇ 墙头起、逐虏台、莲花迤简介 / 422

1. 君子济　　王子今 / 426

2. 战神之河——秦晋峡谷概观　　高从宜 / 429

◎ 晋陕黄河右岸腹地

十九　二郎山庙 / 441

◇ 二郎山庙简介 / 444

二十　石峁遗址 / 447

◇ 石峁遗址简介 / 450

1. 石峁遗址出土的鳄鱼骨板　　王子今 / 458

2. 石峁"黄帝魂"　　高从宜 / 461

二十一　高家堡古城 / 471

◇ 高家堡古城简介 / 474

二十二　黄帝陵 / 481

◇ 黄帝陵简介 / 484

1. 满天星斗的后裔——黄帝陵与黄河的"文化星座"

高从宜 / 490

二十三　仓颉庙与墓 / 507

◇ 仓颉庙与墓简介 / 510

1. 人神会通：天雨粟，鬼夜哭　　高从宜 / 514

二十四　杜康墓与庙 / 521

◇ 杜康墓与庙简介 / 524

1. 唯有杜康　　高从宜 / 528

二十五　唐桥陵、唐泰陵与王鼎故居 / 533

◇**唐桥陵、唐泰陵、王鼎故居简介** / 536

1. "死谏"的王鼎：价值在"刚正"而不在"清廉"

　　——参观王鼎纪念馆有感　　孙家洲 / 546

◎ **后记** / 565

·导读·

河流隐藏着一个民族的秘史
——晋陕黄河右岸的历史人文考察

黄河是中华民族的摇篮,是中华文明的重要发祥地。黄河在晋陕峡谷由北而南,刻画出山西、陕西的省界,并延伸至汾渭谷地,至潼关折而东流。上起右岸府谷、左岸河曲,下至右岸潼关、左岸芮城,是为黄河晋陕段。

按照中国现代著名史学家、考古学家徐旭生关于中国古史的观点,中国古代部族大致可以分为华夏、东夷、苗蛮三大集团,而最有影响的华夏集团包括黄帝与炎帝两个氏族,他们生活在今陕西、甘肃两省交界的黄土原上或其附近,之后渐渐顺黄河两岸散布到中国北方和中部地区,与其他部族融合,是为中华文明初期的历史。故而从历史深处看,晋陕黄河右岸即陕西一侧的广大地区,所反映的族群生息繁衍、文明演进的历史,其中包含诸多既丰富深沉又高远宏大的历史人文主题。周秦汉唐这些中华文明的盛世王朝诞生于此，其奠基、形塑的历史文化基因影响深远。

我们的考察更多局限在黄河岸边。这是因为，潼关—府谷800余千米沿黄观光公路开通，借享旅游交通的便利，我们可以长时段、近距离亲近黄河，由沿黄考察去了解、感知黄河文化与文明。

晋陕黄河右岸除分布有数百处新旧石器遗址外，两周、秦汉以及唐宋元明清时期的历史人文资源亦十分丰富。黄河晋陕峡谷段，自然造化、上古传说加上历史人文层积而成的景观随处可见；禹门口以下至潼关是秦晋豫三角地带，既与上古三代有关，也是春秋战国以至秦汉唐文明发展与政治博弈的战略中心区域，历史人文资源更是丰富多彩。在沿岸考察的基础上，我们还对右岸腹地作了特别深入，由"秦源德水"的府谷先南下百余千米到神木石峁，探察罕见的史前大型遗址，再南下到黄帝陵，白水仓颉庙、杜康墓，凿通附会人文初始的联系。进而南下蒲城，这里有丰山唐桥陵、金粟山唐泰陵，也是"将相故里"，考察大一统体制下最具关中地域代表性的人文性格特征。

黄河隐喻或敞显着中华民族生存发展、政治变迁以及精神生活的历史。值此黄河流域生态治理与高质量发展战略主题提出之际，我们以沿线历史人文遗存节点为架构，将考察之所见所知与所思所想，整理成体系，提供给广大读者，既具有旅游观光导览的作用，又有深化了解黄河文化与文明内涵及精神实质的意义。

"河"由专名转名"黄河"的历史

古代称河流为"水"，水前加专名词，即指代某一具体河流。而黄河的专称是"河"，"河"在古代是"黄河"的专名。《尚书·禹贡》《山海经》以及司马迁《史记》等先秦、秦汉文献，都以"河"称"黄河"，并有"宗河""大河""上河"等称谓，显示出黄河在河流中独尊的地位。《史记·秦始皇本纪》载，秦"并天下而帝"，"更名河曰德水"，今在府谷墙头黄河岸边有"秦源德水"的刻石，但嬴秦短祚，"德水"并未因其建立大一统而有流传。

这条流淌在中国大陆北方的河流，数万年前已发育成直通大洋的水系，改变着大地的面貌，滋育着生命万物，在历史进程中，成为早期中华文化的摇篮。

"河出昆仑虚，色白；所渠并千七百一川，色黄。"《尔雅·释水》对黄河的源头与河水的颜色作了第一次考释，也有意无意把神话所谓万山之祖的中华第一神山昆仑山脉与黄河联系起来，从地理源头赋黄河以神圣。"俟河之清，人寿几何？"周诗就有以"河"

水清浊比寿喻事的诗句，"浊河"在史籍中不时出现，说明此时"河"之清浊已进入日常生活的语境之中。然而就黄河的名称看，直到东汉《汉书·地理志》问世前，尚未有专业的历史地理著作把"黄"与"河"相连并用，"河"还是黄河的专名词。

黄河发源于昆仑支脉巴颜喀拉山，由海拔4000多米的大陆一级阶地青藏高原，到流入渤海归于海平面，流经地球上面积最大的黄土区，平均海拔1300米左右的二级阶地黄土高原，其占黄河流域面积的85%。黄土高原河流众多，沟壑纵横，径流几尽归于黄河，夏季多雨，秋季"百川灌河"，黄河也因而在颜色上有了季节性的变化。

应该说，秦汉以降，统一国家的形成与铁器的广泛使用，特别是河套地区、阴山以南的大规模移民，屯垦实边，农业耕作范围大面积扩张，"山林川谷美，天材之利多"的黄土高原，在人口增加，营造与垦殖扩张的推动下，自然植被退化，地表疏松，水土流失加剧，"河"水浑浊成为趋势。黄河中游土地利用方式的转变，可以提供更多的物产给养，增强国力，但无疑给下游带来无穷的水患，至西汉王莽时，就出现"河水重浊"，以至时有"一石水六斗泥"的现象。班固首次在《汉书·地理志》中以"黄河"来表"河"，

"沮水首受中丘西山穷泉谷,东至堂阳(址在今河北境)入黄河"。这是黄河名称的第一次出现。

"四渎(江、淮、河、济)之宗""百川之首"的"河",自此开始了由其专名转名"黄河"的历史。魏晋南北朝"黄河"一词已常见于文赋之中,胸怀政治抱负的郦道元,在《水经注》中引成公绥《大河赋》,"览百川之洪壮兮,莫尚美于黄河",以之注"河"。在此,雄浑的"河"不仅黄,而且与美相联系。"黄河西来决昆仑""九曲黄河万里沙""黄河远上白云间",唐代李白、刘禹锡、王之涣等文学家这些传诵至今的佳作名句,更是赋黄河以人文的诗意乃至神性的内涵。

"河"在转名为"黄河"的同时,其人文意义获得了更广泛的表达。考稽河流名称的变化,自此开始以"河"代"水"成为一种普遍性表述,延水、渭水、汾水,改称延河、渭河、汾河,"河"成为河流的"词根"。

随着黄河在下游河段不时"溃溢横流,漂没陵阜",人们将对安流的期盼和王道政治相联系。实际上,从国家大一统政治来看,农耕文明时期,黄河流域治理无疑是其最重要的内容之一。"黄河清,圣人出""河清海晏"等是古今对政治清明和黄河治理的比拟期盼。东晋葛洪《神仙传》中麻姑与彭祖"斗法"的故事,以"不到黄河心不死"喻示黄河变清之难。今人"跳进黄河洗不清"的口头用语,进一步固化了"河"转名"黄河"的历史必然性和其现实存在特性。与政治变迁相联系,黄河的"雄浑""壮阔"映入民族的日常思维之中,构成中华人文的精神底色。

晋陕黄河右岸的历史与人文

晋陕蒙交界的府谷墙头乡是黄河入陕之地,也是晋陕黄河右岸沿黄观光公路的北端起点。自墙头以后,黄河左带吕梁,右襟陕北,深切黄土高原以至禹门口,形成 700 余千米长、深皆在百米以上的晋陕峡谷,河谷底宽 400~600 米,河道全程落差 600 多米,是黄河中游河流比降最大的一段。黄河经由府谷墙头乡"金龙湾"缓流浩荡,进入峡谷,一路在碛口、壶口、禹门口激流跌宕,奔腾雄涌,在延川蛇曲逶迤蜿蜒,乾坤变化。

在晋陕峡谷的禹门出口,"如山如沸"起伏的水浪破口而出,急流如"下龙门,流浮竹,驷马难追";随之进入开阔达 3~15 千米的汾渭谷地,铺展似"锦绣吹拂",行进中接纳两岸支流冲淤摆动,南向 120 余千米在潼关与接纳洛河的渭河相会,洋洋大观转而东流。潼关是黄河晋陕段的最南端，也是黄河在晋陕豫三省交界东流出关的转折点。

南北800余千米的黄河晋陕右岸，有古道边塞农耕与游牧交织的苍凉与壮美，有华夏历史上民族冲突与融合的印记，有王朝政治兴衰、一统与分裂的缩影，更有历代治水英雄的传奇与梦想。

晋陕峡谷段，沿黄据险而立的府谷古城、葭州古城、吴堡古城载录着过往的历史。无定河流经清涧县，其近黄河处，右岸下切环绕的李家崖古城遗址，出土了石雕骷髅和陶刻"鬼"字，揭示了先秦文献记载"环中国而北"的鬼方，曾经的所在及文化形态。接纳延河入黄的延川，有黄河蛇曲国家地质公园乾坤湾。蜿蜒的蛇曲，多个古渡水关点缀其间，浩荡的河水、柔美的河曲，演绎出刚柔相济的乾坤湾；傍河还有沟深垒高、山环水抱的明代会峰寨。佳县黄河岸边有以"御赐道藏""日出扶桑"闻名遐迩的白云观，还有余晖晚照的香炉寺。宜川十里龙槽、壶口瀑布，正是这里启示诗人光未然激情澎湃，写出了抗战期间唱响神州大地的《黄河大合唱》。

出晋陕峡谷禹门口，是夏商之龙门，"大河之要津，中游之险塞"。黄河岸边有禹王庙和大禹导河积石至于龙门的印迹，记录着上古英雄"疏导"治水的智慧。

右岸韩城，有两周时期梁代村遗址，展示了少有史载的古芮国文明，循最新考古线索，到澄城刘家洼遗址，看到正在揭示的古芮国晚期都邑，及其至东周时文明衰落之物证。"迁生龙门，耕牧河山之阳"，韩城历史文化名城，历史人文景点众多：反映春秋时晋国之变的三义墓，是声誉远播海外的历史戏剧《赵氏孤儿》三位原型人物的纪念墓地；有"究天人之际"的太史公马迁的祠墓，记录司马迁家族命运的汉太史遗祠；有保留着宋元明清历代建筑的韩城古城；有建于元代、保存完好的民居瑰宝党家村。沿黄而下的合阳，是三代之夏有莘国所在地，洽川曾经是"人烟辐辏，庐舍云屯，花鸟舟航之盛不殊楚越"之名区，有《诗经》周文王"在洽之阳，在渭之涘"天作之合的美好爱恋；有黄河边"蒹葭苍苍，白露为霜"充满诗意遐想的万亩芦荡；有《列子·汤问》所谓"臭过兰椒，味过醪醴"的奇泉神瀵。史载，黄帝"生而能言，役使百灵"，"垂衣裳而天下治"。继黄帝、颛顼之后的帝喾"生而神灵，自言其名"，"修身而天下服"，"仁而威，惠而信"，曾活跃于有莘之地，洽川莘野村东有帝喾陵，清代御旨藩司（地方财政）拨银春秋祭扫。大荔朝邑有慈禧朱批的"天下第一仓"丰图义仓。

华阴有建于汉代集灵祀神的西岳庙。在西岳庙的望河楼,南望华山莲台仙掌,侧眺黄河对岸首阳山,映现巨灵"手擘开其上、脚蹈离其下",中分华岳与首阳的神话传说,从此关中大地山海分离,河通地出,浚通中国垢浊,黄河开始了洪波喷流奔大海的壮阔历史。"巨灵擘山",大禹导河"南至华阴,东至底柱",都是中华治水的经典,其与今天黄河治理的"潼关之困"形成对比。雄踞山腰、下临黄河的潼关,是东汉以迄古代政治军事相争的"兴亡潼关城",也是上古擘圻导疏与现代坝堵壅塞的默默见证者。

黄河与其支流构成中国北方大陆的主要水系,影响着自然和地理环境。黄河"出龙门"奔大海,孕育了生命和文明的辉煌日出。黄河的浩荡悠然、激流澎湃与雄浑壮阔成为民族文化的精神信仰与象征。

文化寻根与文明溯源之旅

晋陕黄河段,两岸以黄土高原为主,沟峪众多,因气候而构成复杂的水系,受地理地形落差和河床比降的重力影响,众多支流汇入大河,大河主流的接纳,提示了"包容"的概念,赖因包容,小河丰沛了大河,又预示了"大河不择细流成其大"的哲理。中游这一段的自然地理表明,"小河无水大河浅",而不是"大河无水小河干",枯水季节,河套地区的提水灌溉,万家寨、龙口水利工程的截流,时而显示出"小河无水大河干"的景象。

我们沿河而上"入龙门"的探察,是文化寻根、文明溯源,在脚步的旅行中,思维在黄河中游右岸更广阔的空间出入。按照研究神学的高从宜先生的说法,此乃"出入龙门"的身心之旅、文明的溯源之旅,这也是书名的由来。

本书在体例结构上,有考察线路的景点串联架构,有插入考察的随记,包括感想、考证、史论,同时不乏神文探索,这些文字依考察实际出发,有长有短,纵横不一,视角不同,旨在深化对该区域历史人文的认识;总体结构分为三部分,其中汾渭谷地黄河右岸(潼关至龙门)和晋陕峡谷黄河右岸(龙门到墙头)为考察主体,晋陕黄河右岸腹地(墙头到石峁,再到黄陵、白水、蒲城)考察为辅助,主辅有别,但在内容上相辅相成,以期能更清楚地寻找、构建并表述文化、文明的内在相关性,特别是对右岸文明源头性要素的探索揭示,有重要的意义。

本书2020年第一版是在考察组两次为期半个月考察的基础上形成的;本次增订版基于第三次更加细致的补遗考察形成,有针对性地增补了许多重要的内容，系统性、完整性进一步体现，有鉴于此，对原书导读进行了大幅度修改。

黄河自然造化的神奇与历史人文魅力，使我们深感在思想精神层面，要探明的主题很多。在此，我们期待更多的专家学者、旅游文化爱好者按图索骥，沿黄追溯，感知开掘出更为丰厚的黄河文化内容，服务于21世纪的民族复兴与精神文化建设。

马　来
2023年5月25日

· 汾渭谷地黄河右岸 ·

潼关古城

潼关古城为潼关县县治旧址。

潼关县位于黄河中游大拐弯处,西有渭河、洛河汇入黄河,南依秦岭,北与中条山隔黄河相望。

潼关设于东汉末,唐置潼津县,明设潼关卫,清为潼关县,沿袭至今。

[行知提示]

潼关西距西安150千米,东距洛阳230千米,沿连霍高速即可到达。潼关为晋陕黄河最南端,西行20千米至华山脚下,即为沿黄观光公路起点。

潼关三河口：渭河、洛河汇入，黄河东折　樊潼顺 摄影

◇ 潼关古城简介

潼关位于关中平原东部,地处黄河渡口,《水经注》载:"河(黄河)在关内南流,潼激关山,因谓之潼关。"潼关雄踞秦、晋、豫三省要冲之地,春秋时设桃林塞,其为战略要塞之西口;汉末以来是东入中原和西进关中、西域的关防要隘,历来为兵家必争之地,素有"三秦锁钥""四镇咽喉"之称。

潼关的历史传说可追溯到远古时期,至今流传在潼关东山脚下的黄河河道之中有女娲的陵墓,故东山又名"女娲山",又因女娲姓风,故该处黄河渡口名"风陵渡"。

潼关古城旧貌

风陵渡黄河右岸的潼关古城旧貌,可见南靠牛头原、北濒黄河的金陡关关楼和东门城楼。

潼关古城今貌　樊潼顺　摄影

临河靠原的潼关古城遗址被高速公路横穿，古城西城垣依稀可辨。

潼关古城形势险要，北有黄河天堑，南有秦岭屏障，渭河、洛河会黄河抱关而下。黄河与秦岭之间是自东而西由远望沟、潼洛川间隔的牛头原、麟趾原（禁沟切原面为东西两部，状似麟趾）、凤翼原，形成横断东西的天然防线，潼关古城即位于麟趾原下的黄河岸边，势成"关门扼九州，飞鸟不能逾"。

东汉末年在麟趾原上始筑关城，城址呈长方形，依地势西起禁沟而东向延伸。城址东西宽约1000米，南北长约1500米。现仅北夯土城墙断续存在，总长约800米。后因黄河水文变化，河道北移，唐天授二年（691），移关城于麟趾原下、黄河南岸。

潼关汉城遗址　李国庆　摄影

宋、金、元、明、清因袭并修缮扩建。

现存潼关古城址,为明洪武年间所建。其平面呈不规则长方形,东西长2.5千米,南北宽约1.5千米。潼关古城作为军事防御体系,以关城为中心,南以禁沟与十二连城为阻障,东以金陡关和黄巷坂为突出前部,相互呼应,唇齿相依。

禁沟连接潼关古城,为通往潼关古城后侧要道,南北长约14千米,谷深崖绝,中通一条羊肠小道,仅容一车一马。沿禁沟西岸原崖，夯筑方城12座，称"十二连城"。又据十二连城设南北向烽火台17座，现仅存十余座。

金陡关在潼关古城东，北濒滔滔黄河，南靠高耸的牛头原，为潼关的东门户。过金陡关进潼关古城，尚需通过黄巷坂。黄巷坂依原临河，宽数米，仅容单车，长达五里，易于伏兵，形势极险。杜甫《潼关吏》云："丈人视要处，窄狭容单车。艰难奋长戟，万古用一夫。"

抗日战争中，地处晋陕要津的千里河防与陕豫交界的潼关要塞，直面日军。潼关一旦失守，日军

修缮后的十二连城烽火台　樊潼顺 摄影

古城黄河岸边保存的抗战碉堡遗址　李国庆　摄影

会长驱入陕，进而越秦岭逼巴蜀，威胁重庆。然而自1938年中条山大战起，在日军飞机大炮长达八年的轰炸下，潼关驻军据险坚守，日军始终无法逾越。潼关黄河岸边至今仍有抗战碉堡遗迹。

明清潼关城的城内城外、山上山下，还建有许多寺庙道观，以及木石牌坊，这些古建筑物，雕梁画栋、构筑精美。到了清代，潼关城内的街道主要有育贤街、帅府街、四牌坊街、牌楼南街、牌楼北街、府部街、县门通街、南门街和西关大街等，纵横排列，50多条巷道，起伏密布。其繁华程度可想而知。

1959年修建三门峡水库，因为过高估计了水库的蓄水水位，潼关古城被划进了淹没区，设在潼关古城的潼关县城另外选址搬迁，城门建筑与部分城垣被拆除，其建筑材料被用以建造新城，潼关古城遭到严重毁坏。20世纪90年代，因新建高速公路穿越潼关古城，致部分东、西城垣和东门瓮城遗址遭拆毁。

如今潼关古城被开发为以"关隘文化"为核心特色的风景区，拥有黄河文化区、关隘文化区、古城民居遗迹区、女娲文化区、战争文化区、温泉养生度假区等主题文化区。

至今仍保留的潼关古城民居遗迹区　李文泽　摄影

桂子数游潼关,抚今追昔,多有诗篇:

潼关
山河一览到潼关,
尘梦悠悠托碧山。
千古兴亡多少事,
风陵渡口水云闲。

潼关汉城
雄关风雨守篱藩,
夯土残墙古塞原。
麟趾城池秦汉月,
山云暧逮日初暄。

潼关怀古
潼关要隘越千年,
山聚河奔读史篇。
重岭云遮高峻处,
寄怀一阕望秦川。

位于潼关古城东山景区的潼关县博物馆

●王子今

1 秦晋之间的黄河津桥

秦晋之间黄河南流河段的著名津渡,除《水经注》说到的君子济外,还有采桑津、汾阴津、蒲津、风陵津等。

采桑津在今陕西宜川与山西吉县间。《左传·僖公八年》:"(晋)败狄于采桑。"杜预《集解》:"平阳北屈县西南有采桑津。"《续汉书·郡国志一》:"(河东郡)北屈,有壶口山,有采桑津。"成书于东汉三国前后的《水经》亦载:"河水又南为采桑津。"

风陵渡铁路桥和公路桥横跨黄河,连接晋陕　樊潼顺 摄影

汾阴津应当就是韩信"渡军"处，在今陕西韩城南，东为汾阴，西为夏阳。汉武帝在汾阴置后土祠，此地繁盛一时，宣元成诸帝，纷纷亲幸巡祭，大约都由汾阴津东渡，即匡衡、张谭奏言所谓"汾阴则渡大川，有风波舟楫之危"（《汉书·郊祀志下》）。刘秀令邓禹定关中，"遂渡汾阴河，入夏阳"（《后汉书·邓禹传》）。陕西韩城汉扶荔宫遗址曾采集到汉代建筑遗物"舩室"瓦当。陈直《汉书新证》："舩为船字异文，当为收藏行船工具之所，疑为辑濯附属之室。"船室建置，可能与汾阴津有关。

蒲津在今山西永济西。或以为《左传·文公三年》"秦伯伐晋，济河焚舟"，即取道于此。蒲津以东岸蒲坂得名，西岸即为临晋。《史记·高祖本纪》载，"汉王从临晋渡"，东进与项羽争锋。韩信率军东进，欲从夏阳渡河袭安邑，也曾"为疑兵，陈船欲度临晋"（《史记·淮阴侯列传》）。汉武帝时于此置蒲关。东汉又称蒲津为蒲坂津。曹操与马超、韩遂战于河潼，"潜遣徐晃、朱灵等夜渡蒲坂津，据河西为营"（《三国志·魏书·武帝纪》）。

扶荔宫遗址出土"舩室"瓦当

秦"封陵津印" 印面、印身及印蜕

风陵津即今风陵渡，在陕西潼关北。曹操击马超、韩遂，曾"自潼关北渡"（《三国志·魏书·武帝纪》）。《续汉书·郡国志一》王先谦《集解》："（蒲坂）有风陵关，一名风陵津。魏武西征'自潼关北渡'即此。"《元和郡县图志·关内道二》载，潼关"河之北岸则风陵津，北至蒲关六十余里"。

应当注意到，两汉西河郡跨河而治，便利的津渡应当是形成这种行政格局的基本条件。当时黄河必然有比较密集的津渡分布。

关于黄河上第一座浮桥的记载，见于公元前541年秦后子鍼奔晋，"造舟于河"（《左传·昭公元年》）。后子鍼的路线"自雍及绛"，桥址或在蒲坂津，或在汾阴津。这座浮桥是用后即废的临时性浮桥。《史记·秦本纪》载，秦昭襄王五十年（前257）"初作河桥"。这是黄河上第一座相对正式的浮桥。张守节《史记正义》："此桥在同州临晋县东，渡河至蒲州，今蒲津桥也。"黄河上最早的浮桥都是秦人修建，是值得重视的历史事实。

2 兴亡潼关城

黄河从晋陕峡谷一路奔来,抵达秦岭脚下,形成天下名关——潼关。从东汉始建至唐代盛世,潼关城两经迁徙,三地设防,城池多变,设施不一。潼关与函谷关的兴替因缘,可谓中国古史上的大事。

函谷关的最早建立,应该是在秦孝公时期:在夺取了魏国的崤函之地后,为了防卫其他六国向西的进攻,秦国在今河南灵宝市的北部设立了这一军事关隘。西汉元鼎三年(前114),汉武帝出于满足楼船将军杨仆的"关内人"诉求,也是为了扩大首都京畿的空间规模,废弃原秦国旧关,在其东300里的新安县建立了新的函谷关。汉献帝又于建安年间,迁关于潼关县上南门外,即今港口镇杨家庄、城北村一带。"河在关内南流,潼激关山,因谓之潼关。"(郦道元撰,陈桥驿校正,《水经注校正》,第108页,中华书局,2008年)潼关之名,始自于此。

隋大业七年(611),又把东汉的潼关,向南迁移到南北连城关间的坑兽槛谷（今港口镇禁沟口附近）。隋亡后，唐朝仍在此设防约八十年。武则天于天授二年（691）再次迁关，在汉代潼关城以北更靠近黄河岸边处（即今港口镇的旧城址）重建了潼关，沿用到明清两朝，直至1956年因三门峡水库建设而废弃。

明代，潼关为军事治所，设潼关卫，城池空前扩大。万历九年（1601）又对潼关城作了大规模的重修，给这些建筑物命了名：东门楼题"迎恩"，皇帝所居京师居于东北之故；西门楼沿用"怀远"，遥通广阔的西域之故；上南门称"凌云"，远望云横秦岭之故；大北门曰"吸洪"、小北门谓"俯晋"、北水关楼叫"镇河"，面朝黄河与三晋之故。明代潼关城的四门，取名古雅，寓意深长。

今黄河岸边复建的北水关关楼　樊潼顺 摄影

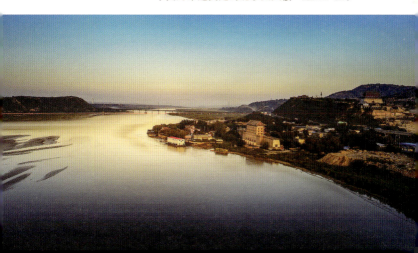

夕阳下的潼关古城今貌　樊潼顺　摄影

"天下黄河第一弯",即黄河上唯一小于九十度的急弯,就在潼关古城外,并于此形成了独特壮观的"黄河潮"。奔腾南下的黄河,西距华山20千米,穿秦晋峡谷,"河出潼关,因有太华抵抗而水力益增其奔猛。"(毛泽东)在潼关城北,黄河兼容了西来的渭河、洛河的水量,于此忽转东流,三河交汇,水域壮阔,两岸临山,异常险要。现在这里已经开发为潼关黄河风景区,区内有黄河、渭河、女娲陵、潼关西城及众多的古遗址。

这里还是传说中的华夏民族诞生地。《水经注》等书载:"女娲陵在潼关东门外三华里左右的黄河岸边,且建有女娲祠。"2017年,潼关县在东山景区建成了全国最大的"女娲造人"主题雕塑,塑像约五层楼之高。2018年10月,我参观了"女娲造人"主题雕塑和景区。关于女娲神话传说和黄河风陵渡,我曾在别文作过专门探讨,这里仅提几个要点:其一,"风陵"之名最早出现在北魏郦道元的《水经注》,而在西汉司马迁的《史记》中,叫作"封陵";其二,"风陵渡"一名大概出现于唐代武则天时期,一与祭祀女娲圣母有关,二与唐代潼关建在黄河岸边有关;第三点非常重要,唐代祭祀女娲圣母的"风陵"("封陵")在黄河水中的沙滩,靠近潼关这边。这是潼关县修建"女娲造人"主题雕塑的历史背景与文化依据。

关于潼关的军事地理,著名历史地理学专家史念海先生的研究著述值得参考。史念海先生在《河山集·四集》中说,潼关作为兵家战略要地,历史上发生过大小百余战,仅以唐代为例:李渊于黄河蒲津关进入关中之后,当即遣长子李建成率兵把守潼关以备东方之兵,自己从容经营关陇,开创大唐基业。其后,安史之乱、黄巢起义、朱温兵变,皆攻破潼关,唐朝渐衰乃至灭亡,潼关城见证了唐朝的兴亡!诗圣杜甫的《潼关吏》对此即有沉痛的诗意言说。500多年后,元代著名政治家兼诗人张养浩,亲临潼关,写下了被誉为"古诗第一"的《山坡羊·潼关怀古》。(张承志说"这是我推崇为第一的古诗",见《文明的入门》第168页,北京文艺出版社,2004年)《元史·张养浩传》记载:"天历二年(1329),关中大旱,饥民相食,特拜张养浩为陕西行台中丞。登车就道,遇饥者则赈之,死者则葬之。"张养浩自己也死于关中救灾的艰辛事务。2019年5月,在黄河岸边的古渡口景区,潼关县主持竖立了5米高的张养浩青铜制雕塑,作为"张养浩文化广场"景区的中心地标。"张养浩文化广场"景区的石碑上,镂刻着张养浩的几首元曲,其中就有声名远播、流传千古、"古诗第一"的《山坡羊·潼关怀古》:

峰峦如聚,波涛如怒,
山河表里潼关路。
望西都,意踟蹰。
伤心秦汉经行处,
宫阙万间都做了土。
兴,百姓苦;
亡,百姓苦!

潼关张养浩文化广场的张养浩塑像　李国庆　摄影

在张养浩笔下,潼关城见证过历史上的王朝兴亡,似乎不那么重要了。这种观点的表达,与中国的"大历史"(黄仁宇)高度吻合:

西周定都丰镐,有文、武两个圣王,一个留下《周易》,一个诛灭殷纣;"郁郁乎文哉,吾从周",孔子羡慕的正是西周。东周既经春秋的"无义战",又历战国一百年,礼崩乐坏,烽火不尽,史官老子的态度,干脆就是西行归隐。老子归隐西行,东都雒邑与西都长安（丰镐）分别为其起点、终点。潼关—函谷关作为兴亡的地理分界，分明而严峻！

秦始皇"挥剑决浮云，诸侯尽西来。收兵铸金人，函谷正东开"，西都多么强盛而壮阔。秦二世时期，等到刘邦、项羽攻入关中，"破釜沉舟，百二秦关终属楚"，西都多么悲惨而凄凉。潼关的兴亡分界，分明而严峻！

汉代如此，唐宋仍然如此。唐朝盛时，唐太宗是万国来朝的"天可汗"；宋代衰时，徽、钦二宗成了北方金国的"阶下囚"。一个西都，一个东都，潼关的兴亡地理分界，分明而严峻！

所以到了元代，这已经让路过潼关的张养浩，发出了难以忍受的精神咆哮："峰峦如聚，波涛如怒。"到了抗战时期1940年，张养浩《山坡羊·潼关怀古》中的个人愤怒，就汇成了冼星海《黄河大合唱》旋律中对民族历史的精神咆哮。黄河潼关就是民族存亡和精神咆哮的河山见证！

特别值得注意的还是《山坡羊·潼关怀古》的结尾："兴，百姓苦；亡，百姓苦！"在这一让人感到惊诧和意外的历史美学结论里，首先既直接涵括了元曲中那股"把恩爱一笔勾"（《窦娥冤》）、"把尘缘一笔勾"（王实甫）、"居官受禄，到如今都一笔勾罢"(《醉春风》)等等怀疑一切、勾销一切、价值重估的精神洪流。其次也一笔勾销了儒家《禹贡》以降的华夷表里的正统分野。另外还是张养浩笔下"半日惝恍迷西东,平生颇似有仙分"(《过长春宫》)的夫子自道和自我觉醒。《过长春宫》诗中的长春宫即丘处机当年修道、最后归葬的全真教祖庭,即现在北京中国道协驻地的白云观。

让人深省的是:元曲创作中那勾销一切、价值重估的精神洪流的源头,正可以追溯到唐代吕洞宾《沁园春》中的"及早回头,把往日风流一笔勾"。而吕洞宾的祖籍正是潼关黄河对面的山西芮城县,当地有著名的永乐宫,同样是元代兴建的全真教祖庭。

在道家生命哲学的影响下,张养浩既然已"半日惝恍迷西东,平生颇似有仙分"了,于他而言,"山河表里潼关路"中的"表里"之别和"兴,百姓苦;亡,百姓苦"中的"兴亡"之分也就不再显得那么关键和绝对了!《山坡羊·潼关怀古》对中国传统儒家思想束缚的突破便是整体性的:思想观念上,儒家强调的"兴亡"和"表里",被张养浩彻底敉(mǐ)平了;政治的君臣关系上,来陕西关中救灾之前,张养浩隐居于自己的云庄八年间,多次谢诏不应;诗歌美学上,"怨而不怒、哀而不伤"是孔门儒家

潼关古城复建的北水关关楼　潼关县宣传部供图

的写作原则,也分明被张养浩那"波涛如怒"及"兴,百姓苦"的写法颠覆了。

正因此,作家张承志把张养浩《山坡羊·潼关怀古》推崇为"第一古诗"。在"兴,百姓苦;亡,百姓苦"的浩大哀叹中,似乎可以听到作者"兴,潼关在;亡,潼关在"的河山壮歌,听到"山河表里潼关路"的殊胜性和超越性:潼关由此成了王朝兴亡的标志、连接山河表里的地标,以及"峰峦如聚,波涛如怒"精神愤怒和咆哮的壮伟象征。

3 从"置关首战"看潼关制衡东西的战略意义

一、立足汉城遗址 回味潼关

俯瞰中国古代的军事—政治斗争的风云变幻,真正关系到天下大局的地域分界,将唐末五代作为分界线,大概可以说,前期为"东西争雄",后期为"南北抗衡"。

所谓"东西争雄",是指大体上以崤山—函谷关为分界,形成西部与东部两大政治军事集团之间的斗争。这两大区域的对立,在春秋战国到汉代,人们喜欢用"关东""关西"或者是"山东""山西"来表述。尤其是战国时期,秦国以关中平原为统治的核心地带,随着其国力的强盛,不断东出争胜,与"山东六国"构成了东西争雄的基本模式。后来秦始皇吞并六国而建立统一政权之后,东西两大地域的政治观念其实没有改变。秦人以关中为"龙兴"之地,而以关东为必须大力设防的征服区,这种统治意识一直十分强烈(参看拙文:孙家洲《三次刺杀行为对秦始皇地域政策的影响》,载《河北学刊》2013年第4期)。其实,以不同性质和不同程度的"东西分治"来统治广土众民,从西周开始到汉代,都是如此。在这个大格局之下,立都于关中的王朝统治者,为了有效地控制广大的东方,通常会有两大举措:其一,重视在函谷关的军事设防,使之成为拱卫国家根本之地的最后一道屏障;其二,经营洛阳,使之成为控制东方的政治和军事据点,这一点我们从西周、西汉、唐代的历史大格局中,可以看得很清晰。

函谷关长期充任判分东西两地域的分界关口,这个现象,历史学界给予关注和研究的人实在不少。"(战国后期)随着控制范围的扩大和军事辐射能力的延伸,对地理空间的占有和利用越来越广泛。与各国相互征战的常态化和激烈化相伴生,险要地形和通道的地位、作用日趋凸显。如关中的东门户函谷关因其'路在谷中,深险如函'而成为东西分野的标志。函谷关以西的秦国凭借崤山、函谷关易守难攻的地理优势,与关东诸侯国展开了长期抗衡,并取得了最终的胜利。"(刘忠、孙建民:《中国兵学通史·三国两晋南北朝卷》,岳麓书社,

2022年，第254页）

但是到了东汉后期，一个有重要影响的历史变局出现了：北部中国东西两域的分界点由函谷关迁移到潼关。潼关正式设置的确切时间正史失载，后人根据各种迹象而有不同的推测。较早的说法是汉安帝永初三年（109），较晚的说法是建安元年（196）。本文无意讨论两说何者更接近历史真相，而是关注潼关设置之后发生的首场大战。

潼关的地理位置十分重要，它地处陕、豫、晋三省要冲，控扼长安至洛阳的咽喉，堪称出入关中之锁钥，"潼关固则全秦固，全秦固则京畿固"，道出了其为兵家必争之地的要义。著名历史学家黄留珠教授对潼关为形胜之地做过精辟的概括：潼关"地处陕、晋、豫三省交界的黄河三角地带，在中国十大名关排名仅次于山海关居第二位。其南障秦岭，北阻黄河，西拱华岳，东扼函谷，地形险要。这里，山连山，峰连峰，谷深崖绝，山高路狭，中通一条羊肠小道，仅容一车一马……因为潼关是这样一个地理要冲、交通咽喉，所以便成为历代兵家必争之地。"（政协潼关县委员会编：《潼关历代战争纪事》，黄留珠《序一》，三秦出版社，2014年）潼关设置之后，函谷关的重要性被淡化，潼关的重要性被彰显。有两个历史场景，在对比的视野下，就可以显示出"关口"变化的影响所在：秦朝末年，项羽攻破函谷关，秦朝的统治即刻告危；唐朝"安史之乱"爆发，潼关一旦失守，唐玄宗只好仓皇入川。前有函谷关，后有潼关，真是直接关系到关中政权的安危。

建安十六年（211），以马超、韩遂为首的关中诸将率部"屯潼关"，公开摆出了与曹操为敌的阵势。曹操亲自率军迎战，双方在潼关展开了一场决战。战况激烈，影响深远。在判分东西两域的分界点由函谷关改置到潼关之后，发生的第一场大战，又是如何显示它对全国大局的影响的呢？下面让我们来关注东汉末年曹操指挥的"潼关破马超"之战。

二、潼关大战前的北方形势简说

在汉末的军阀混战过程中，曹操凭借其杰出的军政才能，在依次荡平吕布、袁绍等割据势力之后，在北方中国建立起政治统治秩序。在大局有利的环境下，曹操萌生了南下以统一全国的意愿。建安十三年（208），曹操麾军南下，虽然一度占领了荆州大部地区，但是遭遇孙权、刘备两大军事集团的联合抵抗。最终导致"赤壁之战"爆发，曹军大败，不得不撤军北还。曹操意识到南方孙、刘两家结盟，短期内无法克敌制胜。他审时度势，对此前尽快完成天下统一的战略意图做出重大调整：对南方暂时采取守势，在北方则改取攻势，力求击溃潜在的割据势力，以强化对北方的有效统治。

其实，曹操当时最急于解决的就是以马超和韩遂为首的"关西诸将"。他们是以凉州为根据地的军事政治集团，在名义上他们拥戴汉室朝廷，也就是归附于曹操的统治之下（当时曹操"挟天子以令诸侯"，汉室也不过是曹操有意借用的招牌，甚至是傀儡），但是，他们保有独立的军事集团，有常年控制的稳定地盘，更有离心离德的割据意识。所以，这个集团在赤壁之战前，就是曹操统治的北方区域中的不稳定因素，是曹操的一块"心病"。当时周瑜为了坚定孙权抗击曹操的决心，在分析曹操的不利因素时，就曾经论及："今北土既未平安，加马超、韩遂尚在关西，为操后患。"（《三国志》卷54《吴书·周瑜传》）周瑜和孙权懂得这个道理，曹操当然更洞悉其中利害。

首都师范大学的宋杰教授，曾经讨论《曹操在赤壁之战后的战略防御部署》，他有如下论断：

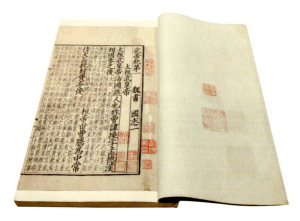

《三国志·魏书·武帝本纪》书影

"曹操当时统治区域的西部以晋陕交界的黄河与潼关为界,受到董卓之乱后割据关中、陇西的凉州诸将之威胁……曹操采纳了荀彧的建议,故暂时得以相安无事。但是,号称'天府'和'四塞之国'的秦川平原被凉州军阀们占据,距离中州重镇洛阳又近在肘腋,这股潜在的敌对势力对曹操来说可谓如芒在背,要时刻小心提防……曹操对待孙权、刘备与马超、韩遂等凉州诸将明显不同,前者势力较强,故曹操的战略方针是以稳守为主不与对手长期纠缠……而对势力分散较弱的凉州军阀,则是决心予以歼灭,不留后患。"(宋杰:《三国军事地理与攻防战略》,第5~8页,中华书局,2022年)

这样的论述，把潼关大战之前的南北割据形势分析得洞若观火，特别是对曹操重点经营北方战略决策的形成，从客观形势到心态因素，都分析得细致入微，结论足以令人信服。

上述分析，完全可以作为我们了解潼关大战之前北方局势的基本框架。

三、潼关恶战"复盘"

1. 曹操刻意布局，激成战事

曹操出于深思熟虑而事先设局，巧妙地"诱导"马超等人踏入圈套，形成了在潼关的这场决战，力求击垮并消灭"凉州诸将"，正是曹操北方战略布局中的重要一环。我们可以从启用重臣钟繇经略关中，来领略曹操的深谋远虑。

钟繇，不仅是汉魏之际的大书法家，也是一位重要的政治人物。《三国志》卷一三《魏书·钟繇传》记载了曹操在征讨北方的长期过程中，对钟繇的信任与倚重。其中有如下关键记载：早在与袁绍决战之前，"时关中诸将马腾、韩遂等，各拥强兵相与争。太祖方有事山东，以关右为忧。乃表繇以侍中守司隶校尉，持节督关中诸军，委之以后事，特使不拘科制"。这是把笼络凉州诸将、经营关中的重任完全托付给钟繇,曹操不仅请朝廷对钟繇晋职重用,还赋予他打破常规办事的实权。钟繇不负所望,几次在关键时刻都对曹操提供了后援和支持,曹操为此致信表彰他:"关右平定,朝廷无西顾之忧,足下之勋也。"并且把钟繇镇守关中之功与汉高祖开国时期的萧何相类比:"萧何镇守关中,足食成军,亦适当尔。"推重之情溢于字里行间。下面这段话,更为关键:"自天子西迁,洛阳人民单尽,繇徙关中民,又招纳亡叛以充之,数年间,民户稍实。太祖征关中,得以为资。"钟繇不仅坐镇关中,还为洛阳的劫后复苏做过实实在在的贡献。他经略关中的成果,从长安和洛阳两个端点为曹操战胜凉州军事集团奠定了坚实基础。

马超,是凉州名将马腾之子。在马腾奉诏入京居官(其实是曹操控制马腾的政治手段)之后,马超统领其父旧部,继续扩大势力,成为凉州军事集团中实力最强大的一支。在曹操败退赤壁之后,凉州军事集团乘机东进,占据了关中大部分地区。从长安到潼关,多有凉州军队驻扎。马超主导下的凉州军队持续东进,以至于逼近潼关,表现出明显的东进攻取之心,这与马腾掌控凉州军队时"甘居一

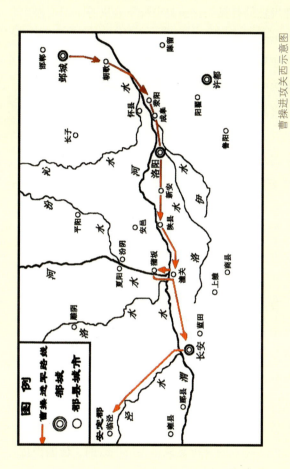

曹操进攻关西示意图

引自宋杰：《三国军事地理与攻防战略》，第 36 页。

一 潼关古城 | 035

隅"的状态大不一样。这一变局，极大地刺激了警惕性极强的曹操。这也是曹操下定决心一定要根除这股军事力量的诱因所在。

建安十六年（211）春季，曹操突然决策，派坐镇关中的钟繇督军讨伐割据汉中的张鲁，并且命令名将夏侯渊、徐晃等人率部参战。这里面真是大有玄机！此前不久，夏侯渊、徐晃率军镇压了在太原发起叛乱的一股地方势力，驻军河东郡。曹操命令这支军队与钟繇所部会师，再南下征伐汉中的张鲁。曹军的集结和出征路线，势必都要穿过凉州诸将盘踞的地盘。这里存在着双方大军爆发冲突的潜在危险，稍有政治、军事经验的人，对此都不会看不透其中的奥秘。

曹操的部下高柔就力劝曹操收回成命，他谏阻的理由是：此番突然出动大兵，西有韩遂、马超，会以为此举是针对他们而发，他们会相互勾结而发起叛乱；而如果先安抚三辅（关中）地区，三辅得以安定，汉中之地可传檄而定也。高柔主张安抚的三辅势力，当然就是指散居其中的凉州军事集团。应该说，高柔的分析是极得人情世故的，他的担忧正是曹操计谋"所为"，即目的在于"逼反"凉州诸将，在他们尚未完全控制关中之时，借机将其铲除。

马超等凉州诸将得知曹操出兵后的反应,完全与高柔的估计一致。他们聚集了十万大兵,抢占潼关,准备据守险要,抵抗曹军。他们举兵反曹,实在是出于无奈。如果任由来自河东郡的曹军精锐与关中原有曹军会师,万一曹军突然对散居状态的凉州军队开战,马超等人势必陷入被动。所以,凉州诸将不得不反。他们打出了与曹操公开为敌的旗号,也就为曹操麾军"平叛"提供了师出有名的理由。

2. 罕见的恶战与超常的谋略

曹操一生身经百战,他所亲历的苦战,确实不在少数;但是说到对曹操自身的生命安全造成直接威胁的,最为突出的也就是两次:濮阳征张绣,变出意外,幸得勇将典韦拼死相救,曹操才得以幸免于难;潼关战马超,阵前失利,马超苦苦相逼,幸得勇将许褚奋勇护主,曹操才侥幸死里逃生。他身为统帅,竟然一度生死不明,战况之凶险惨烈,在中国古代战争史上也应该是名列前茅的。

《三国志》卷一八《魏书·许褚传》记载了潼关之战中许褚的神勇,足以证明此战的凶险:

> 从讨韩遂、马超于潼关。太祖将北渡,临济河,先渡兵,独与褚及虎士百余人留

南岸断后。超将步骑万余人,来奔太祖军,矢下如雨。褚白太祖,贼来多,今兵渡已尽,宜去,乃扶太祖上船。贼战急,军争济,船重欲没。褚斩攀船者,左手举马鞍蔽太祖。船工为流矢所中死,褚右手并沂船,仅乃得渡。是日,微褚几危。其后太祖与遂、超等单马会语,左右皆不得从,唯将褚。超负其力,阴欲前突太祖,素闻褚勇,疑从骑是褚。乃问太祖曰:"公有虎侯者安在?"太祖顾指褚,褚瞋目盼之,超不敢动,乃各罢。后数日会战,大破超等,褚身斩首级,迁武卫中郎将。武卫之号,自此始也。军中以褚力如虎而痴,故号曰虎痴;是以超问虎侯,至今天下称焉,皆谓其姓名也。

当时假如没有"虎痴"许褚的殊死搏战,曹操想要全身而退,势必很难。这一点,我们不妨从裴松之的一段评论中加以体认。裴松之,是生活在南朝的历史学家,以为《三国志》作注而著称史册。曹魏政权的末年,少帝曹芳(后被司马氏贬称"齐王")正始五年(244)冬,有"诏祀故尚书令荀祀于太祖庙庭"之事。在这一条记载下面，裴松之针对太祖庙配飨人员中有典韦而遗漏了许褚，发了一段议论，主旨就是为许褚鸣不平："臣松之以为……且潼关之危，非褚不济，褚之功烈有过典韦，今祀韦而不及褚，又所未达也。"（《三国志》卷四《魏书·三少帝纪·齐王芳》）裴松之发出愤愤不平之语，是因为他认定许褚是破解"潼关之危"的第一功臣，其功劳和贡献应该在典韦之上。裴松之的这一史论，当然应该引起我们的重视。

如前所述，潼关之战是曹操刻意激成，但是，曹操对凉州诸将没有半点的轻敌和大意。在战事前期，曹操尚未到达前线之时，他以手令告诫曹营诸将："关西兵精悍，坚壁勿与战。"曹操在他亲临战场之前，不许诸将与马超交战，其实也是视马超为强敌的体现。在潼关之战的过程中，曹营一度处于被动局面，在局部战斗中，几次失利。曹军最后之所以取得全胜，除了麾下诸将勇猛拼杀之外，还有一个重要因素：曹操有足够的谋略智慧。以下两事，都是关系到战局变化的大手笔：

一是曹操听从徐晃的建议，在两军对垒之初，指令徐晃和朱灵两位将军，暗中率领四千之众迂回北上，"夜渡蒲阪津，据河西为营"（《三国志》

卷一《魏书·武帝纪》)。为了保证徐晃和朱灵两位将军暗渡黄河的行动不被敌军发现,曹操特意加紧对潼关的攻势,以此吸引了马超等人的注意力。等到曹军在河西建立了坚固的军营,这支精兵,就不仅可以扰乱敌军后方,而且与曹操大军相配合,形成了对扼守潼关的凉州军事集团的东西夹击之势,从而建立起战略优势。

从汉城遗址缺口处俯瞰黄河 李国庆 摄影

二是曹操以其出乎常人的大智慧，离间了马超与韩遂。韩遂是凉州军事集团的第二号人物，与马超之父马腾是多年旧交，虽然年资是马超的"父执辈"，但确实是全力支持马超统一指挥凉州诸军的。只要马超与韩遂联手，曹操就很难对凉州军事集团实施各个击破。由于马超和韩遂的关系密切，利益休戚相关，要想离间两人的关系，绝非易事。曹操的过人之处，就在于从日常的私人交往入手，巧妙地行使离间计，终究达成了目的。在两军对垒的战场之上，曹操看似随意地几次邀约"故人"韩遂闲谈，引发了马超对韩遂的猜忌之心，曹操又故意在给韩遂的私人书信中涂抹多处文字，在马超强索书信观看时，看到关键处的文字被涂抹，导致马超认定曹操与韩遂私下有勾结，可能对自己不利。由此导致马超与韩遂之间由猜忌而走向刀兵相向！整个凉州军事集团分崩离析。曹军则乘机发起攻击，很快就将这个强敌击溃，完全控制了关中地区。这场恶战的结局，确实可以证明：作为控辖东西交通要隘的潼关，其战略地位是何等重要！

四、潼关汉城遗址怀古

2022年春,我们实地探访了汉代潼关城遗址。我们乘坐汽车,从较低处盘旋而上到达汉城遗址,此处的地形特点属于陕西人所说的"塬"。连绵的高地,似乎平地一般,感觉不到脚下位置的相对高度,只有走到汉城遗址的西北角缺口处,俯视落差很大的悬崖和陡坡,才会发现:如果控制了这里,由下而上的仰攻破城几无可能,关城之下濒临黄河的东西跨越更是难上加难。也就不得不佩服汉代人选择此处建立这座城址的战略眼光。

历代文人墨客歌咏潼关之作甚多,我最喜爱的还是清末志士、"戊戌六君子"之首的谭嗣同的诗篇:"终古高云簇此城,秋风吹散马蹄声。河流大野犹嫌束,山入潼关不解平。"(谭嗣同:《潼关》,载《谭嗣同全集》,中华书局,1981年)此诗极富想象力,描摹了潼关城的高耸雄奇,更在河流与群山的对言之中,写出了潼关控御山河的气势之盛。令人为之神往!

如果时空真的可以穿越,我们此时立足的潼关汉城,可能就是当年以马超为首的凉州联军的指挥部;从城址上俯视可见的坡地、原野,包括黄河当年的河面，或许就是两军殊死搏斗的沙场。在这里，曾有曹操麾下猛将"虎痴"许褚大展神威，也有曹操历险之后的欺人之语和仰天大笑，更有马超被算计、被蒙蔽、导致全军溃散之后的悔恨和无奈！古城已经是断垣残壁，前来凭吊古战场的人们，只能细听风声从远处传来，那是幽深不可测的历史之音吗？我不知道答案，只是肃立，只能倾听，只愿冥思……

●陈磊

4 古代的潼关道

在周、秦、汉、隋、唐等王朝在关中建都的千百年中,中国的政权中心一直在长安与洛阳之间。由位于关中的长安出发,东进至洛阳所在的中原,沿渭水至潼关的这段通路,周代称"桃林塞"路,秦、西汉称"函谷路",东汉以后统称"潼关路"或"潼关道"。长安往东通道的走向,北因渭河、南受秦岭的制约,渭河横穿关中,东流至潼关汇入黄河。长安以东至潼关黄河右岸,以及渭水南侧与秦岭北麓之间的区域,为宽阔的阶地平原。潼关北临渭水、黄河,南依秦岭,是关中东门户的锁钥。潼关既有水陆交通之利,又能对交通予以阻限,成为关中"四塞"之一。洛阳当时作为东都,战略上是国都的屏蔽要地,经济上是物资输入的重要保障,因此潼关道是关中重要腹地国都长安连接洛阳的轴心干道,在全国交通路网中居于首要地位。

潼关道最早在夏、商时期即已出现。据记载,夏启征伐位于今西安鄠邑的有扈氏,商王朝与周、崇等方国的联系，皆经行此路。周武王伐纣，往返皆行桃林塞。西周建国后，以宗周镐京（在今陕西西安西郊）与成周雒邑（在今河南洛阳）为政治中心，这条通路成为镐京与雒邑间的驿传之路，周人大力整修两京之间的道路，此道地位居于当时诸驿路之冠。据记载，周成王元年（前1020），周公从镐京东征"三监"之乱，更是整修了通往洛阳的车马大道，《诗经》以"周道如砥，其直如矢"来形容它。

秦始皇二十七年（前220），拓修从咸阳经潼关而东的通道为驰道，由咸阳沿渭水经桃林塞（今潼关）出函谷关，直通中原，道路规整，规模宏大，时称"东方大道"。秦统一全国时，这条路是最主要的战略公路。之后刘邦与项羽决战中原，萧何依凭此路"转漕关中，给食不乏"，为汉朝的崛起奠定了基础。到了汉代，《汉书·贾山传》记载，潼关道"广五十步，三丈而树，厚筑其外，隐以金椎，树以青松"。皇帝车驾行于中，行人步两侧。此路对于军政令的传达和经济文化的交流起着重要作用。

唐武则天天授二年（691），因关城迁往沿河通路处，是为唐城，潼关道改以"靠河为路"。隋唐建都长安，陪都洛阳，潼关道一肩挑两京，转输江淮财赋，形成贯穿东西的交通干线。潼关道水陆

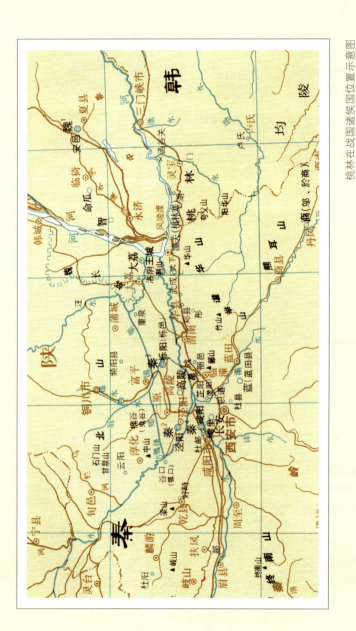

桃林在战国诸侯国位置示意图

图片引自《中国历史地图集》，谭其骧主编，中国地图出版社，1982年。

两途更成了隋唐两朝的经济生命线。

唐以前,由于交通和驿路都是以都城长安为中心发展的,唐设水驿、陆驿、水陆兼办驿三种,潼关达到了交通史上的发展鼎盛时期。唐以后,由于国都的迁移,潼关的地位和作用发生了变化,潼关道作为宋、元、明、清时期的官马大道,变成中原、华北联结陕西以及西北、西南地区的重要的交通枢纽。

宋代于交通干线及通衢大道设军邮局,专门递送军事文书,明代设水马驿站。明洪武年间,在由关中通往京师的潼关道设置潼关驿站、潼关递运所(递运所为明代设置的运送官办货物的机构),当时陕西境内只有潼关卫—西安府—长武县间两条大驿路设递运所15处。

清代的官马驿路,以京师北京为中心,分为官马北路、官马西路、官马南路三大系统。官马西路系统贯穿西北、西南各省、区。官马西路由北京经保定府、正定府、太原府、平阳府至潼关,向西达西安府,再以西安府为中心通往陕西所属各府、州、厅、县的"官马支路",形成了驿运道路网。其中陕西省境内的官马路包括"皋兰官路"和"四川官路"两大干道。

民国时期,为使陕西省物资能够更迅速便捷地运到河南省,1920年至1921年,陕西路工局调用驻军、征用民夫开始拓宽、平整原驿道,潼关由此开启了由转向公路交通发展的篇章。1922年8月陕西第一条公路西(安)潼(关)公路正式通车,该公路西起西安,向东至潼关,全长170千米,这是贯穿关中东部,联结秦、晋、豫三省的主要通道,陕西长途汽车客货运输也自此开始。1947年,西潼公路被国民政府定为国道。

民国初年西潼公路的开通彰显了潼关交通要道的地位,陇海铁路延伸至潼关则开启了西北地区铁路运输的新形式,标志着现代化的交通工具开始全面进入潼关。1931年6月,国民政府陇海铁路管理局潼(关)西(安)工程局利用比利时退还的庚子赔款和银行贷款,主持筹建陇海铁路潼关至西安段,1932年8月至1935年1月建成通行。路线由

民国时期潼关古城外的关道

潼关沿古驿道西行，设潼关、东泉店、华阴、下营、柳枝、华州、赤水、渭南、零口、新丰镇、临潼、窑村、灞桥、西安14个车站，全长约132千米。现在由该路线组成的陇海铁路已经是贯穿中国东、中、西部最主要的铁路干线，也是从太平洋边的中国连云港至大西洋边的荷兰鹿特丹的新亚欧大陆桥的重要组成部分。

民国时期潼关公路客运情况十分兴盛，西潼公路设长潼汽车局（公司），下设西安总站、潼关分站、路警队、护路队和汽车修理厂，全程145公里。潼关在民国时期公路货运与铁路货运方面所发挥的作用一直不容小觑，西北物资的向外传送，通过潼关中转运向东、北、南各部。朝邑、三原、大荔、高陵、泾阳、华县等地的棉花、药材，陕甘的牛皮、羊皮等农副产品远销津沪，都是西北输出的大宗。

民国时期潼关水路运输也很有起色，民国初的1912年，潼关有官船12只，运渡行人货物；1931年前后，运渡货物大幅增加，每年运渡食盐65万公斤、铁件36万公斤、粮食3.6万公斤。由禹门口日运煤炭1万公斤抵潼关港，销往关中各地。西安官商组织航业公会，明确西安草滩沿渭河至潼关可以普通货船搭客。

二 西岳庙

西岳庙在华阴市。

华阴市南依秦岭,北临渭水。

华阴春秋设邑,战国置县。汉高祖八年(前199),始以"华阴"作为县名,因其治县在华山北麓。

—[行知提示]—

　　自潼关沿连霍高速西行20千米,至渭南市华阴市岳庙街,即到西岳庙。西岳庙位于华山北麓5千米处,西距西安130千米。

敕修西岳庙　樊潼顺　摄影

◇ 西岳庙简介

西岳庙又称华山祠、华岳庙，面向华山，背依渭水，是历朝历代祭祀西岳华山神的主场所，为陕西现存最大的明清风格宫殿御苑式古建筑群，誉为"陕西故宫"，同时也是五岳庙中最大的庙宇，有"五岳第一庙"之称。

庙初创于春秋战国时期，至汉代已具规模。唐玄宗先天二年（713）始封华山神为金天王，北宋时加封金天顺圣帝。自汉以降，历代屡有重修、增建。明清修葺愈频，其中以乾隆四十二年（1777）扩修规模为巨，仿故宫历三年竣工，使庙制益臻宏伟、完整。1988年1月，西岳庙成为第三批全国重点文物保护单位。

西岳庙布局为坐北向南的长方形重城式大庙，以华山主峰为向延伸轴线，主要建筑沿轴线左右对称。中轴线上自北至南依次排列着琉璃影壁、灏灵门、午门（五凤楼）、棂星门、石牌楼、金城门、金水桥、泮池、灏灵殿、御书楼、石牌楼、万寿阁。

西岳庙南眺华山主峰　樊潼顺 摄影

两侧有钟楼、鼓楼、灵官殿、冥王殿、吕祖堂、望华亭及碑亭等。亭、堂、楼、坊相错其间,形成多单元的空间结构。

西岳庙全景　樊潼顺 摄影

西岳庙规模宏大,布局严谨,总占地面积逾12万平方米。外城南北525米,东西225米。墙体为夯土甓砖,高约8米,基宽6米,顶宽4米。外城正南辟门,并设瓮城,组成二重城门。

内城俗称内宫，分前后两院。灏灵殿为内宫后院大殿，是西岳庙正殿，是历代帝王祀庙之处，为陕西现存最大的殿堂建筑。立于"凸"字形大月台上，占地面积1169平方米。单檐歇山顶，覆灰陶板瓦和琉璃筒瓦。殿内悬有慈禧太后、同治帝和光绪帝御书"仙掌凌云""瑞凝仙掌""金天昭瑞"木匾，塑有白帝少昊和他的两个儿子秋神蓐收、春神句芒的像。

灏灵殿后为寝殿，寝殿原是白帝和他夫人燕息的寝宫，后成为封建皇帝祭祀华山时的休息之处。体现了"前殿后寝"的传统宫殿式布局。

西岳庙内现存历代修庙和祭祀华山的碑石数十通，重要的有东汉延熹八年（165）"西岳华山庙碑"残石、失

东汉延熹八年"西岳华山庙碑"拓片

年款汉"华岳庙碑"残石、北周天和二年(567)"西岳华山神庙之碑"和唐开元十三年(725)玄宗御书"华山铭"残碑等。

西岳庙建筑工艺精湛、结构严谨,乃古典建筑艺术佳作,中国文化遗产珍品。

桂子游谒西岳庙,有诗赞曰:

西岳古庙
层阁飞甍殿几重,
灏灵门里奏晨钟。
独尊少昊焚香祭,
咫尺凌云望险峰。

王子今

1 "与华无极"西岳庙

西岳庙南对华山,占据着观察这座雄峻名山的最佳角度。晴好天气,衬映着琉璃瓦顶的金光和苍柏古枝的翠顶,成就了极美的画面。

传出土于华山地区的秦骃祷病玉版,提示这里是秦人信仰体系中重心所在。而秦始皇时代"今年祖龙死"的政治预言,就是出现于"华阴平舒道"的警告。古人所谓"五岳","中岳"地位长期以来并不很高。"北岳"和"南岳"空间位置发生过变化。只有"西岳"和"东岳"是古代社会神秘主义意识中长期恒定的最重要的崇拜对象。

西岳庙藏"与华无极"瓦当拓片

西岳庙藏汉代瓦当,多见文字"与华无极"和"与天无极",可知华山地位之崇高,西岳庙地位之重要。

西岳庙联语可见"庙镇三秦金城永固,河延九畹后土无疆",将西岳与黄河相对应,特别突出汉武帝在河东营建的后土祠。可知在古人地理意识中,华山大河都绝等重要。

● 孙家洲

2 西岳华山与东岳泰山的特殊关系

5月2日上午，我们一行考察了西岳庙。在考察过程中，我这个时刻不忘乡土的山东人，就发现在西岳庙内有几处现象体现出泰山崇拜迹象的存在。

在西岳庙内观瞻之时，一处殿堂的匾额，题字分外醒目，赫然是"岱岳之尊"。"岱岳"当然是对泰山的尊称。这方特殊的匾额，敬献人落款是"横山县陈家塢陈长财"，书额人是陈宝生。横山县，属今陕北榆林市。这位献匾人并非山东人而是陕西人。此番敬献门楣匾额的背后，是否有个人际遇、个人情感的特殊原因发挥作用，我不得而知。就一般事理而言，如果要在名胜之地悬挂一块匾额，或许不是太难的事情，但是，在西岳庙之内，在一座殿堂的门楣之上悬挂如此内容的匾额，一定不是可以随意而为的。考虑到这个因素，我推测，这方当代的匾额悬挂在此处，一定是沿用了原有的旧观，而不是这位敬献者的个人行为。

二　西岳庙

按照一般常例，不论走到何处，各地都会极力设法突出本地文化传统的影响力，很少见到在"我"的势力范围内却突出"非我"地方的文化迹象。反常之处，必有特殊原因存在。在西岳庙出现了"容纳"东岳泰山崇拜的殿堂和门匾，而且是出自陕西人的作为而非山东人的赠送，只能有一个解释：在西岳庙有东西两种文化、两种神山崇拜兼容的历史渊源。

在西岳庙，还有一座"少昊之都"石牌楼，还有"蓐收之府"石牌坊。以"少昊"作为西岳庙的主神，是源远流长的历史定规。以传说中的"五方帝"和"五岳"神山体系相"配套"，其中有复杂的历史演变过程，甚至可以说附属于我国远古文化的庞大体系之内。

五行之学，起源神秘，到战国之时，特别兴盛。以五行（木、火、金、水、土）与五方（东方、南方、西方、北方、中央）、五色（青、红、白、黑、黄）分别建立起对应的关系，就得出了下表：

五行	木	火	金	水	土
五方	东方	南方	西方	北方	中央
五色	青	红	白	黑	黄

后来，又把后起的"五方天帝"的概念与历史传说中的"五帝"建立起对应的关系，再各自配上

"少昊之都"石牌楼　闫军平　摄影

"属神",就构成了以"方位"表示的"五帝"祭祀系统。这个系统又与"五岳神山"体系相匹配,于是就形成了如下的示意表:

五岳	五方天帝	"五帝"	属神
东岳	东方天帝	太昊伏羲氏	句芒
南岳	南方天帝	炎帝神农氏	祝融
西岳	西方天帝	少昊金天氏	蓐收
北岳	北方天帝	颛顼高阳氏	玄冥
中岳	中央天帝	黄帝轩辕氏	后土

关于上面的这份示意表,是多种神秘学说融会而成,其中,有各种问题存在(如:太昊与伏羲氏是否一人,炎帝与神农氏是否一人),都不宜于"深究细问"。

作为华山祭祀主神的"少昊",是古老的神话传说中的"五帝"之一,如果追踪传说中的少昊(或者干脆称之为"少昊部落")的活动范围,依据徐旭生先生《中国古史的传说时代》的研究,少昊是"东夷集团"的著名首领。这个结论,得到了中国远古历史研究学者一致的赞同。而少昊部落的活动重心地域,或者直接称之为"都城"所在地,前期在山东日照,后期在山东曲阜。现在,问题来了!我们追溯西岳华山的主神少昊的原本活动地域,原来他不是西方（秦地）的尊神，而是东方（鲁地）的尊神！如果从五岳的所在方位而言，少昊的后期都城就在泰山附近！故此，以历史传说中的"五帝"与"五方天帝"相匹配，是一个"拼盘与嫁接"的过程，实在是勉为其难！因为"五帝"中的四位，太昊、少昊、颛顼、黄帝，在传说中的活动范围都是在东方和中原，也就是徐旭生先生所说的"东夷集团"和"炎黄集团"，只有炎帝一系，有从中原转而南下的传说，再加上他的属神"祝融"一直被视为南方的大神，所以把炎帝"划归"南方帝、南岳主神，没有太大的抵牾。而其余四位尊神的方位"分配"，就很伤脑筋了！

当时的政治家和宗教家的"协调思路"，我们不妨做个"复原式"猜想：首先，黄帝地位尊贵，必须安排在中央；另外一位太昊，也是不敢低估的上古时代的大神，他本来的活动中心是在河南淮阳一带，按照方位而言，理当属于"中央"位置，但是，"中央"之地已经被安排给了黄帝，于是，对太昊只能是"退而求其次"了，东方天帝（东岳主神）在四方之内比较，自有其尊贵之处，所以，安顿太昊在这个方位，也是最佳的位置了；现在来看少昊的方位安排，他本来应该居东，坐享泰山主神之位才是,但是,太昊已经占有了东方之位,于是,少昊只好"西迁"了,给了他一个"金天氏"的雅号,其实也就是利用"金"在五行体系中的方位规定性,坐实他是西方大神的身份;"五帝"传说中的另外一位——颛顼,本来他的活动重心地带是在河南濮阳,但是,与方位相配,其他四个方位,都已经有神占位了,他只能被安排"北上",于是,他被划定为北方天帝、北岳之主。

西岳庙少昊像

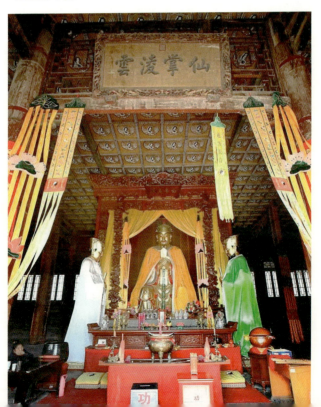

以上的"复原式"解析，就逻辑推理而言，我个人坚信是最有说服力的安排。至此，被安排到北方的颛顼，是否有不公正的感受，是否需要对他有所补偿，我们姑且不论；现在要讨论的是：本来应该出镇东方、掌管东岳泰山的少昊，却被远程"迁徙"到了西方、成为华山之主。这个"待遇"应该说存在明显的不公正。而当年那些负责"调整拼盘方案"的大人物，也许在内心深处都承认对少昊确有亏欠，于是，就安排了一个特殊的"补偿"方法——在西岳庙并不为人关注的殿堂，给这位华山主神留下了一个"岱岳之尊"的雅号。

至此，我把在西岳庙发现的两个"反常"的现象，从历史文化的迷雾之中，给出了一个合理的解释。

3 "天威"西岳庙

《史记·封禅书》记载:"自华以西,名山七,名川四。曰华山……水曰河。"华山列于名山之首,黄河列于名川之首。西岳庙望山邻河,可见其崇高与神圣地位。在《史记·封禅书》里,汉武帝把中岳祠封为崇高邑,其实西岳华山才是更为崇高的"崇高邑"。现存西岳庙中的"天威咫尺""尊严峻极""少昊之都"诸题匾,皆出于西岳华山的崇高形象。西汉元光元年(前134),汉武帝于华山东边的黄甫峪口,建集灵宫以拜祭西岳。这该是最早的西岳庙吧。其后,出于方便,自东汉开始把集灵宫迁于现址,并改称西岳庙,成为历代帝王祭祀华山神的皇家重地。

西岳庙气象壮阔,庙宇宏敞,古柏参天,有诗形容:"百丈层楼隐深树,飞甍正欲摩苍穹。"《左传》指出:"国之大事,在祀与戎。""祀与戎"决定着一个国家民族的兴衰存亡,也影响着个人的生死价值信仰。西岳庙即"祀"之社稷重地;专供

"天威咫尺"石牌楼　闫军平 摄影

西岳华山之神，历史悠久，文化深邃。其历史之悠久，从《尚书·舜典》的"八月西巡守，至于西岳，如初"，到清代帝王祭祀，纵贯数千年，与华夏古史可谓同在。其文化之深邃，既涉及自然的"天威"崇高，又涉及人文的奥妙崇拜，还有神文的信仰维度。

鲁迅先生曾言:"《山海经》,盖古之巫书。"巫书即神文时代的文献典籍。《山海经·西山经》的开篇,就是"西山华山之首"的言说;足见华山的神文信仰分量。"毫无疑问,山是中国古代巫师的天梯或天柱"(张光直:《中国青铜时代》,三联书店,2016年)。《史记·封禅书》记载:"中国华山……黄帝之所常游。"中国史前与神文时代,似乎只有黄帝攀登上了华山这座通神的"天梯或天柱"。秦始皇、汉武帝皆登顶过泰山,而无力登顶华山。在《封西岳赋》里,杜甫写道:"得非古之圣君,而太华最为难上,故封禅之事,郁没罕闻。"

有唐一代,登顶华山仍然极为困难而危险。事实上,在华州供职的诗圣杜甫没有登过华山,诗仙李白只攀登到华山北峰。在华山北峰的云台观,李白写下著名的《西岳云台歌送丹丘子》,其中云:"西岳峥嵘何壮哉!黄河如丝天际来。""峥嵘何壮哉",正是西岳华山作为"崇高邑"的诗叹。诗人兼政治家的韩愈登顶了华山,却在苍龙岭留下了"悔狂"的回忆和诗篇。韩愈在《答张彻》的诗中写道:"洛邑得休告,华山穷绝陉……悔狂已咋指,垂诫仍镌铭。"

"悔狂"者,后悔个人一时的冲动与狂妄吧。西岳的"崇高邑",使得唐玄宗与汉武帝一样,共同选择了一种中国式的实用理性态度：放弃登顶华山，只在西岳庙拜祭。尽管同样没有登顶华山，但唐玄宗的西岳庙故事比汉武帝要丰富得多。

先天元年（712）八月，唐玄宗即位之初就将祭祀华山神列入重要日程。《旧唐书·礼仪三》记载："玄宗乙酉岁生，以华岳当本命，先天二年七月正位，八月癸丑转封华岳神为金天王。"主管华岳诸神的少昊帝以金德王天下。十二年之后，唐玄宗因幸东都途中，亲自给西岳庙立碑撰文。这就是西岳庙中赫赫有名的"唐玄宗御制碑"——外城前院西侧是原碑的唐代遗存，内城第一进是明代重刻的复制碑（见李零《西岳庙与西岳庙石人》，载《万变：李零考古艺术史文集》，三联书店，2016年）。

此碑原高约15米，宽约4米，厚约1.6米。历经唐末的战乱破坏和沧桑岁月，铭文已经完全漫漶模糊，只有它的自然石身仍然屹立不倒，给人以希腊神庙般的震撼和遐想。天宝九年（750），唐玄宗还对西岳庙进行了一次修葺，这已为庙内出土的唐"天宝九载"铭文砖所证实。《水经注》记载，秦汉时期西岳神多次显灵。今《西岳庙》资料载，唐玄宗之后一百多年，即唐僖宗广明元年（880），西岳庙里这通御制碑忽然不击自鸣，声传数里，长达

唐玄宗御制碑残石　闫军平 摄影

数日，声音悲切，使人骇然。不久，黄巢起义军西入潼关，烧毁西岳金天王庙。唐玄宗御制碑的不击自鸣，成了大唐江山的警钟和丧钟。

唐代之后，华夏中古"神文时代"结束，国家政教进一步分离：一方面是宋元明清帝王们承接历史惯性，继续在山下巍峨庄严的西岳庙进行国家祭祀；另一方面是，蓬头垢面的道教徒开始在华山顶石室修凿个人的"西岳庙"，进行《道德经》"出生入死"的生命超越。这就是华山上吕祖洞、朝阳洞、全真岩出现的由来，也是山下西岳庙中出现青牛柏、吕祖堂、"华山卧图"、望仙桥的历史背景，甚至也是现代金庸先生《射雕英雄传》"华山论剑"的文学灵感来源。

华山是西岳庙的文明主人。对西岳庙的解读，离不开华山自然与精神的双重"天威"。《周易·大畜》有"天在山中"的爻辞，《左传》庄公有"山岳则配天"的哲理。这些古代经典中的"天"，既是日月高悬、白云飘然的视觉对象存在，更是伟丽崇高、神圣莫测的心灵信仰对象。"天在山中""山岳则配天"精神氛围中的华山，也就一直呈现为自然存在与神圣信仰的二重形象。西岳庙的历史就是对此的最佳诠释。

三 丰图义仓

丰图义仓旧属朝邑县,今在大荔县。

今之大荔县由原大荔、朝邑两县合并而成。大荔县东濒黄河,南临渭河,洛河绕其西北而后穿县境,自其东南出境会渭河。

大荔古称同州,秦厉共公十六年(前461)设临晋县,为其设县之始。西晋武帝末年,因地处大荔戎国而得名"大荔县"。

[行知提示]

从西岳庙沿沿黄观光公路北行30千米,至渭南市大荔县朝邑镇南寨子村,即见丰图义仓巍然独立于黄河西岸老崖上。

丰图义仓全景

◇ 丰图义仓简介

丰图义仓凭崖为障,地势险要。南望华山主峰,北与岱祠岑楼、金龙塔隔沟毗邻。为陕西境内唯一保存完好的城堡式古代粮仓。

丰图义仓建于清代。光绪三年(1877)关中大馑,朝邑尤甚。邑人、朝廷户部尚书阎敬铭倡议修仓,耗时三年,动支白银三万余两。十一年(1885)竣工后,慈禧太后朱批为"天下第一仓"。

丰图义仓仓寨西门　闫军平 摄影

仓址平面呈不规则矩形，东西长约250米，南北宽约200米。建筑格局为外寨内城。仓寨坐东朝西，依山就势，因北临绝崖为障，只在东、西、南三面设墙，寨墙夯筑。

仓寨外设沟壕，深、宽均在7～8米。寨门设在东西两侧中央，东门小，西门较大；均为砖券拱门，置木板门扇。西门额匾"以资扞卫"。西门内拱洞横竖相套，节省资源，也使建筑更为牢固。门扇包以铁皮，每扇有三个圆洞，一为关门时减小风阻，二为瞭望防御，设计科学精巧。

仓城坐北朝南，仓城周筑墙垣，平面略呈长方形，东西133米，南北83米，高约8米，顶宽13～15米；墙垣内筑夯土，外砌青砖。南墙垣辟"东仓门""西仓门"，中央照壁嵌"丰图义仓"四字匾。

仓城为仓墙合一的建筑形式，兼具防御和仓储双重功能。墙内周列单拱结构的窑洞式砖砌仓廒58孔，高、宽各在4.3～4.5米之间，进深约9米。仓廒又连砖瓦结构廊檐，由木柱支撑，相互贯通，形成回廊。廊檐既可防雨防潮，也可临时堆储粮食，方便晾晒。

仓廒形制小而独立，便于将粮食按种类、分干湿储存管理。砖窑式仓廒，对粮仓的防火、防盗、防入侵等都有独特作用。仓墙厚达1米左右,宽大厚重的砖墙体使仓内一年四季保持着相对恒温状态,适于仓储。仓顶两端开有通风气窗,防止粮食霉变。仓内支架悬空木板作为地面,离地40厘米,木板下墙体四周有4个排气孔,利于空气流通和潮气排出。

丰图义仓仓城仓顶、落水槽　李国庆　摄影

仓城西南有坡道通仓顶。仓顶边砌有栏墙（女儿墙）。仓顶由青砖铺成，采取分段四周高、中间低的结构，将雨水汇于中间低处，再下落水槽排向院内，仓院场地也是四周高、中间低，水可以很快集中排出，避免雨水四散造成积水、渗水或渗蚀。

丰图义仓仓城内天井式场院

仓城中央为天井式场院,内设三组建筑,为守仓人员宿舍。北仓顶中部建有仓楼,仓楼内塑紫阳仓祖像。仓楼南廊东西"八"字屏墙上嵌有慈禧草书"龙""虎"石碣,字径均约2米。

今丰图义仓除作为大荔县朝邑粮油供销站以外,设有阎敬铭纪念馆、粮食历史文化展。又因曾是朝邑起义指挥部和抗日战争时期黄河西岸河防指挥所,现就原址辟有朝邑起义纪念馆、陕西抗战河防指挥所展馆。2006年5月,成为第六批全国重点文物保护单位。

桂子有诗曰:

古道义仓
三河春燕绕城墙,朝坂花香古道长。
百仞义仓今尚在,更须仁政济灾荒。

布衣廉相
纾难救时有大功,赤心耿介万夫雄。
清风十里荷塘月,琴罢诗成不悔翁。

1 黄河与漕粮储运：有关"仓"的随想

考察"丰图义仓"的陈列，得到许多全新的知识。随即想到曾经考察过的西汉"华仓"即"京师仓"，以及三门峡黄河南岸的西汉仓储建筑遗址。

"仓"是古代国家建设最重要的主题之一。秦穆公时，戎王使节由余来访。秦穆公请他参观"宫室积聚"，也就是宫殿建筑与仓储建筑。由余为工程的宏大深为震惊。他感叹

西汉"华仓"瓦当

道："使鬼为之，则劳神矣。使人为之，亦苦民矣。"（《史记·秦本纪》）就是说，这样的工程，让鬼神来做，也会使他们劳累不堪；让民众承担，则是百姓的苦难。秦人重视大型工程的规划建设。我们从秦景公陵墓、秦始皇帝陵墓的工程规模，可以知道秦的传统。雍、栎阳、咸阳宏大的宫殿建筑，使得人们惊异。秦人在汧河码头修筑的大型仓储建筑，

也是秦"积聚"的文物遗存。由这处"仓"的位置，可以推知汧河水运曾经得以开发的情形。

古代大一统王朝往往需要远地运输粮食以支撑皇家及军政消费需求。这种运输，有长期倚仗水运的传统。《战国策·赵策》记载，赵豹说秦以水通粮，因此具有"不可与战"的绝对的军事优势。《左传·僖公十三年》记载，公元前647年，晋荐饥，秦人输粟于晋，"自雍及绛相继，命之曰'汎舟之役'"。杜预《集解》："从渭水运入河、汾。"《国语·晋语三》："是故汎舟于河，归籴于晋。"这是关于政府组织河渭水运的第一次明确的记载。水运粮食的方式称作"漕运"，运输对象称作"漕粮"，通常以军事化方式组织的从事运输的人员称作"漕卒"。汉武帝时代，曾经自长安经华山脚下修凿了直通河渭相汇处的运河，称作"漕渠"。

"澂邑漕仓"瓦当拓片

有文物资料可以证明，北洛河在西汉时已经开发水运。可能反映"征"地储运条件的瓦当有明确出现"漕"的文字。这样的发现，与我们沿黄考察的线路距离并不远。

2 泰山信仰在华山周围有明显存在

2018年5月2日下午，我们沿黄赶赴陕西大荔县的丰图义仓考察。粮仓的选址之地，占尽地利优势。它位于黄河、洛河、渭河的金三角地区，东邻黄河滩，西接八百里秦川，南望西岳华山，北与著名的岱祠岑楼、金龙塔古代建筑群毗邻而立。当时，我身处仓顶高处，向清晰可见的岱祠岑楼看去，上午考察西岳庙时的念头再次奔上心来：在西岳华山的周围，除了西岳庙之外，这处岱祠岑楼的存在，再一次证明了泰山信仰，在华山周围有其明显的存在。

与丰图义仓隔沟毗邻的岱祠岑楼
闫军平 摄影

岱祠岑楼古代建筑的存在,是东岳崇拜存在于西岳近旁的直接证明。岱祠岑楼是当地东岳庙的戏台。东岳庙被毁,这座戏台古建筑,幸存至今。著名的古建筑学家梁思成先生曾经对这座古代建筑亲临考察,并且对它的建筑艺术之美,给予高度的评价。查《百度百科》可知:"岱祠岑楼,也叫东岳行祠,又叫岱宗行宫,四名崇佑观,五名东岳庙。位于大荔县朝邑镇大寨村东,距县城东16.3千米处,岱祠始建不详,只知唐贞观元年(627)重修,明隆庆六年(1572)增建殿宇。"

我所关注的问题在于:同样是五岳之神,都有"某岳庙"的存在,但是,似乎只有东岳庙,享受独特的"待遇",它可以在其他地方设置其行宫。就全国而言,有七处著名的"东岳庙"。其中,山东泰安东岳庙(又名"岱庙")、北京东岳庙(有"华北第一道观"之称)、山西万荣东岳庙(其中的主体建筑飞云楼,在我国的木构建筑中占有独特地位),更是特色鲜明、影响巨大。本文涉及的大荔县"岱祠岑楼",尚未包括其中。由此可以推想:在古代社会,全国的"东岳庙"不知道总数有多少?除此之外,没有听闻其他四岳在外地也有类似行宫建筑的存在。比如说"西岳庙",除了在陕西华阴市矗立之外，在其他地方未曾有过存在吧？也许是我孤陋寡闻而少见多怪了。幸博物君子有以教我。

至于东岳泰山为何会获此殊荣？也许可以从以下几个方面猜测：

（1）泰山曾经是诸多朝代的天子举行封禅大典的所在，其政治地位之崇高难以企及；

（2）在先秦两汉时期，曾经有泰山之神掌管生死的说法流传，增强了它的神秘性；

（3）在后世的文化流变中，又派生出了泰山娘娘掌管生育的民俗信仰，强化了其民间影响力；

（4）"五岳独尊""稳如泰山"等典故对社会意识的反复冲击形成的舆论影响。

四 洽川

洽川位于合阳县洽川镇的黄河二级台地上。

合阳县东临黄河,地势自东南向西北逐渐升高,依次为河谷阶地、黄土台塬和低中山。

合阳县古称有莘国。合阳之名,源自魏文侯十七年(前408)于洽水北岸所筑洽阳城。景帝二年(前155)始设"郃阳县",1964年改"郃"为"合",称合阳县。

---[行知提示]---

从丰图义仓沿沿黄观光公路北行50千米,至合阳县黄河之滨,即到洽川。

黄河岸边的洽川湿地　李国庆　摄影

◇ 处女泉、福山寺、灵泉村、帝喾陵简介

洽川,因古有洽水而得名。这里古代曾设夏阳镇,又一度设夏阳县,所以亦称夏阳川,其前身为有莘氏国。史载,在"秦晋之间",有夏鲧之国和有莘氏为邻国,"鲧娶于有莘氏之女"。有莘氏之女,即大禹的母亲。大禹的儿子夏启时,又把莘作为支子(庶子)的封国。

处女泉景区"天作之合"雕塑　李国庆 摄影

洽川久负盛名,早在《诗经·大雅·大明》中就有"文王初载,天作之合。在洽之阳,在渭之涘"的记载,描述了文王到洽川亲迎莘国之女太姒的盛况。文王与太姒恩爱好合,生下了一举灭商、开创两周近八百年基业的武王。另外《诗经》首篇《关雎》也源出洽川,"关关雎鸠,在河之洲。窈窕淑女,君子好逑"更是响绝千古,无人不晓。

洽川2004年被列为国家重点风景名胜区。区内依地形地貌特点分为5个景区:东为黄河滩涂景区,中为田园风光景区,西有山岳风光景区,北有东雷抽黄工程景区,南有黄河林带景区。其中处女泉、福山寺、灵泉村等景点,与黄河、莘原互为映衬,自然人文景观交融,浑然一体。

处女泉

《新华大字典》解释"瀵,合阳一泉名"。可见瀵泉唯合阳独有。瀵泉水温常年29℃~31℃,富含多种微量元素。《列子·汤问》记载,"沐浴神瀵,肤色脂泽,香气经旬乃歇"。经常洗浴,可祛病强身,益寿延年。瀵泉边绿柳成荫,红荷映日,景色迷人,有"小江南"之美称。

合阳的瀵泉无数,其中处女泉、夏阳瀵、王村大瀵、王村小瀵、渤池瀵、熨斗瀵、西鲤瀵7处如北斗七星状分布于洽川,最为有名。当中又以"处女泉"最为神奇,"人入水不沉,泉涌沙动,如绸拂身,如沙浪浴",誉为华夏一绝。相传,当地姑娘出嫁前,都要来这里洗浴,故名处女泉。

处女泉　石春兰　摄影

福山寺

福山位于洽川风景区入口区域，东临黄河，西靠莘原，地势险峻，自古为秦东胜迹，前人赞其"秀夺终南"。福山四面环沟，唯一小径与山相连，使福山远望如巨蝎翘尾东行，故称蝎子山。

福山寺远眺

福山寺依山而建，始建于明万历二十三年（1595），是佛、道、儒"三教合一"的寺观建筑群，布局错落有致。寺占地面积约2 150平方米，坐东向西，由前、后两进院落组成。沿中轴线自东向西依次为小山门、大山门、石牌坊、魁星阁、大雄宝殿、三清阁，两侧有三义殿、药王殿、送子殿、圣母殿、玉皇殿、文昌殿、奎星塔等。其"三教合一"的寺观形制，为研究我国宗教发展历史提供了活的例证。

灵泉村

紧邻福山寺有灵泉村位于黄河西原畔上，传说村东南有甘泉一眼，治病非常灵验，故名。灵泉村三面为福山、禄山、寿山环绕，始建于清，内外城布局，城内东西北三面环沟，并有城垣拱卫。东西南各有城门一座，城门砖砌，城垣夯筑。

村内大部分建筑为四合院形式民居，建筑宽宏大气，有精美的木雕、砖雕、石雕。大宅院通常两进式，从门房、腰房到上房依次升高，寓意"步步高升"。院落门前抱鼓石、上马石、石门墩及拴马桩等，雕刻戏曲人物、吉祥图案，大门两侧有砖雕家训或格言。

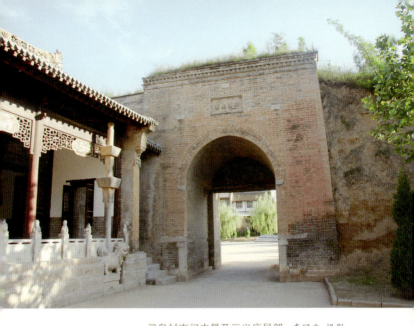

灵泉村南门内景及三义庙局部　李国庆 摄影

灵泉村党氏祠堂门楼砖雕

党氏祠堂和井房为灵泉村特色建筑。祠堂门楼两边八字墙上有"受姓西来,瓜緜椒衍;修祠东向,山峙河横"的砖雕对联。村东头井房,房基砖砌,门上题刻"道通四海",房内有辘轳井和龙王龛,两边有联:井如德水千秋涌,神佑灵泉万代流。横批曰:有本如是。

帝喾陵

帝喾陵是"三皇五帝"中的第三位帝王喾的陵墓,址在合阳县洽川镇莘野村西,陵冢占地二亩,冢前有清代陕西巡抚毕沅所书"帝喾冢"碑一通,国务院学位评审委员会原委员、中华诗词学会原副会长霍松林所题"帝喾陵"碑一通。

帝喾,姓姬,黄帝的曾孙,因他兴起于高辛,故称"高辛氏"。帝喾少小聪明好学,十二三岁便有盛名,小小年纪就开始辅佐叔父颛顼帝,三十岁时,代颛顼为帝,都于亳,在位七十年。帝喾前承炎黄,后启尧舜,奠定华夏基根,是一位非常出色的上古帝王。范文澜《中国通史简编》说:"汉以前人相信黄帝、颛顼、帝喾三人为华族祖先当是事实。"

帝喾因为治世功高,在官方、民间都很受崇信。

合阳帝喾陵　李国庆 摄影

据乾隆年间许秉简所撰《洽阳记略》载,清代每年由藩司拨白银,以作春秋祭扫之用。而在民间,每到清明,民众的祭祀活动也十分喧盛,朝拜的群众熙来攘往,香火缭绕,人声鼎沸,还有唱戏祭祀活动,以祈祷风调雨顺,五谷丰登,阖家幸福。

桂子过游洽川,有诗赞曰:

洽川诗情

溯游水岸尽蒹葭,

野柳荷花鸟立沙。
太姒文王天作合,
《关雎》代代诵无涯。

灵泉福山
天蝎降魔作美谈,
一峰独秀胜终南。
塔楼殿宇融三教,
九福灵泉映翠岚。

祭帝喾陵
古村佳气郁岩峣,
帝喾陵前路转遥。
莘野云移遮晓日,
春寒犹自锁烟霄。

王子今

1 为什么"蝎子山"称作"福山"

沿黄观光公路沿途历史文化考察经过"福山"景区,内中有以蝎子为形象主题的大型艺术雕塑。经介绍,得知"福山"原称"蝎子山"。

为什么"蝎子山"后来称作"福山"呢?

当地朋友介绍,通常人称体胖为"发福",被蝎子蜇了之后,创伤部位会肿大,一似发胖,于是理解为"福"。"蝎子山"因此称为"福山"。

这样的解释似乎缺乏足够的说服力。

福山蝎子雕塑　李国庆 摄影

唐人段成式《酉阳杂俎》卷一七《广动植之二·鳞介篇》中有关于"蝎子"的故事,可以一读:"蝎鼠负虫巨者,多化为蝎。蝎子多负于背。成式尝见一蝎负十余子,子色犹白,才如稻粒。成式尝见张希复言,陈州古仓有蝎,形如钱,螫人必死。江南旧无蝎。开元初尝有一主簿,竹筒盛过江。至今江南往往亦有。俗呼为'主簿虫'。蝎常为蜗所食,以迹规之,蝎不复去。旧说过满百为蝎所螫。蝎前谓之螫,后谓之虿。"

这段文字介绍了唐代社会对于"蝎子"的昆虫学知识。如"蝎前谓之螫,后谓之虿"等。关于"蝎子"南传路径的说法,"江南旧无蝎",唐玄宗开元初年才由一主簿"竹筒盛过江",似乎有传说性质。"蝎子"经常被蜗牛所食,发生这种生命悲剧的地方,"蝎子"不会再行走到那里。这种说法的真实性恐怕也难以确知。但是"蝎子"经常把幼虫背负在身上,段成式自称亲眼看到"一蝎负十余子,子色犹白",形体只是像"稻粒"大小。这样的情景记录,作者自称"成式尝见",或许是比较可信的。《格致镜原》卷九七引《五杂组》说:"蝎孕子在背,长则剖背出而母死。此亦枭破獍之类也。"蝎负子在背,写作"蝎孕子在背"。除了"蝎子多负于背"之外，所谓"蝎鼠负虫巨者，多化为蝎"，也值得注意。古人发现"蝎子"有突出的与"负"有关的习性，而可以说与"负"大致谐音的"福"字，或许因此可能由"蝎子"生成联想。思考"蝎子山"为什么称作"福山"，似乎这也是一种思路。

这样的推想还缺乏坚强的论证。但是作为一种参考意见，或许有益于这一问题的深入考察。

蝎子的文化象征意义相当复杂。其他民族也有相关迹象值得注意。藏族考古学者夏格旺堆著文《藏族民居装饰的嬗变》，讨论了藏式民居门壁装饰即门外周围左右墙或者门板以涂绘手法表现的图案内容，有以蝎子为主题的情形。蝎子图案出现于以白色为底的左右墙上，也出现在以黑色为底的门板装饰中。"涂绘这些图案的颜色主要是黑色、白色和红色。而作为门壁装饰出现时，其底多是白墙。这种涂绘图案颜色的区别，表现于日喀则地区以黑色涂绘出蝎子，而拉萨、山南等地以红色涂绘蝎子。这一点是大的区域在表现装饰图案的较显著的特点。"夏格旺堆还指出："蝎子图案，有些地方以灶神形象来理解，且以为是一位女神鲁神——鲁莫（klu—mo，有人译为'龙女'，因不敢苟同，暂留音译）的化身。作为灶神形象的蝎子图案，一般见于厨房烟熏变黑之墙上，用白色糌粑点画。据说，蝎子以白色来画出，主要是因为灶神是一位'身裹素装，佩戴瑰玉，手持金勺的美丽女神'，她的服饰是白色的，所以蝎子应用白色来画。然而门壁装饰中的蝎子，又为什么出现黑色与红色形象呢？这一问题，笔者还不能有更好的解释。但有一点似乎可以作为参考，那便是这种颜色也许不具有更深刻的涵义，作为门壁装饰与'鲁莫'的化身，她所赋予的真正涵义应该与符号在人们社会生活实践中已被扩大化了的延伸寓意存在某种联系。这种现象，除在民居装饰中存在外，还存在于藏族社会生活的许多层面。所以，蝎子图案出现于门壁装饰，除了有神与灶神相关的对饮食富足的祈愿外，还可能有种辟邪与象征吉祥的寓意吧。"（《中国西藏》，2018年5期）论者审慎科学的态度值得赞赏。承夏格旺堆研究员告知，他的意见最早发表于《中国藏学》2001年3期。可知对于这一问题，他有长期的观察和缜密的思考。

也许不同地方民俗生活中的相关现象有复杂的表现。我们还看到，藏式民居门壁装饰的蝎子图案有门的左右分别以红、黑两色涂绘的情形，与夏格旺堆所说"日喀则地区以黑色涂绘出蝎子，而拉萨、

藏族民居门壁装饰中的蝎子图案　张鹰　摄影

山南等地以红色涂绘蝎子"有所不同。这可能还需要通过色彩人类学的方法来分析,而不一定局限于美学或区域民俗学视角。

尽管对蝎子图案作为民居装饰主题的意义可以有不同的认识,但是"祈愿""富足""象征吉祥"的推想,显然是有充分的合理性的。这对于我们讨论"蝎子山"为什么称作"福山"时不能避免的"蝎子"与"福"之关系的思考,无疑有一定的参考意义。

2 合阳"伊尹故里"试说"伊尹之谜"

我们的考察团队到达陕西合阳县,发现这里打出的地方文化名片之一就是"伊尹故里",这立即引发了我的兴趣。这不仅是因为伊尹是夏商之交著名的政治家、商王朝的开国元勋,而且他的一生充满了传奇性。在他的身上,至少凝聚着四大"历史迷案"。这就是——出生地之谜、"微时"社会身份之谜、是否充当过商汤间谍之谜、"伊尹放太甲"的真相之谜。分别梳理如下。

一、伊尹出生地之谜

说法之一,指伊尹出生于"空桑"。《列子·天瑞》称:"后稷生乎巨迹,伊尹生乎空桑。"这里的"巨迹"与"空桑"显然都带有神秘色彩,"巨迹"涉及周人远祖后稷的出生神话,我们略而不论。"空桑"之说的本意,在《列子集释》中有言简意赅的解说:"伊尹母居伊水之上,既孕,梦有神告之曰:

河南伊川县"第一名相"伊尹碑

'臼水出而东走，无顾！'明日视臼出水，告其邻，东走，十里而顾，其邑尽为水，身因化为空桑。有莘氏女子采桑，得婴儿于空桑之中，故命之曰伊尹，而献其君。令庖人养之。长而贤，为殷汤相。"大致相同的记载，又见于《吕氏春秋·本味篇》。引文从略。

在这个神话传说中，伊尹之母无疑是一位圣女，在得到大神的梦中预警之后，她好心营救了邻人逃生之后又"违背神谕"而转头回顾居住之地，遭到神灵处罚而化为"空桑"。从"空桑"中容得下诞育的婴儿来推测，所谓的"空桑"应该就是有朽洞的一株老桑树。这一则古老的神话故事，对于解答伊尹的出生地，本来没有提供有效信息。说他的母亲生活在"伊水之上"，伊水源远流长，何以测定其所在之地？古人对神话的解读，历来有"出于虚幻而推定落实"的本事。于是，"神罚"之幻的"空桑"，后来却被诠释为具体的地名。被"指实"的空桑，通常认为是在河南杞县的空桑村。如，《河南通志》记载："伊尹，名挚，夏末商初人，生于杞之空桑（今杞县葛岗乡西空桑村），别称伊尹村。"《河南历代名人史迹》："空桑城，在杞县县城西十三公里的西空桑村，旧名尹尹村，传为伊尹出生地。"

说法之二，指伊尹出生于"有莘氏"之地。"有莘氏"是多部先秦古籍中有记载的上古时期的古国。"有莘氏"之国的地理位置在当今何地？学界并无一致的看法而是歧见并存。因此，伊尹出生之地，就有陕西合阳，河南陈留、偃师、嵩县、伊川、栾川，山东曹县、莘县等多种说法。

其中的伊尹出生于陕西合阳的传说，至迟在明代就已经流传开来了。近年来，当地有关部门为此做了大量的工作。根据《陕西省第三次全国文物普查丛书》记载，现在合阳的莘村和秦庄各有一座伊尹墓。合阳县政协文史资料委员会还出版了《千秋贤相伊尹》。据说在合阳县莘村中的马家祠堂还存放有伊尹神道的断

"莘亭伊尹耕处"碑
此碑位于山东省聊城市莘县城北莘亭镇。

碑。我们此次未曾前往考察此碑，刻碑年代不详。陪同我们考察的合阳县党史办的副主任王先生，就是莘村人，据他称：当地人坚信伊尹就是出生在他们的村里——这是历代流传下来的说法。

问题是：按照近现代学者的研究，"有莘氏"古国，应该属于"东夷集团"的范围之内。而陕西合阳，无法归入"东夷集团"的活动范围。

在传世所见的商代史书中，并无伊尹出生地的明确记载。所以，以上诸说，从根本上说来，都无法坐实。不论传说中的伊尹出生地，都有伊尹墓、伊尹村、方志记载等相关"地方性文物和文献"，其实都是"民俗类"的资料，其形成时间都离商代很远，实际上无法成为破解伊尹出生地之谜的可靠依据。那么，最好的办法可能是：让各地的传说，继续流传下去，"各美其美，美美与共"。

二、伊尹"微时"社会身份之谜

公元前 1600 年前后，伊尹辅助商汤推翻了夏桀的统治，成为商王朝的开国元勋。但是，伊尹在功成名就之前，他的社会身份如何？在战国时代，就有不同的说法。

传说之一：伊尹是"有莘氏"君主的家内奴隶，以厨艺精妙而知名。后来，"有莘氏"君主的女儿出嫁商汤，伊尹是以"媵臣"的身份随同自己的女主人前往的。所谓"媵臣"，就是如同陪嫁的嫁妆一般，是说不到有"人"的尊严的。此时，伊尹的身份就是家内奴隶。后来，伊尹在商汤面前以谈论美食烹制为切入点，进而探讨治国之道，商汤极为欣赏他的见识与才干。伊尹由此而被破格提拔为辅政大臣。这个传说的影响很大。记载这个传说较为系统的历史文献是《吕氏春秋》的《本味篇》。请看伊尹论菜肴制作的一段文字："调和之事，必以甘酸苦辛咸……鼎中之变，精妙微纤，口弗能言，志不能喻。若射御之微，阴阳之化，四时之数。"可谓穷尽了厨艺之道，而且暗中含有治国原理在其中。"调和鼎鼐"也就成为明言厨艺而暗寓执政大

合阳举办祭拜中国烹饪始祖伊尹活动

臣的特殊用语。

另外,《墨子·尚贤上》也言简意赅地说到了这段佳话:"伊挚,有莘氏女之私臣,亲为庖人,汤得之,举以为己相,与接天下之政,治天下之民。"

因为有这个传说,伊尹被奉为厨师的行业神和保护神。直到现在,在通都大邑还有高规格的酒店,径直以"伊尹"的大名用作店名和招牌。

传说之二:伊尹是"有莘氏"之国耕于田野的"隐士"。此说见于《孟子》的《万章篇》。万章向孟子请教"伊尹以割烹要汤"的传说是否属实,孟子断然否认:"否,不然。伊尹耕于有莘之野,而乐尧舜之道焉。非其义也,非其道也,禄之以天下,弗顾也;系马千驷,弗视也。非其义也,非其道也,一介不以与人,一介不以取诸人,汤使人以币聘之,嚣嚣然曰:'我何以汤之聘币为哉?我岂若处畎亩之中,由是以乐尧舜之道哉?'汤三使往聘之,既而幡然改曰:'与我处畎亩之中,由是以乐尧舜之道,吾岂若使是君为尧舜之君哉?吾岂若使是民为尧舜之民哉?吾岂若于吾身亲见之哉?天之生此民也,使先知觉后知,使先觉觉后觉也。予,天民之先觉者也;予将以斯道觉斯民也。非予觉之,而谁也?'思天下之民匹夫匹妇有不被尧舜之泽者,若己推而内之沟中。其自任以天下之重如此，故就汤而说之以伐夏救民。"孟子不能容忍伊尹出身于厨子的传说流传于世，一定要赋予伊尹身怀尧舜之道的"高级隐士"身份。商汤慕名而遣使礼聘，曾经遭到伊尹的坚决拒绝。直到商汤第三次遣使敦聘，伊尹才以"救世济民"之心改变了原本的高隐之志，成就了"救民于倒悬"的政治伟业。这个君王多次礼聘隐士的传说，几乎可以视为"三顾茅庐"的源头一般。孟子对伊尹的崇拜之情，由此可见。

与"家内奴隶＋厨师"之说相比较，孟子所极言的伊尹为"隐士"之说，无疑提升了伊尹的社会身份。但是，在后世的传说中，人们似乎更加愿意选择第一种说法，也许是传奇性更强的原因吧！

三、伊尹是否为商汤充当间谍之谜

《孙子·用间篇》明确讲到伊尹为了商汤开国事业曾经到夏桀身边充当间谍："故三军之事，亲莫亲于间，赏莫厚于间，事莫密于间，非圣智不能用间……知之必在于反间，故反间不可不厚也。昔殷之兴也，伊挚在夏。周之兴也，吕牙在殷。故明君贤将，能以上智为间者，必成大功，此兵之要，三军之所恃而动也。"这是兵家经典为了强调"用间"在战争中的作用而"举例"说到了伊尹充当间谍的故事,难免"语焉不详",那么,《吕氏春秋·慎大篇》的如下文字,则是带有强烈传奇性的,几乎可以作为影视剧的素材来看待了!"桀为无道,暴戾顽贪,天下颤恐而患之……桀愈自贤,矜过善非,主道重塞,国人大崩。汤乃惕惧,忧天下之不宁,欲令伊尹往视旷夏,恐其不信,汤由亲自射伊尹。伊尹奔夏三年,反报于亳,曰:'桀迷惑于末嬉,好彼琬、琰,不恤其众,众志不堪,上下相疾,民心积怨'。""汤与伊尹盟,以示必灭夏。伊尹又复往视旷夏,听于末嬉。……伊尹以告汤。商涸旱,汤犹发师,以信伊尹之盟,故令师从东方出于国,西以进。未接刃而桀走,逐之至大沙,身体离散,为天下戮,不可正谏,虽后悔之,将可奈何?汤立为天子,夏民大说……尽行伊尹之盟,不避旱殃,祖伊尹世世享商。"按照这个记载,商汤指令伊尹前往夏朝充当间谍,为了增强伊尹从商汤身边"叛逃"的可信性,还上演了一场商汤亲自箭射伊尹的苦肉计。其间还有伊尹两度往返于夏商之间的传说,最令人意料不到的是:伊尹还和夏桀身边"红颜误国"的美女末嬉联手,盗取夏朝的机密情报直接送达商汤。从而确保了商汤灭夏行动圆满成功。伊尹后来在商王朝世世享受祭祀，就是要酬谢他充当间谍直接导致夏商改朝换代的大功劳。

但是，传奇性太强的历史故事，大多出自后世人的编造和"层累式"叠加，其可信性不高。

孟子则从古代君臣"双向选择"的角度，解释了伊尹在商汤与夏桀之间臣属关系多变的现象。《孟子·告子下》："居下位，不以贤事不肖者，伯夷也；五就汤，五就桀者，伊尹也；不恶污君，不辞小官者，柳下惠也。三子者不同道，其趋一也。一者何也？曰：仁也。君子亦仁而已矣，何必同？"他列举了三位古代的贤哲伯夷、伊尹、柳下惠对待仕进之道的不同选择，强调他们都是出于仁心。其中说到伊尹是"五就汤，五就桀"，也就是在商汤与夏桀之间有五次改变臣属关系。即便古代圣哲有"贤臣择主而事"的自由，但在两位君主之间如此频繁地背叛与投靠，无论从哪个角度都是很难理解的。所以，我以为，《孟子》书中的这个说法，带有鲜明的战国游说之士的语言风格，夸张有余，不足凭信。

在夏商改朝换代的过程中，伊尹是否有过到达夏都从事某种政治活动的可能性？是一个值得探讨的问题。不同的古籍留下了各有异同的记载。《尚书·胤征》有如下文字:"伊尹去亳适夏。既丑有夏,复归于亳。入自北门,乃遇汝鸠、汝方。作《汝鸠》《汝方》。"其中的"亳",是商汤的都城所在。从其文意玩味,伊尹应该有过离开商汤依附夏桀、后来去而复返的经历。只是,《胤征》篇属于伪古文范围之内,从清代考据学家开始到当代研究《尚书》的权威学者,都不愿意以此篇文章作为研究商代历史的依据。有意思的是:在《竹书纪年》(此书问世的过程,参见下述)中,有很明确、很重要的记载。据王国维:《古本竹书纪年疏证》:帝癸(即夏桀)"十七年,商使伊尹来朝。""二十年,伊尹归于商及汝鸠、汝方,会于北门。"伊尹此次到夏都的身份很明确,他是商汤的使者;但是,奉命出使的时间却长达三年之久,这很不合情理。给研究者留下了驰骋想象力的很大空间。

四、"伊尹放太甲"的真相之谜

伊尹在先秦——汉魏时期,曾经享有极高的地位和声望。《尚书》中有多篇文献,是以歌颂伊尹的功业为背景而写定的,在诸子的著作中,对伊尹给予高度评价的所在多有,特别是《墨子》《孟子》

《吕氏春秋》三部重要子书,都对伊尹推崇备至。《墨子·贵义》:"昔者,汤将往见伊尹,令彭氏之子御。彭氏之子半道而问曰:'君将何之?'汤曰:'将往见伊尹。'彭氏之子曰:'伊尹,天下之贱人也。若君欲见之,亦令召问焉,彼受赐矣。'汤曰:'非女所知也。……而子不欲我见伊尹,是子不欲吾善也。'因下彭氏之子,不使御。"《孟子·万章下》称赞"伊尹,圣之任者也"。也就是"圣人"行列中敢于任事、有担当的典型。《吕氏春秋·赞能》:"得地千里,不若得一圣人。舜得皋陶而舜受之,汤得伊尹而有夏民,文王得吕望而服殷商。"还可以举出一例,《荀子·臣道》的评价是"殷之伊尹,周之太公,可谓圣臣矣。"

入汉之后,司马迁著《史记》,在《殷本纪》中大段摘录《尚书》中歌颂伊尹的文字入史,更加扩大了伊尹在历史上的影响。

古人为何如此推崇伊尹?主要有两个原因:一是伊尹辅佐商王朝开国,功勋卓著;二是在商汤去世之后,伊尹扶立汤的嫡长孙太甲即帝位,可是太甲失德失政,败坏商汤法度,伊尹竭力规劝而无效,于是采用断然措施——以国家重臣的身份,将太甲流放到桐宫(商汤的陵墓所在地)加以软禁,伊尹

《尚书·商书·咸有一德》

自己执掌国家的最高统治权力；同时，伊尹诱导被软禁的太甲反思过失，经过三年的时间，伊尹判定太甲确实改过向善了，又迎接太甲返回都城，把统治大权奉还给太甲，而自归臣位；伊尹还写了一篇文章给太甲，内容是告诫他该如何做一个好天子。这个过程，在《史记·殷本纪》中有简明扼要的记述："帝太甲既立三年，不明，暴虐，不遵汤法，乱德，于是伊尹放之于桐宫。三年，伊尹摄行政当国，以朝诸侯。帝太甲居桐宫三年，悔过自责，反（返）善。

于是伊尹乃迎帝太甲而授之政。帝太甲修德，诸侯咸归殷，百姓以宁。伊尹嘉之，乃作《太甲训》三篇，褒帝太甲，称太宗。"

古人认为，伊尹的一生，辅佐商汤开国，功劳最大；而扶立－放逐－迎归太甲，难度最大。伊尹被歌颂为"圣人""圣臣"，最主要的原因在于后者。以国家重臣的身份废立天子，而自己执掌政局，在一般意义上说来，属于"以下犯上"，当然是"非常"之举。伊尹之前未曾有过；伊尹以天下为重，断然决策，开创未有之举，为后世做出了表率。西周初年，周公仿效伊尹典型而秉国，西汉后期又有霍光废立皇帝而大权独揽。由此形成了一种政治模式，这就是后世史家所称誉的"伊尹周公之事""伊尹霍光之事"。

但是，这种以国家重臣而废立天子的运作形式，在后代也有畸形发展——有的权臣，甚至是篡杀之臣，喜欢用伊尹、周公的形象来伪装自己，给自己专断朝政制造舆论。西汉末年的王莽、东汉末年的曹操，都曾经以伊尹、周公自况。

战国时代的儒学名师孟子，在讨论伊尹的历史定位时，围绕着臣子是否可以废立君主的问题，就提出"有伊尹之志，则可；无伊尹之志，则篡也"

（《孟子·尽心上》）。对照王莽、曹操的所作所为，不得不感慨孟子真有远见卓识，他似乎预见到后世某些政治家玩弄的伎俩。

先秦——汉魏时期，人们对伊尹的历史叙事和评价，没有异词，也无异议，但是，到了西晋武帝（司马炎）太康年间，在河南古汲郡境内，有一位名叫"不準"的盗墓者，盗掘了一座古墓，由此出土了一批竹简古书。后来朝廷派出有学问的官员，负责整理这批《汲冢书》，其中就有一部被命名为《竹书纪年》的古代编年体史书。此书的记事范围，上起传说中的黄帝时代，下及战国后期。经过学者的研究，出土这部珍贵古籍的古墓，应该是战国后期魏国安僖王的墓葬，这部史书应该是由魏国史官所写的。值得注意的是：《竹书纪年》所记的古史，与传世文献的记载相比较，有许多不同之处。涉及商代前期的历史，它的记事文字，对于伊尹"忠心秉国"的政治家形象无疑具有"颠覆"的意义！

请看《竹书纪年》的记载："伊尹放太甲于桐，尹乃自立，暨及位于太甲七年，太甲潜出自桐，杀伊尹，乃立其子伊陟、伊奋，命复其父之田宅而中分之。"据此可知，伊尹放逐了商汤的长孙太甲自立，太甲在桐宫被关了七年，后来伺机从桐宫逃回王都，杀了伊尹,恢复了王位,还宽宏大量地对待伊尹的两个儿子,让他们分了伊尹的田宅。

随着《竹书纪年》的问世,就不得不面对一个重大问题——如何看待伊尹的历史定位?他是忠心耿耿的辅政重臣?还是如同后世王莽、曹操一类的权臣?甚至是篡位之臣?——这是个问题!于是,自隋唐以下研究经史之学的学者,都要面对和回答这个问题。

唐代经学名家孔颖达在《尚书正义》的《太甲下》篇,针对《竹书纪年》对伊尹的记载,做了驳论。他的基本观点是:根据《太甲下》篇经序的记载,"伊尹奉太甲,归于亳。其文甚明。《左传》又称:'伊尹放太甲而相之'。……伊尹不肯自立,太甲不杀伊尹也。"按照孔颖达的意见,尽管他知道《竹书纪年》异说的存在,但是,他判定,原有的经史之说可信,而《竹书纪年》的新出之说是受战国流俗妄说的影响而改写了古史,故不可信。

值得注意的是:清朝中期,有一位著名的考据学家崔述(号"东壁"),在他的遗著中,就针对伊尹和太甲的关系写有一篇考论专文,名字就叫"太甲不杀伊尹辨"。他力主从《尚书》到《史记》的古史文献以及先秦儒家和诸子的记载可信,而《竹书纪年》的另类记载不足为凭。或许是战国史官受当时君臣关系的影响而臆写商代前期历史（参见：《崔东壁遗书》之《商考信录》有"太甲不杀伊尹辨"条）。他的基本思路与孔颖达相似而论证更为完善。

如果说，孔颖达和崔述之说，代表的是经史学家的基本观点，那么，宋代大文豪苏轼的《伊尹论》，则代表了文史学家对这个"疑案"的基本判断。

《伊尹论》首先高度评价伊尹是具备大德大才的国家栋梁："办天下之大事者，有天下之大节者也。……夫天下不能动其心，是故其才全。以其全才而制天下，是故临大事而不乱。"又具体论述伊尹对太甲的非常之举："夫太甲之废，天下未尝有是，而伊尹始行之，天下不以为惊。以臣放君，天下不以为僭。既放而复立，太甲不以为专。何则？其素所不屑者，足以取信于天下也。彼其视天下眇然不

商代甲骨上关于伊尹的记载

足以动其心，而岂忍以废放其君求利也哉？"

我们在当下讨论伊尹的历史地位问题，除了要继续关注传统之学的研究成果之外，更要注意商代甲骨文和出土简牍的新材料、新成果。

考察安阳出土的商代甲骨文的记载，伊尹的地位是很尊崇的。在甲骨卜辞中屡见致祭伊尹的记载，有学者做过统计，大致有130多片卜辞记载与祭祀伊尹相关。其中，有一片卜辞是同时祭祀大乙（成汤）、伊尹的。这些可以说明，卜辞所见的伊尹地位之尊贵，介于"殷先王"与"先公"之间。当代以研究商代历史与文化著名的张光直先生还对"祭祀伊尹，大多在丁日"的卜辞记事展开了独到的研究，从而对殷商王制提出了全新的判断（参见：张光直《谈王亥与伊尹的祭日并论殷商王制》，载其著《中国青铜时代》）。张光直先生所讨论的问题是更为深刻的大问题，这里无法展开讨论，只就本题所论的"谜案"而做简捷的推理：假如说，《竹书纪年》所载为实，伊尹是争权失败被杀的权臣，那么，太甲和他的后世子孙，只会斥之为"权奸"，完全没有必要历代都以尊崇的礼仪来祭祀他，向他表达敬意。或者换用另外的表达：我们根据历代商王在祭祀中对伊尹表达的虔诚之意，只能得出一个结论：伊尹

［金］玉日邑舍之吉言乃至翠于白宎邑〖四〗

隹民遠邦遙志湯曰於虐㠯可复于民卑我眾勿韋朕言孰曰句亓孛之亓又頤之〖三〗

《清华大学藏战国竹简（壹）·尹诰》书影

在他们的心目中,是功勋卓著、德高望重的社稷大臣。如此,《竹书纪年》中所见的伊尹形象,就不值得相信了。

最近几年,《清华大学藏战国竹简》正在逐年出版。其中,多见与伊尹有关的先秦文献。在第一辑整理报告问世后,围绕着伊尹问题的讨论就出现了多篇有研究深度的文章。据我见闻所及,就有:虞万里《由清华简〈尹诰〉论〈古文尚书·咸有一德〉之性质》、田旭东《尹挚与伊尹学派——以出土文献为考察中心》、廖名春《清华简〈尹诰〉篇的内容与思想》、郭永秉《清华简〈尹至〉"至在汤"解》、孙飞燕《也谈清华简〈尹诰〉的"惟尹既及汤,咸有一德"》等多篇有新意的文章刊发。此后,在第三辑和第五辑中又有新的材料公布,这些战国时流行的"伊尹故事",一共有五篇新出文献了。这些新出的材料,都是以伊尹为贤相为其基本构成的。都可以与《吕氏春秋》《史记》的记载相互印证。而目前学者的研究,也都秉持相同或者相近的判断。

总结历代学者的考论意见,特别是吸纳甲骨学、简牍学提供的新材料以及研究结论,我认为:伊尹的历史定位,基本可以得出结论了:伊尹是秉正辅国的社稷重臣，而不是玩弄权术失败被杀的权臣。《竹书纪年》的异说，不足以颠覆先秦——汉魏时期众多典籍的基本结论。

再赘述一句：针对商代某个历史人物的评价，在传统文化经、史、子、集四个部类的文献中都有涉及，并且，在甲骨学、简牍学以及金文（本文未曾展开）等学科中都有新发现——这样的人物，似乎只有伊尹一位。这是多么有独特魅力的特殊人物！

孙家洲

3 "帝喾陵"遐思

2022年2月底,我们在陕西"沿黄考察"的行程中,特意安排了寻访位于渭南市合阳县洽川镇的"帝喾陵"。

一、帝喾在"五帝"传说体系中的地位和影响

"三皇五帝"的古史系统,构成了传说中的远古历史的主体脉络。"自从盘古开天地,三皇五帝到如今",这个流传广泛的"极简"古史脉络,对国人的影响力是很大的。古史茫茫,难以稽考,导致了"三皇五帝"古史系统存在着若干迷雾。包括"三皇"和"五帝"分别由哪些"圣人"构成这样的基础性问题,都有各种不同的"排列组合"。所以,学人很习惯于用"一笔糊涂账"这样调侃的文字,来表达对研究这个时代的畏难情结。

史学家司马迁在撰述《史记》之时,根据他的学术理念,努力从各种错综复杂的远古传说中,梳

理出一条历史的发展脉络,其实就是致力于建构古史体系的主线。司马迁所做的影响深远的工作,就是判定"三皇"和"五帝"两种传说体系历史价值的不同,认定"三皇"之说不可信,"五帝"之说有其历史依据。因此,《史记》"十二本纪"的开篇之作就是《五帝本纪》。司马迁的这个判断和抉择,对我国古代历史体系的影响极为重大。我国传统的古代历史体系,就是以"五帝时代"为其开端的。历代学者对司马迁以《五帝本纪》为开篇的学

《史记·五帝本纪》书影

术意义，多有论列，各有所见。西北大学出版社于2019年推出的《史记研究集成·十二本纪》之《五帝本纪》，对历代学者的论断有简明扼要的引录。感兴趣的朋友，不妨借助这部书自行翻检和学习。

"五帝"具体所指是哪几位古代的"圣人"？

在先秦和汉代的文献中，存在不同的说法。司马迁在《史记·五帝本纪》中列出的五位，权威性较高。顾颉刚先生在《中国上古史研究讲义》中有如下论断："(《史记·五帝本纪》)这篇中所说的五帝是黄帝、帝颛顼、帝喾、帝尧和帝舜……这一个五帝系统是从战国到秦、汉一直沿用的。"吕思勉先生在《经史解题·论读经之法》中说："五帝之说，《史记》《世本》《大戴礼》并以黄帝、颛顼、帝喾、尧、舜当之。"(可参见《中国民族史》第二章《汉族·三皇五帝考》)以上两位史学名家的上引论断，其结论是明晰无误的。吕思勉先生所说"五帝"构成之说，不仅见于《史记》，还有《世本》和《大戴礼》。还由此可见：在先秦到汉代，以黄帝、颛顼、帝喾、尧、舜五位为"五帝"，是"主流"之说。

对这个传说中的"五帝"系统，现在的社会大众对黄帝、尧、舜三位的知晓度相对较高，而对位居中间的颛顼、帝喾两位,则所知很少。甚至对"喾"字的读音,有许多人不知道。但是,如果我们对传说材料加以梳理,就会发现:帝喾,在我国古代的"传说时代"中,占有很重要的位置,产生过深远的影响。

在梳理"五帝"相互关系之时,我们会发现一个很有趣的上古文化现象:颛顼与帝喾是否是父子关系,也很难定论。

请看较为"权威"的古典记载,就保留了两种不同的说法:一说帝喾是颛顼的"族子",一说是颛顼的儿子。两说之间的区别,当然很大。《史记·五帝本纪》:"颛顼崩,而玄嚣之孙高辛立,是为帝喾。帝喾高辛者,黄帝之曾孙也。高辛父曰蟜极,蟜极父曰玄嚣,玄嚣父曰黄帝。自玄嚣与蟜极皆不得在位,至高辛即帝位。高辛于颛顼为族子。"按照司马迁整理出的这个传说系统,帝喾就是高辛氏。可以确定的是:他是黄帝的后裔,其父、祖两代均不是"在位"的君主,知名度有限;帝喾与颛顼之间没有直接的血缘关系,"族子"之说,表明了两人之间血统关系的疏远。《大戴礼记·帝系》的记载与之一致。但是,后世"整理"古史传说材料的人,选择相信颛顼与帝喾是父子之说的也不在少数。"帝系"的血缘关系由此而被"简化"为"直线型"了。由颛顼与帝喾关系的两说并存为例,也可以明白一个道理:谁想要把传说中的"五帝"的血缘关系梳理清楚,都是自讨苦吃。在此,我愿意援引夏保国教授的一个判断:"不论是炎帝和黄帝,还是颛顼与帝喾之间,未必是两代人的关系,而可能是氏族部落和古国之间多代人经历的复杂历史过程。"(吕文郁、夏保国、徐阳《先秦天下》,第7页,长春出版社,2007年)

仔细分析帝喾的传说,会发现有两大重点:

一是对帝喾的"总体评价"很高。典型材料见于《大戴礼记·五帝德》。这部文献,是以孔子回答其弟子宰我"请问帝喾"的问题时,以孔子之语来表达的:

> 生而神灵,自言其名;博施利物,不于其身;聪以知远,明以察微;顺天之义,知民之急;仁而威,惠而信,修身而天下服。取地之财而节用之,抚教万民而利诲之,历日月而迎送之,明鬼神而敬事之。其色郁郁,其德嶷嶷,其动也时,其服也士。春夏乘龙,秋冬乘马,黄黼黻衣,执中而

获天下；日月所照，风雨所至，莫不从顺。

这段文字，不仅描述了帝喾的天赋异能，自幼聪慧过人，歌颂了他胸怀远大、顺天惠民，还高度评价他的政治才干，包括在历法和宗教信仰方面的创造，并且概括了他的执政特点与风格，特别是对于帝喾在推进"文明与国家"形态的进步上所做出的贡献推崇备至，以"日月所照，风雨所至，莫不从顺"的赞颂之词，树立了一位上古"圣王"建立统一大业的光辉形象。这段文字，无疑是对帝喾的"全方位"和"多层次"的颂扬。由于这样的描述，是以孔子赞语而出现的，在尊崇儒学的古代社会，它就具有了相当的权威性。其后，司马迁在《史记·五帝本纪》中的记载，文字基本相同。就"文本"而言，又被赋予了"青史定论"的色彩。所以，古人对帝喾的颂词，是由经史两家的经典叠加而凝固下来的。

秦汉之后，研治上古历史的学者，沿用孔子和司马迁确立的叙事模式，在国家统治制度的贡献方面，对于帝喾的歌颂之词，相当突出。在"五帝"的传说系统中，论及国家制度的发明与持守，除了黄帝之外，似乎以帝喾的贡献最大。请看如下两个论断："昔黄帝方制天下，立为万国，其后制度无闻。至于帝喾，乃始创制九州，统理万国。"（王圻：《三才图会·地理卷十四·帝喾九州之图》）"按《帝王世纪》，帝喾以人事纪官……分职而治诸侯，于是化被天下。"（蒋廷锡：《明伦汇编》卷七《帝纪部·帝喾高辛本纪》）这两个论断，出自于明清两代学者的汇纂之书（均引自西北大学出版社《史记研究集成·十二本纪·五帝本纪》），体现的是诸多学者的判断。此论尽管带有把后世的文明制度"累积"叠加到帝喾之身的嫌疑，但是历代学人为什么把国家制度的发明大多归于帝喾，不也是值得研究的问题吗？

后世社会名流对帝喾的高度评价，也是我们理解帝喾在文化史上影响巨大的一个重要指标。在此，我援引战国文化大家屈原推重帝喾的一段话作为佐证：（屈原）"上称帝喾，下道齐桓，中述汤武，以刺世事。"（《史记》卷八四《屈原列传》）屈原在讨论当世政治时，援引的上古圣王的楷模，既不是黄帝，也不是尧舜，而是独独推尊帝喾。由此可以想见，在屈原理想化的"治国模式"中，帝喾必有其独到之处。与其下所述的商汤周武、齐桓公做"类型联想"，也许屈原对帝喾的推崇，是高度评价其功业彪炳，对于推动社会进步做出了重要贡献。

二是以帝喾后裔的"神圣化"来凸显他的功业之盛和功德之大。按照我国的古老观念，功德巍巍的"圣人"，最有可能得到的"福报"是两项：本人高寿和子孙富贵。这两种"福报"，帝喾都享受到了。相传帝喾活了一百零五岁（一说九十二岁），安享高寿。他的后世子孙，更是富贵绵延。按照"古史传说"，帝喾的后妃，皆非寻常女子，她们所生育的孩子，分别是后世的"圣帝"和商周两代王朝的始祖。请看《大戴礼记·帝系》的记载："帝喾卜其四妃之子，而皆有天下。上妃有邰氏之女也，曰姜原，氏产后稷；次妃有娀氏之女也，曰简狄，氏产契；次妃曰陈隆氏，产帝尧……"这个叙述次第，是按照帝喾的后妃的名号顺序排列的，如果换个表述顺序，以其后裔"得势"上位的历史背景为序，就更加便利于记忆了：次妃陈隆氏，诞育帝尧（名为放勋）；帝尧，是帝喾事业的直接继承者，名列"五帝"之一。次妃简狄，诞育契；契是商朝的始祖。上妃姜原，诞育后稷；后稷是周朝的始祖。《史记》的《五帝本纪》和《殷本纪》《夏本纪》的记载，与此完全相符。按照司马迁的叙事系统，后来以"禅让"而著称的帝尧，是帝喾的儿子，而且"三代"王朝的先祖,除了夏王朝的始祖"鲧"是颛顼之子之外,其他两个王朝的先祖都是帝喾之子。如此"豪华贵胄"的后代阵营,足以令人艳羡。

对于这类"传说"中描述的"三代"始祖的血缘关系,我们当然不可信以为真。夏商周"三代"的创建者,本来就是三个古老的部族,他们并非同源(也许周人和夏人的关系紧密一些),把他们都"归结"为颛顼——帝喾的后代,属于后人"整齐故事"的一种努力。这三个部族在叙述自己的祖先的历史时,都有"感生"神话,也就是他们能够追溯清楚的最早的男祖先,其父亲不可确认,他们的出生都是其母亲与某位天神(神灵)结合而受孕诞育。三代先民各自的"感生"神话分属于不同系统,从文化人类学的研究角度,可以解读为他们的族源不同。我们不妨以周人的"感生"神话为例来认识这个问题。《诗经·大雅·生民》讲到了其男性始祖后稷(弃)的诞育神话,充满了神秘色彩:其母姜原在郊野脚踏上帝足迹而身有异感,由此怀孕,其后生子。在周人创作的《生民》诗篇的"感生"神话中,后稷(弃)的生身父亲是上帝,其在尘世间是无法确认的。这是"明知其母而不知其父"婚姻阶段的正常现象。但是,到了《史记·周本纪》,

记事依然充满神秘色彩,一个重大改写是姜原是帝喾的"元妃",后稷(弃)也就成了帝喾的儿子。原本极有文化研究价值的"感生"神话,被改造得面目全非了。周人是帝喾后代之说,是由《史记》所定型的。"传说"只是传说,并非史实。当然,其中有的"传说",依据文化人类学的原理,经过严谨的推理和诠释,是可以从中解析出合理的"历史残影"的。这是研究"史前文化"很重要的一个方面。

在古史记载和更早的"传说时代"中,后人对前史的记载,有两种传统(或者说是历史学家的两

位于合阳县洽川镇莘野村的帝喾陵前标志碑　李国庆　摄影

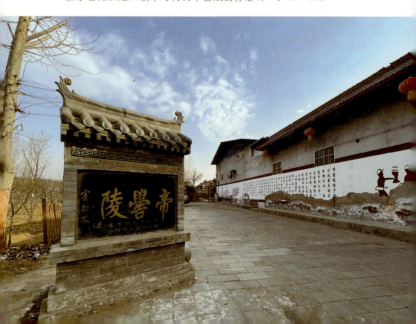

种"追求")——"对历史真相的客观探求精神与对历史叙事的主观建构意识",长期并存,都在发挥着作用。即"在很多情况下,人们对古史的认知,往往在两种相互矛盾的作用力之间来回折冲,即一方面在其内心深处有着探求客观真实的执着,另一方面又受外部环境的刺激而有着对远古产生想象的冲动。"(李怀印:《追踪华夏之初——古史书写中的想象与真实》,载《开放时代》2021年第5期)这样的观点,我是十分认可的。

二、"帝喾陵"在河南与陕西的并存及其解读

严谨治史的学者对"传说时代"与"历史时代"的区别,是十分重视的。说到"五帝"体系的每位"圣人",很难具体指实,起码也要说他们的身上是"神性"和"人性"并存。如果我们把"五帝"解读为某个部落(或者是远古之"国")的首领,集中在他们身上的某种"传说"可以视为当时社会生活原貌的折射,研究传说时代和人物,就具备了文化人类学和历史学的研究价值。在这个层面上,研究者大致推定"五帝"部族的生活年代和活动范围,是有意义的。但是,要推测"五帝"的墓葬所在地,

实在是太过玄虚无据了。具体到我们现在讨论的"帝喾陵"当然也是如此。罗哲文等编著：《中国名陵》（百花文艺出版社，2003年）附有《中国历代帝王陵墓简表》，把"帝喾高辛氏"的在位时间标注为"原始社会"，把"帝喾陵"的所在标注为"河南滑县、陕西合阳等地"，对陵墓性质，以"备注"的形式标定为"传说之陵"。这种表述方式体现的对古史传说的严谨态度，是值得我们学习的。

历代各地撰修地方志，往往习惯于把历史上的传说人物"拉"进当地的记事范围之内。这是常见的一个文化现象。在"古史传说"中，帝喾陵的所在地主要有河南滑县（或称"内黄"和"濮阳"以及"商丘"）与陕西合阳两种说法。在河南和陕西的古代地方志的记载中，惯例是为本地之说张目。这里体现的是对本地历史文化的推崇，这种地域文化的感情，当然值得尊重。帝喾陵位于"陕西合阳"之说，在地名表述上没有歧义；但是，其在河南的具体位置，单纯地从文字表面来看，却似有不同。其实，无论"滑县"，还是"内黄""濮阳""商丘"，表面看来的歧义，均是由地名的古今变化所致。河南境内的帝喾陵所在地古属东郡濮阳，金大定七年（1167）划归滑县，1949年划入内黄县。

远古时代的帝喾陵位于今河南之说，后世文献记载很多，见于记载的时间似乎也较陕西说为早。在《史记·五帝本纪》记载"帝喾崩"之下，裴骃《史记集解》注引《皇览》曰："帝喾冢在东郡濮阳顿丘城南台阴野中。"这部《皇览》，是由魏文帝曹丕组织学者编撰的类书，至唐代而失传。其中所记载的"帝喾冢在东郡濮阳"之说，对后世影响很大。成书于唐代中叶的《元和郡县志》卷二十"顿丘县望郭下"条有"颛顼陵在县西北三十五里"和"帝喾陵在县北三十里"之说（引自清武英殿聚珍版丛书本）。与《皇览》之说前后相承，这个说法的传播效果自然得到了强化。宋明两代的官修地理总志都承用其说。明清时期的河南省级地方志记载更多，其中以康熙年间编订的《商丘县志》最为言之凿凿："帝喾陵，在城南高辛里。帝尝都亳，故葬此。《皇览》谓葬顿邱，今在清丰县。而滑县、合阳县又俱有帝喾陵，皆所传之误也。有宋太宗开宝元年《诏祀帝王陵寝碑》可考。"（《商丘县志》卷三。引文据民国二十一年石印本，标点为笔者所加）这部地方志以宋太宗开宝元年《诏祀帝王陵寝碑》的存在而断定帝喾陵在商丘县，并且以此为根据，力言帝喾陵在其他县域之说皆为传讹之误。这

四 洽川

种考辨立论方式，在清代的县级方志中出现，确实有出类拔萃之感，如此立论，增强了说服力。

帝喾陵在陕西合阳的方志记载，《明一统志》云："帝喾陵，在合阳县东四十里，葬帝喾高辛氏。"（《明一统志》卷三十二，引自清文渊阁四库全书本）《陕西通志》卷十一（明嘉靖二十一年刊本）亦有同样的记载。在明清时期所编订的陕西地方志中，记载帝喾陵在合阳的所在多有，此处不加详引。从出现在方志记载中的时间来看，陕西合阳要比河南濮阳为晚。在河南、陕西的方志各持于己有利之说的"常规"状态之下，一部陕西方志呈现的处理方式，令我大为感叹：陕西先贤的"文化本位"意识和"灵活处理"的技巧，真是充满智慧、高明之极！这就是清雍正年间编订的《陕西通志》。在正文的卷七十一，把帝喾陵载入合阳县之内，至于帝喾陵在河南的"异说"，《陕西通志》用了一个"附疑冢"的特殊表达方式："按《山海经》《路史》《九域志》皆云帝喾葬顿丘，即今清丰县也；又刘恕《外纪》注云在滑县东北，《商丘县志》在城南高辛里，《归德府志》在睢州东北帝丘。然考唐以仲春祀帝喾于顿丘，宋太祖开宝中《诏祀帝王陵寝碑》可考，则历代祀典俱在顿丘矣。"（引自清文渊阁四库全书本）这就很高明地给出结论：主张帝喾陵在河南境内的诸说，不论"你们"的佐证史料是否更早，但是所说分歧很大，而且——在"我们"的判断体系中，"你们"的河南之说法只能列在"存疑"的范围内！其实，我们只要看看上面转引的"附疑冢"文字，帝喾陵在河南的佐证材料，与合阳之说的佐证材料相比较，形成时间更早，内涵更丰富。但是，只要采信《陕西通志》的记事方式，就会自然得出帝喾陵在合阳之说为胜的结论。在涉及"地域文化"之争中的陕西先贤，真是太有智慧了！

我在核查相关地方性文献之时，注意到在"各美其美"的文化常态之外，也有以"兼容并包"的心态来处理不同记载的案例。最典型的是明代后期的名臣王在晋（1567～1643）所撰写的《历代山陵考》。他是河南浚县人，以熟知边境兵事而著称一时（万历二十年进士，历官中书舍人、江西布政使、右副都御史、兵部侍郎、南京兵部尚书、兵部尚书）。他在这部书中，并未因为其原籍是河南而把帝喾陵判定为河南，而是很客观地两存其说。在"大名府"之下，他记载为"颛顼陵、帝喾陵，俱在滑县东北七十里"，是保留帝喾陵在河南之说；而在"归德府"之下，他记载为"帝喾陵，合阳县东四十里,帝喾高辛氏",是保留帝喾陵在陕西之说。这样"两存其说"的处理方式,真是值得我们赞赏(引自清借月山房汇钞本)。

合阳清代"帝喾冢"碑　李国庆　摄影

康熙三十四年所立,碑文下款"邑后学癸酉科举人雷会谨识"。

张始峰先生《关中东部帝王陵墓考证》的文章，可以作为帝喾陵在陕西之说的代表性论文。该文把帝喾陵列为关中东部古代帝王陵之首，其中说到，帝喾陵"墓冢占地二亩，巍然耸立，五瀵流淌其旁，水草茂盛，风光怡人。冢前有清代陕西巡抚毕沅书写的墓碑。"（张始峰：《关中东部帝王陵墓考证》，载《渭南师范学院学报》第21卷第4期，2006年7月）

现如今在合阳帝喾陵区内，有一方立于一九九二年五月的石刻，其中涉及对清代保护和祭祀帝喾陵的追记："帝喾……乡人每至清明节在陵前设坛致祭。清乾隆五年（1740）旨敕，每年给陵户银六两，以供祭扫之用。"文字虽然出自当代碑文，但是所载乾隆年间的"旨敕"规定，当有乡里文献或口耳相传之说为据。如果此说得到采信，则可以证明清廷曾经为帝喾陵设置"守陵户"。并且，还有每年给银六两"以供祭扫之用"的规定，这是根据皇帝敕令而拨付的祭扫专款。可以视为清廷设置"守陵户"的制度化配套措施。

结合我们此次在合阳县洽川镇莘野村探访帝喾陵的亲身感受而言，合阳对帝喾陵的宣传和保护所做的工作，其实还有很大的可以提升的空间。为了找到帝喾陵的位置，我们先是使用车载导航系统，到了莘野村又多次向村民问路，耗费了好长时间，总算找到了地处偏僻之地的帝喾陵。可看到的现状却是大门紧闭，我们又找到了掌控大门钥匙的村干部，匆匆赶来的村干部很热心地打开了紧闭的大门。经过颇多周折，我们一行人才得以达成了拜谒帝喾陵的愿望。进入大门之后再度感到失望：整个陵区杂草丛生，一片荒芜。前引记载所描述的"墓冢占地二亩，巍然耸立"的盛况，毋须讳言的是，与现场感觉有着很大的落差。

（感谢中国人民大学历史学院的刘文远博士，代为查核相关地方志的资料，给我提供了大量的地方文献信息）

● 高从宜

4 神瀵—洽川"福山"之谜

考察完大荔县的丰图义仓后,我们一行进入到合阳县的洽川景区和福山——蝎子山。

清代许秉简《洽川记略》序中的"郃阳古莘园地,山有飞浮之异,水有神瀵之奇,大河浩荡,又自龙门环绕之"就把韩城与合阳当作一个文化板块了。"水有神瀵之奇"的"神瀵"二字属于洽川景区的专词,典出于《列子》。《列子·汤问》写道:

> 当国之中有山。山名壶领,状若甔甀。顶有口,状若员环,名曰滋穴。有水涌出,名曰神瀵。臭过兰椒,味过醪醴。

之前在写关于秦岭的一套书的时候,我了解到在秦岭北麓山前的地质深层裂隙间,分布着一个泉水带:临潼华清池、鄠邑草堂井和蓝田汤峪即其代表。秦岭在先秦叫作终南山或南山,关中北山在《列

四 洽川 | 145

子》叫作"终北山"。事实上,在关中北山("终北山")也有一个泉水带:宝鸡麟游县的唐代九成宫,渭南白水县的杜康谷,合阳县的洽川景区皆享有盛名。唐代张彦远在九成宫的"跋"中写道:"汉儒言地出醴泉,天降甘露为瑞,则《列子》神瀵之类也"。

关于九成宫的醴泉,魏征在《九成宫醴泉铭》中,用了"其清若镜,味甘如醴,可以导养正性,可以澄莹心神"的文字描述;白水县的杜康酒,则有曹操的千古名句"何以解忧,唯有杜康",也有诗圣杜甫"反思前夜风雨急,乃是蒲城鬼神入"的神秘感应。那么合阳县洽川的水质呢?

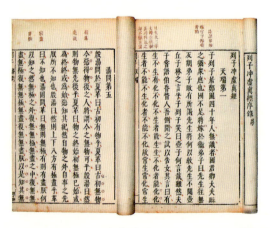

《列子》书影

首先《列子》以"臭过兰椒，味过醪醴……沐浴神瀵，肤色脂泽，香气经旬乃歇。周穆王北游过其国，三年忘归"来描述，可谓叹为观止！其次《穆天子传》中，也记载了周穆王从合阳黄河岸边北行。同时《列子·汤问》中还有"夸父……渴欲得饮，赴饮河渭"的神奇故事。

而合阳洽川景区，既在黄河岸边也属渭北平原，合阳洽川景区的水质不仅有"神瀵"的专名，并且水量丰沛。《水经注》记载合阳"城北有瀵水……城内侧中，有瀵水东南出城，注于河。城南又有瀵水，东流注于河。水南犹有文母庙，庙前有碑"。不仅提到"文母庙"，还说到周文王的妻子也是"天作之合，在洽之阳，在渭之涘"的天女和仙女，也是曾在洽川处女泉沐浴而出的天仙子。

洽川景区的7处瀵泉天下独有，其中"处女泉"最为神奇：人入水不沉，泉涌沙动，如绸拂身，如沙浪浴，是名副其实的"一绝"。瀵泉"7处"者，其意有三：（1）从水文看，瀵泉"7处"指谓洽川景区的水量极为丰沛，瀵泉众多；（2）从天文看，瀵泉"7处"有天人合一理念：所谓天上有北斗七星，地上有七眼瀵泉，镶嵌在绿色的洽川；（3）从人文看，地上有七眼瀵泉，"人身中有七宝事"

四 洽川

(《太上老君内日用妙经》)。人身中的"七宝"经过七眼瀵泉的沐浴,就能"归身不散,炼就大药,万神尽登仙矣"。华山老祖陈希夷有诗云:"倏尔火轮煎地脉,愕然神瀵涌山椒。"七眼瀵泉,在历史上不仅可以沐浴,更可以饮用,《道藏》中多有记述。《列子·汤问》也有经典记载:"其民孳阜亡数,有喜乐,亡衰老哀苦……饥倦则饮神瀵,力志和平。"合阳洽川堪为风水宝地,天赐其福!

福山位于洽川西塬。洽川瀵泉环绕,就像蓬莱仙岛被海水环绕一样;因其状如一只巨蝎翘尾东行,故又名"蝎子山"。历史学者王子今先生在《"蝎子山"为什么称作"福山"》一文中的疑问,笔者的理解可以有以下三个观察角度。

第一个观察角度最简单,老百姓从形态上叫作"蝎子山",宗教人士特别是佛教僧侣从风水环境叫作"福山",两不相涉,互无关联。

第二个观察角度,假定"蝎子山"和"福山"两个名称之间有逻辑道理的关联:可能就是隋唐之后佛教把印度天文十二宫学说传入中国所致。夏鼐在《从宣化辽墓的星图论二十八宿和黄道十二宫》论述了中国二十八宿和印度黄道十二宫的关系;其中二十八宿中的心宿对应着十二宫的天蝎宫。佛教有《心经》，主张"幸福在心"，"蝎子山"于是也叫"福山"。夏鼐的文章中也提到了蝎子的蓝红颜色。

第三个观察角度则源于一种"后现代"对幸福的辩证潮流：所谓"痛快"，所谓"快乐至死"，所谓"痛并快乐着"，其实《老子》也有大量"祸兮福所伏""无福至福"两极相返的辩证言教。在这种辩证言教和"后现代"极端潮流中，"蝎子山"叫做"福山"，或者反过来把"福山"叫作"蝎子山"，无非都是言教和语言游戏，距离人们真实的生活存在尚远："可乎可，不可乎亦可"。

站在洽川福山景区的门口看，那褐色巨蝎雕像的尾巴高翘朝天。与其说这是出于对神蝎"骄傲"的塑造，毋宁说这源于对天的"寻根"：它应该属于"天上有北斗七星，地上有七眼瀵泉"天人合一的艺术表达吧。

巨蝎尾翘而东行，源于洽川瀵泉的东流入河：黄河是银汉与天河的象征，福山巨蝎是天蝎宫的天蝎下凡，就像瀵泉百姓的欢乐与福祉，毕竟人们愿意相信与上天的造化和赐福有关。

五 韩城魏长城、三义墓、扶荔宫

韩城魏长城、三义墓、扶荔宫在韩城市南。

韩城市位于黄河西岸,关中盆地东北隅,是黄河出晋陕峡谷处。

韩城夏、商时期以"龙门"代称。西周称韩(侯)国,后为梁(伯)国。春秋战国为少梁邑。秦惠文王十一年(前327)置夏阳县。隋开皇十八年(598)改称韩城县。

[行知提示]

从洽川沿沿黄观光公路北行20千米,至韩城市南界,在韩城与合阳交界一线有韩城战国魏长城、三义墓和扶荔宫遗址。

韩城战国魏长城 刘至扬 摄影

◇ 韩城魏长城、三义墓、扶荔宫简介

●韩城魏长城

魏长城,又称魏西长城或河右长城,据史料记载,魏长城分别于魏惠文王十年(前360)、魏惠文王十二年(前358)和魏惠文王十九年(前352)三次修建。

魏长城墙体均为夯土筑成,主要分布于陕西渭南、延安和铜川地区,其中尤以渭南韩城龙亭段具有代表性。该段魏长城于1996年被公布为全国第四批重点文物保护单位。

韩城魏长城龙亭段,位于韩城老城南10千米处的龙亭镇境内,从合阳县向东延伸入龙亭境内,西起阿池村向东经城后、寺庄、龙亭三甲村、大鹏、论功、马陵庄至城南村北的黄河西岸,略呈东西走向,全长约22千米。其东段保存相对较好,现存墙体总长约5千米,残高约3.5~5米,顶宽0.5~1米,基宽5~8米,夯层厚约0.1米。西段可见残

韩城战国魏长城遗址　刘玉虎 摄影

存墙体总长约 200 米，残高约 3 米，基宽 2～5 米。原有城墩因水土流失已毁。

魏长城的修筑和布局不像其他时代的长城那样连绵不断地延伸，也不构成一个封闭式的防御体系，而是根据各个时期军事防御的需要，在不同区域、分地段、分时间多次修筑的。墙体宽度和高度，因长城所在区域地形地貌的差异以及是否为军事要地而不同。

一般来讲，修建在平原、交通要道及重要关口地域的长城墙体均高大宏伟，修建在高地、山梁上的墙体则相对低矮一些。有些区段的魏长城附有为数不多的敌台,有的在长城沿线还建有烽火台。另外,在一些交通要道和战略要地,附近还建有军事性质的城堡,如华阴的"阴晋城"、大荔的"洛阴城"、韩城的"少梁城"以及甘泉富县交界处的"雕阴城"等。

魏长城是战国时期秦魏河西之争的历史见证,对于研究战国时秦魏两国的区域分布及军事布防有着重要价值,对于研究战国时秦魏等国的政治军事、经济有着重大的意义。

桂子过魏长城,有诗咏之曰:

登魏长城
残垣断壁土夯墙,
杖策寻幽尽八荒。
春树烟笼秦魏月,
目追塞雁驿亭旁。

● 三义墓与《赵氏孤儿》

三义墓为春秋时期赵武、程婴、公孙杵臼三人之墓。位于韩城市西南10千米高门原堡安村东南的古寨内,墓地四周有夯筑土围墙,平面呈正方形,高3米，周长约300米。内有砖砌圆形墓冢3座，呈"品"字形排列，从西向东依次为赵武墓、公孙杵臼墓和程婴墓。其中，赵武墓为圆形攒顶，高4.2米；公孙杵臼墓为六角攒顶，高3.24米；程婴墓为六角攒顶，高4.6米。三墓前均有碑楼，内嵌清乾隆四十一年（1776）陕西巡抚毕沅所立石碑一通，分别刻有隶书"晋卿赵文子墓""晋公孙义士杵臼墓""晋程婴义士墓"。韩城在春秋时曾为晋国属地，称作"少梁"，据说程婴即为少梁之地的程庄

韩城"三义墓"之程婴墓　李国庆　摄影

人，赵武后裔居少梁至今，少梁村中赵姓与程姓为其后裔。

《史记·赵世家》记载了程婴、公孙杵臼救孤儿赵武的事迹。晋国君晋灵公昏聩暴虐，大臣赵盾等多次劝谏不听。灵公十四年（前607）九月，赵盾的弟弟赵穿刺杀灵公后，两兄弟迎立成公。成公在位七年死。赵盾又拥立成公的儿子，是为景公。景公即位之后，深患于赵氏强大的家族势力。景公的司寇屠岸贾，是当年灵公的宠臣，二人一拍即合，便罗织赵盾的罪名。晋景公三年（前597），赵盾已死，屠岸贾将赵盾的儿子赵朔等全族诛灭。赵朔的夫人是景公的姑母，当时有孕在身，逃跑后生下了赵武。屠岸贾不依不饶，四处搜查，必欲斩草除根。这时，赵朔的门客公孙杵臼和赵朔的朋友程婴决定保护赵家遗孤。二人密谋，买了一个平民的婴儿（一说为程婴的孩子），冒充是赵氏遗孤，并由程婴报案告密，随后公孙杵臼和婴儿被屠岸贾所杀。

程婴又秘密看护赵氏遗孤，藏匿山中。景公十七年（前583）的一天，晋景公病，巫祝为之卜筮，认为是赵家被枉杀的冤魂在捣乱。于是景公下令，诛灭屠岸贾一族，并恢复了赵氏昔日的爵位和田产。晋厉公三年（前578），赵武二十岁，举行了成人仪式，程婴却自尽以报故友。

根据这一事迹创作的古典历史悲剧《赵氏孤儿》是最早介绍到西方的中国戏剧作品，列为中国"四大悲剧"之一。

桂子有诗赞之曰：

春秋三义
千秋故事救郎坪，
赵氏孤儿古寨情。
义薄云天鸿雁去，
滔滔芝水共和鸣。

● 扶荔宫

扶荔宫遗址是汉代宫殿遗址。位于韩城市芝川镇南芝川村东司马坡下，西北距司马迁祠约200米，西距夏阳故城约1.2千米。遗址东西宽约200米，南北长约300米，面积约9万平方米，文化层厚1.5米。2003年9月，被公布为第四批陕西省文物保护单位。

1960年在遗址范围内采集有瓦当、砖及水管等陶质建筑材料。瓦当均为模制，其中有"宫""与天无极""千秋万岁"等文字瓦当和各种云纹瓦当。最重要的是,发现了"夏阳扶荔宫令壁与天地无极"12字篆书方砖,为确定汉代扶荔宫位置提供了物证。此外还有"夏""□阳宫"等数种带字残砖。在遗址东北角最下面的梯田断面上暴露有两节套在一起的陶水管,大者直径30厘米,残长58厘米,小者直径23厘米,残长29厘米。

扶荔宫遗址是西汉皇帝15次"行自夏阳、东幸汾阴","至河东,祠后土"在夏阳建造的行宫。

韩城汉扶荔宫遗址　　刘玉虎 摄影

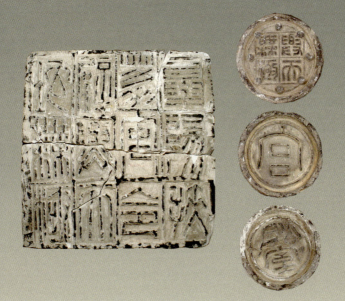

扶荔宫出土方砖和瓦当　刘玉虎　摄影

夏阳扶荔宫遗址为我国西汉考古提供了大量的可靠资料,以此界定了夏阳故城、夏阳古渡的具体位置。

张占民

1 踏访魏长城
——考古人断想

当我们的考察抵达魏长城时,面对既熟悉又陌生的古城墙,浮想联翩、感慨万千。故乡韩城这片神奇的土地,见证了春秋五霸及战国七雄相争的峥嵘岁月,留下了韩原古战场、芮国墓地、京国墓地、梁国古城、魏长城等千年古迹。它见证了五霸更迭、七雄归一的那段壮阔的历史。站在残垣断壁前,那车马萧萧、战火纷飞的场景,似乎浮现在了眼前。

一、实地探察魏长城

对于韩城的古长城,我从记事起便知道了它的存在,但是知其然不知其所以然。故乡对面原上有一道厚厚的城墙,当地至今保留着古老的村名,城(shé,韩城方言将城读为蛇)北城南,其中一段像蛇一样延伸到我们村庄西端,此处有沟,父辈称之"蛇界沟",我怀疑"蛇"乃"城"字最早之读音。

纵观长城，多建在要塞或山脊上，宛如一条蜿蜒曲折的长蛇。1972年前就读于芝川中学（司马迁中学）时，经常与好友去城北村看古城墙。后来从事考古，曾与老搭档丁保乾考察过魏长城，但严格地说那时对长城的来龙去脉并不清楚。2022年2月28日，在当地文旅工作人员的陪同下实地考察了魏长城，始知长城真面目。

韩城现存三处东西走向的魏长城遗址。其中一处遗址位于阿池村、司马庄。它西起阿池村北，经城后村东至司马庄南，全长约2.5公里。墙宽2至5米，高约3米，夯筑而成，每层厚约10厘米，夯窝直径5厘米。

另一处遗址位于论功村、城南村。它西起芝水东岸的论功村，东至城南村，全长约5公里。墙宽8至11米，高3.5米至5米。此段城墙夯筑更为精细，夯层薄厚不等，有6厘米、7厘米至12厘米等不同的六种规格。该段长城形制尤为特殊，呈复城结构，其中边城、内城、墩台、烽火台一应俱全。内城外100余米处，各筑一道城墙，宽6至7米，高3至8米不等；边城与内城之间的广阔地带，既可屯兵又可练兵；内城有高大的墩台，呈正方体，边长45米，两墩台相距200余米。整个建制着眼

与村落并行的魏长城遗址

于战争需要,边城为第一道防线,一旦失守可退至内城,借助墩台的制高点以强化防守。城南村的复城建制长城是魏长城的唯一发现,值得关注。

还有一处遗址从城南村北边穿过,全长100余米,宽10余米,高15米。它西与论功村、城南村段相连接。千百年来有的村民将房子建在城墙上,有的居住在城墙南侧,正是这一原因使遗址原貌得以保存。现存15米当是魏长城的原始高度,它是城北村的天然围墙。遗址东端为黄河西岸的断崖,崖高50余米,两者呈"丁"字形。其实论功村村名也与长城有关联。当地村民相传,论功村是将士论功行赏之地,因此得名。结合论功村长城特殊形制判断,此言应不为虚。

论功村至城南村段长城之所以形制特殊,与其地理环境密切相关。此段长城横亘在韩原北侧,是魏国战略要地。它东有黄河古渡,北有兵家必争的少梁城,当是魏国的险塞要隘、重点布防之地,所以城墙宽厚高大,边城、内城、墩台、烽火台等防御设施一应俱全。

魏长城因险制塞,分段修筑,韩城魏长城仅是其中一部分。据岳连建、于春雷先生调查研究,陕西现存4段魏长城,其中黄龙山南麓长城经韩城、合阳、澄城、黄龙四县市由东向西,残长约65千米;其与蒲城、大荔的洛河沿岸长城,合阳、澄城南部长城和华阴长城,共同构成一道东西向防御秦军的屏障。另外魏国还有一道针对齐楚的南长城,"它西起河南省密县,经开封东,转向西北,经阳武县到原武县城西北,长达四百华里。"(陈孟冬、刘合心:《魏国西长城调查》,《人文杂志》1983年第6期)陕西魏长城修筑年代,据《竹书纪年》记载:"显王十年(前359),龙帅师筑长城于西边";又据《史记·魏世家》记载:魏惠王十九年（前352）"筑长城，塞固阳。"第二次修筑的正是合阳、韩城段魏长城。

二、残垣断壁前的联想

1.攻与防：关于魏军的布防，史料缺载，但考古发现提供了重要的佐证。阿池村长城遗址南约20米处曾发现灰坑3处，房屋遗址5处，出土铜矛、铜戈及10余件铠甲片。论功村附近的西赵庄村也发现3处灰坑，出土铜戈、铜矛、铜簇等兵器及车马器，村民传说此地为魏军的练兵场，结合兵器、车马器等分析，这里或许是守卫长城的驻军安营扎寨之地。

攻与防这对矛盾充满了变数。懂足球的朋友明白最好的防守是进攻，国与国之间同样是这个理，战争的胜败在攻不在守。战国军事家吴起曾与魏武侯浮河而下，船到中流，武侯环顾四方，为景色所动，而对吴起曰："美哉乎山河之固，此魏国之宝也！"吴起则答道："在德不在险。"（《史记·孙子吴起列传》）河西之地是秦魏争夺的战略要地，公元前353年，"秦取我少梁"（《史记·魏世家》）。魏惠王十九年（前352），按理魏失少梁之后，应当引起警觉,加强军事训练,富国强兵,积极防御。相反,魏国采取消极防御,也就是魏失少梁的第二年,投入大量人力、物力修筑合阳、韩城段长城,期望用土墙挡住秦军的攻势。结果南辕北辙,高大的魏长城挡不住秦国的虎狼之师,同样后来秦始皇的万里长城也挡不住匈奴的马蹄。一句话,唯有精神之剑战无不胜、无敌于天下。

2. 存与亡:公元前225年,魏国国都大梁城(在今河南开封)在秦人久攻不下的情形下,"秦之破梁,引河沟而灌大梁,三月城坏,王请降,遂灭魏"(《史记·魏世家》)。魏王率军民走出城门,挽救了无数百姓的生命,站在今天人道主义的角度来看,值得肯定。不过魏由盛而亡的历史原因值得深思。

农田畔的韩城魏长城　刘玉虎 摄影

秦穆公时代，河西之地为秦所有。魏文侯重用吴起强化军事，富国强兵，吴起收复并镇守河西之地。后来随着吴起被魏国弃用，同时秦国进行商鞅变法，奖励耕战，国力增强，军队壮大，在秦军的打击下，魏国节节败退，失少梁、丢阴晋，尽失河西之地，最终国都失陷，做了秦人俘虏。司马迁曾询问魏国余民，"说者皆曰：'魏以不用信陵君故，国削弱至于亡。'余以为不然，天方令秦平海内，其业未成，魏虽得阿衡之佐，曷益乎？"其实司马迁与魏余民各说对了一半，魏王确实存在人才任用问题，除信陵君之外，商鞅便是例证。商鞅在魏国得不到重用，来到秦国寻找机遇。而秦国的统一，正是得力于商鞅的改革。司马迁所谓的天意，其实是大势所趋，之前秦军吃掉蜀、韩、赵、燕，整个中原及北方成为秦人天下，四面楚歌的魏国，灭亡只是迟早的问题。

3. 强与弱：强与弱既是相对的又是变化的。相对于楚、齐、晋而言，秦国是很晚才受封的诸侯，当时也是爵位较低、实力较弱的诸侯国。但百余年间，至秦穆公一跃成为五霸之一。其后中原霸主晋国由于内部争斗导致三家分晋，打破了五霸平衡的局面，历史进入七雄争战时代。远在西陲的秦国为

俯瞰韩城魏长城及其军事设置　刘玉虎 摄影

何成为最后的胜利者，曾经辉煌的六雄一个个倒在秦军的马蹄之下。然而不可一世的秦帝国在农民起义军的呐喊声中，在项羽等六国贵族的联合打击下，瞬间土崩瓦解，强弱之势瞬息巨变。借用杜牧那句名言："灭六国者，六国也，族秦者，秦也！"

黑格尔说过，人类从来没有在历史中吸取任何教训。历史一次次地上演自我毁灭的悲剧，我们能够从中吸取一点怎样的教训呢？

（本文得到岳连建博士、于春雷先生的帮助，特此致谢）

2 韩城"三义墓"析疑
——历史与传奇的两种"版本"

一、拜谒韩城"三义墓"

2022年2月28日,我们拜谒了极富历史传奇的"三义墓"。"三义墓"位于韩城西南10千米处的堡安村东南一处荒废的村寨遗址中,我向陪同的当地朋友询问这处荒废村寨的名号,得到的答复是"龟鹤寨"。龟鹤同春,是传统文化中常见的对长寿的祝祷之词,"龟鹤寨"的名称,自然蕴含着这美好的愿望。"三义墓"墓地有明万历三十六年(1608)和清乾隆四十一年(1776)重修碑文三通。三座墓均为砖砌圆形墓,墓前均有碑楼。位置偏西北的一座墓碑上刻"晋卿赵文子墓",向东南而行不远,有两墓相邻,分别刻着"晋公孙义士杵臼墓""晋程义士婴墓"。

清代的重修碑文的上款,有"赐进士及第兵部侍郎陕西巡抚兼都察院右副都御史加五级毕沅书"

字样。"三义墓"四周有断续相连的夯筑围墙,大体上呈正方形的。围墙残高目测在 2～4 米之间。

从这道围墙的西侧来观察,这个寨子的选址很有讲究:它矗立在一处小型悬崖之上,与下面的地面落差大约有 10 米左右。有这道围墙为屏障,如果从西侧发起仰攻,想要夺取这个寨子,恐怕还真是不容易。

三义墓之程婴墓及其夯筑围墙

春秋时代,发生在晋国统治集团高层的一场斗争,围绕着执政巨卿赵氏一门的劫难和复苏而展开。

其中充满血腥、阴谋和传奇。说它关系到晋国的政治走向的变化,并非虚言。但是,记载这段政治迷案的历史书籍,却给后人留下了两个不同的"版本"。一个是《史记·赵世家》的记事,也就是后世诗文歌咏、小说戏曲所承接并加以推衍的"故事"体系;另外一个是《左传》的记事。

如果从两部古籍的成书年代来考察,《左传》成书远在《史记》之前,按照重视早期记载的惯例,研究春秋时代的历史,学者更为推崇《左传》的信史价值,这是没有异议的。《史记》记事与《左传》有极大的不同,从宽泛解读的角度,也可以理解为司马迁在著述之时,抑或借鉴了后来失传的某种古史记载,或是接触了赵氏后人美化其先人所编"故事"而不忍割爱(从《史记·晋世家》记事与《赵世家》不同而言,司马迁确实接触了不同的史料而两存其说)?我们可以从《左传》记事的人物关系、与相关历史大局的关联性而言,判断它更经得起推敲;反观《史记》记事,就会感觉传奇性太强、可信性不高。但是,这里出现了一个很值得斟酌的文化现象:从后世社会大众"接受"角度而言,《史记》记事的影响力远在《左传》之上。"赵氏孤儿"的故事流传极为广泛。

二、《史记·赵世家》记载的"赵氏孤儿"传奇

大夫赵氏一族,在晋国历史上一直有很高的地位。赵衰是辅助晋文公流亡和成就霸业的关键人物,晋文公封其为上卿,对他言听计从,赵衰在晋国的地位与威信极高。

赵衰逝世后,其子赵盾继任辅政大臣。其后,赵盾在拥立晋灵公的过程中发挥了关键作用,"灵公既立,赵盾益专国政"。但是到了晋灵公十四年(前607),出现了"晋灵公不君"的历史记录,也就是他的作为不像一个君主的样子。晋灵公与赵盾君臣之间的矛盾公开化,"益骄。赵盾骤谏,灵公弗听。及食熊蹯,胹不熟,杀宰人,持其尸出,赵盾见之。灵公由此惧,欲杀盾。盾素仁爱人,尝所食桑下饿人反扞救盾,盾以得亡。"赵盾侥幸逃脱了晋灵公的加害,在他出走但是尚未出境之前,发生了其族弟赵穿弑灵公的事变,晋成公在赵氏拥立下继位。

赵盾中途复返,再掌国政。至此,不论赵盾为晋国做了多少贡献,不论朝野上下有多少人对他赞赏有加,赵盾的"权臣"定位已经难以改写了,特

三义墓之赵武墓

别是赵穿"弑君"很容易被理解为与赵盾有某种说不清楚的关联,是否是出自赵盾的授意,或者至少是"默许"?本来就是说不清楚的问题。赵盾身为正卿,在灵公被杀的过程中"亡不出境,反不讨贼",这后半句的要害,是指责赵盾返回晋都重新执政后并未追究赵穿的弑君之罪(只是免其官职而赋闲)。所以晋国太史董狐直接以"赵盾弑其君"来记载此事,成为后世所推尊的不畏权贵、秉笔直书的史官楷模。这样的记事文字,并非完全符合事变的复杂过程,对赵盾似有"诛心之论"的嫌疑,但是却符合"责备贤者"的史家古意。赵盾可以操控政局,却无法制止对其不利的舆论流传。正是这种或明或暗的舆论,成为日后赵氏遇难的"前因"和"伏笔"。

赵盾逝世后,其子赵朔按照规定继承其封邑和大夫爵位。赵朔为人相对低调,能力和威望明显不及其父。后来,赵朔娶了晋室之女赵庄姬为夫人(赵庄姬,也被称为"赵姬",本是晋景公的姐姐,而《史记》误作晋成公的姐姐)。时势转移,到了晋景公三年(前597),大夫屠岸贾联络贵族人物设谋诛灭赵氏。屠岸贾其人,原本有宠于晋灵公,灵公被杀后,在赵氏执掌大权之时,他委曲求全,官位渐升。到晋景公时屠岸贾居然晋职为司寇,成为实权在握的大臣。

他发起诛灭赵氏之谋,打出的旗号就是要为多年前被赵氏杀害的晋灵公"复仇",把赵盾从秉国重臣重新定位为弑君贼首,从而提出将赵氏灭族。他遍告诸将:"(赵)盾虽不知,犹为贼首。以臣弑君,子孙在朝,何以惩罪?请诛之。"当时在晋国都城的军政大员唯有韩厥表达了不同看法,但是屠岸贾根本不采纳韩厥的异议。结果是除了韩厥称病不出之外,屠岸贾"不请而擅与诸将攻赵氏于下宫,杀赵朔、赵同、赵括、赵婴齐(赵婴),皆灭其族。"所谓"不请"是指屠岸贾未曾向晋景公请命而擅自发起了事变。这场被称之为"下宫之难"的惨案,赵朔及其兄弟同宗悉数被杀。昔日声望显赫的赵盾家族,在屠岸贾主谋、诸将共同参与的高层内部残杀中,走向了被灭族的深渊。

但天不绝赵,赵朔之妻(赵庄姬)怀有身孕,在大难发生之时,她所拥有的公室之女的特殊身份,使得她避入宫中得到庇护。她的特殊身份,使得屠岸贾不敢公然对她加害。不久,赵庄姬在宫中诞育遗腹子,起名为"赵武"。屠岸贾得知赵庄姬生子,曾经强行入宫搜索孤儿。赵庄姬冒险以"置儿袴中"的方式侥幸躲过一劫。赵盾的门客公孙杵臼、程婴

谋划营救孤儿出宫养护,以存赵氏血脉,借此而求异日复仇。两位好友之间有了如此一番对话:

> 公孙杵臼曰:"立孤与死孰难?"程婴曰:"死易,立孤难耳。"公孙杵臼曰:"赵氏先君遇子厚,子强为其难者,吾为其易者,请先死。"

随后,二人依计而行,谋取他人婴儿,由公孙杵臼藏匿山中。程婴则以超常的勇气,扮演了"叛主卖友"的角色,以求取千金为谢的名义,出面告发赵氏孤儿的藏身之处。程婴带领诸将前往公孙杵臼和婴儿的藏身之处。杵臼故意当众怒骂:"小人哉程婴!昔下宫之难不能死,与我谋匿赵氏孤儿,今又卖我。纵不能立,而忍卖之乎!"结果是公孙杵臼与婴儿被杀。屠岸贾及其胁从诸将以为赵氏孤儿确实已死,认定赵氏一族已被斩草除根,总算是放下心来。真正的赵氏孤儿赵武却依然健在,程婴携带他隐匿于山中而慢慢长大成人。

晋景公十七年(前583),景公久病不愈,召大臣韩厥入宫商讨治病驱邪之策。韩厥对赵氏被满门处死一直抱有痛惜之心,并且知道赵氏孤儿犹在的实情,就利用晋景公与他单独相对之机,面诉赵氏之冤。晋景公把自己的久病不愈与赵氏先祖亡灵"作祟"关联在一起,就在韩厥的诱导和辅佐之下,启动为赵氏"平反昭雪"的密谋。景公与韩厥将赵武秘密召入宫中,利用诸将入宫问疾之机,景公借助于韩厥所属兵力为威慑力量,胁迫入宫诸将面见赵武。此时的诸将只能顺水推舟,把当年制造冤案的责任完全推到屠岸贾的身上:"昔下宫之难,屠岸贾为之,矫以君命,并命群臣。非然,孰敢作难!……今君有命,群臣之愿也。"于是,在晋景公的安排之下,"召赵武、程婴遍拜诸将",这些反戈一击的晋国诸将,转而与程婴、赵武联手,发起突然袭击,出兵攻打对宫中新变毫不知情的屠岸贾,灭其全族。赵氏家族原来享有的田邑都返还给赵武。当年屠岸贾发起"下宫之难"导致赵氏满门被杀,十多年后却惨遭灭族之祸,上层政治斗争的酷烈,于此可见一斑。

按照这个叙事系统,赵武能够幸存,而有赵氏劫后复兴的传奇发生,最为关键的一环是公孙杵臼与程婴的设局相救。

试想屠岸贾被杀、赵武受封之时,一度背负骂名却是大义之人的程婴,在晋国朝野上下该是得到何等程度的尊重和钦佩？按照常人的思维，忍辱负重的程婴苦尽甘来，尽可以安享富贵了。但是，程婴却选择了另外的归宿：等到赵武举行冠礼，正式"成人"之后，程婴向各位大夫辞行，他对赵武说："昔下宫之难，皆能死。我非不能死，我思立赵氏之后。今赵武既立，为成人，复故位，我将下报赵宣孟与公孙杵臼。"其中的"赵宣孟"是故主赵盾。程婴决意自杀的原因，是要践行和故友公孙杵臼当年的生死之约。赵武啼泣顿首，一再请求程婴不可自杀，愿意竭尽所能回报程婴的救命和养护之恩。程婴不为所动，自杀身亡，以报亡友于地下。赵武为程婴服重孝三年，"为之祭邑，春秋祠之，世世勿绝。"程婴出人意料的选择，强化了"守信守义"的感人色彩，也使得这段历史传奇具备了更多的传播效益。程婴、公孙杵臼两位义士的忠诚、智慧和义气，经过司马迁浓墨重彩的描述，足以感人肺腑，名垂青史。

  以上所述，就是司马迁在《史记·赵世家》中所记载的历史传奇梗概。按照当地文献和父老传说，赵武逝世之后，依据他的生前遗嘱，将墓地选择在程婴、公孙杵臼墓地近侧。这是韩城境内"三义墓"形成的文化背景。我在研读《史记》的过程中，对程婴一直充满敬重之心。

《史记·赵世家》所定型的这段传奇故事,是否符合历史原貌?其实,是大可存疑的。

三、《左传》记载的"赵氏内乱"概要

如前所言,《左传》对赵氏在晋国政治旋涡中的沉降与复苏的记载,与《史记》有许多不同。主要体现在以下几个方面:

第一,《左传》记事,根本没有屠岸贾其人。不仅《左传》没有屠岸贾,解释《春秋》的"三传",以及记载春秋历史的另外一部史书《国语》,均无其人其事。

第二,在赵盾死后,赵氏家族确实一度发生过变乱,所谓的"赵氏孤儿"赵武确实是在权力之争获胜后,重新获得封邑与位号。这是一场赵氏内部发生的"内乱",主要的推动者不是别人,正是赵武的生身之母赵庄姬。这场"赵氏内争"表面看来是由"不伦私情"所引发,实际是反映赵氏家族内部的斗争。而且,赵氏内争又与晋国君主和强势大夫的权力之争纠缠在一起。真是一出历史大戏。

赵盾生前独揽国政,不仅晋君心生顾忌,其他

各姓大夫也难免有嫉恨之心。在赵盾死后，荀氏、士氏、郤氏等三家大夫的势力在晋君的默许下先后崛起，而赵盾的三个弟弟（赵同、赵括、赵婴）偏偏自行其是，在这种背景之下，赵氏家族的影响力明显降低。晋国大夫之间出现了势均力敌、相互制衡的局面。对赵氏而言，形势本来很是凶险了，他们却没有自省和戒惧之念，尤其是赵同、赵括、赵婴三人，还在依仗是赵盾之子而骄横跋扈。最恶劣的表现是在晋楚两国的"邲之战"（前597）时，赵同和赵括竟然公然与先縠联手对抗晋军元帅荀林父的统一指挥，造成了将帅不和的局面，此举对晋军溃败有不可推卸的责任。晋军在"邲之战"的溃败，使得晋文公和晋景公两代君臣苦心经营的霸业中衰，是晋国发展史上的"痛史"之一。在晋楚两国争霸决胜的关键之战，赵括、赵同等人却在钩心斗角，积极参与大夫争权的"窝里斗"，说他们没有大局观念、只知道仗势横行并非苛责。十年之后，更惨烈的"窝里斗"在赵氏家族内部爆发，真是"祸起萧墙"。

《左传》记载："晋赵婴通于赵庄姬。"此事发生在鲁成公四年、晋景公十三年（前587）。此时，赵盾的嫡子赵朔已经病故，赵庄姬是孀居的寡妇，他们的儿子赵武尚年幼。关于赵婴的身份，有必要再加以说明：赵婴与赵同、赵括都是赵盾的同父异母兄弟。要说明赵盾的"嫡子"和"庶子"的复杂关系，不得不回溯赵氏早年的历史：赵盾随其生母滞留国外，是赵婴的母亲主动向赵衰建议迎接赵盾母子回国，并将嫡子身份让给赵盾。就赵氏宗族而言，赵同三兄弟遵从其母的安排而让出了嫡系大位；但对宗族之外而言，他们仍属重臣赵衰的直系子嗣。赵同兄弟行事肆无忌惮，与他们是赵衰之子的身份有关。或许是赵盾独揽大权之时，对于同父异母的三兄弟照顾不够，或许是赵盾提供的照顾无法满足三位兄弟的欲求，他们四位兄弟之间的关系就有些微妙了。等到赵盾逝世，其子赵朔继承其父之业，他的三位叔叔，对赵朔这位侄子就有所冷落和疏远了。

为了说明晋景公对赵家宗族的控制措施，我们还必须再追溯几年前的情况：晋景公四年（前596）在晋君有意压抑赵氏的大背景之下，郤克担任"中军将"之后，晋国安排的"三军将佐"（也就是执政的"六卿"）名单中并没有赵朔。晋景公十一年（前589），晋国作"六军"时赵括晋升为卿。《左传》云："晋作六军。韩厥、赵括、巩朔、韩穿、荀骓、赵旃皆为卿，赏鞍之功也。"在这里列为"六卿"之首的韩厥，不仅因为他屡立战功，而且还是当时最能协调各家大夫的人物。他是与赵盾关系极为深厚的人，赵盾的各支后人都会因为韩厥在位而心安。值得注意的是：赵盾的嫡子赵朔依然不居卿位，代表赵氏势力晋升为卿位的是赵括、赵旃（赵穿之子）。据此看来，晋景公对赵氏一族的势力膨胀是心存顾忌的。他不重用赵盾嫡子而用其庶弟，最合理的解释就是外示笼络，而内行离间分化。可进一步探究晋景公的用人奥妙，他用赵盾的庶弟，又不选用能力最强的赵婴，偏偏选用了赵括，赵婴

三义墓之公孙杵臼墓

与赵括之间的矛盾也由此而起。不久,晋景公又重用栾书,是因为他认定栾书最忠于公室,没有结党营私的欲望。栾书确实没有辜负晋景公的信任,后来的事变证明,在整肃赵氏势力方面,他可谓尽心尽力了。

赵盾的庶弟之中赵婴的能力最强,有一条史料为证,《左传》记载了赵婴的一句话:"我在,故栾氏不作。我亡,吾二昆其忧哉!"赵婴很自负,认为只要他在国内,执政大臣栾书就不敢轻易对赵氏发难;而一旦他离开晋国,他的两位兄弟赵括和赵同的命运都令人担忧。从其后的事变状况而言,赵婴的分析都变为现实了。他的自负也就有了某种可信性。晋景公重用赵括,对于赵武母子而言,感受到的是国君抬高庶子系统而压抑嫡孙;对于赵婴而言,感受到的是君王抬举庸才而压制俊才。两位都有理由对现在的格局不满。赵武的母亲赵庄姬,为了给儿子争取到身为嫡孙应该有的地位,她最该做的事情,就是要在赵氏家族内部找到有能力的同情者和支持者——庶子中最有能力却被闲置的赵婴,就是她最该争取或者是利用的对象。从赵氏的宗族辈分而言,赵婴是叔叔,赵庄姬是侄媳,两人之间的私通关系是乱伦。如果上面所做的政局与人事关系的分析可以成立，就会感受到赵婴与赵庄姬之间就不是单纯的男女私通之事了。

赵婴与赵庄姬的"不伦"私情，确实让赵氏家族蒙羞。赵括和赵同兄弟二人的反应很激烈，最合理的解释是：他们把赵庄姬和赵婴的私通关系，看成是赵庄姬为了给赵武恢复赵氏"嫡系"地位而设计的圈套，是为了夺回赵氏家族代表人物的身份而依附赵婴；赵婴则是为色所惑而背离了"庶子"根本利益的叛徒。于是，赵括和赵同联手，于晋景公十四年（前586）将赵婴这位同胞兄弟驱逐出境，将他流放到齐国，至此，赵盾的三个庶弟走向公开决裂。

此后几年，赵括和赵同在晋国参与过相关外交和军事行动，算是赵氏势力的代表，而赵盾的嫡孙赵武，因为年幼没有获得政治身份。赵婴被驱逐出境，使得赵庄姬为了儿子所做的苦心安排完全失效，她对赵括、赵同兄弟的嫉恨，就一直在积蓄。到晋景公十七年（前583），赵氏宗亲内部的大变局发作：赵庄姬出面告发赵括和赵同"谋反"。《左传》对这一告发的缘起，做了不加虚饰的表述："晋赵庄姬为赵婴之亡故，谮之于晋侯，曰：原、屏将为乱，栾、郤为证。"这位赵庄姬的"报复"真是凌厉无情，她以晋君之姐、赵家孀妇的身份出面告发，还拉上了当时晋国最有权势的栾、郤两家贵族为她的控告充当证人。而栾、郤两姓贵族对于晋景公有意整肃赵家的用心早就洞若观火！有如此内情，赵括和赵同就无法幸免了。晋国君臣发起了讨伐赵括、赵同的行动，使之遭受灭顶之灾。

此后，韩厥出面向晋景公奏请："成季之勋，宣孟之忠，而无后，为善者其惧矣。"以赵衰、赵盾父子的道德功业为凭借，要求保证他们的后代有人继承其基业。韩厥的奏请得到了晋景公的同意，随赵庄姬生活于宫中的赵武成年后被立为大夫，将赵盾的封邑田地悉数归还给赵武。赵宗族得以历劫而复兴。至此，参与此次事变的各方都达到了自己的目的：赵庄姬复仇成功，将仇人赵括和赵同全家杀戮，还给赵武挣回了赵家掌门人的身份；栾书等晋景公的心腹大臣完成了整肃赵氏宗族势力的任务；晋景公也因为抑制专横跋扈的赵氏宗族而可以安心了。"晋景公复霸"的内政条件就在于他取得了对强势大夫的抑制。

这才是"下宫之难"的历史真相——被杀戮的不是赵盾和赵朔的全家，而只是赵盾的两个庶弟赵括和赵同及其家人；赵庄姬不是此次事变的受害者，而是发难者；赵武是此次事变的受益人，《史记·赵世家》所载"赵氏孤儿"的曲折动人故事，只是后人所改编和传播的一段传奇故事。

如果总结赵氏宗族与晋国公室之间这场控制与反控制的斗争过程，有两个标志性事件：公元前607年的赵氏杀晋灵公为开端，公元前583年晋景公借助赵庄姬告发之机，诛杀赵括和赵同两支赵氏家人为终结，这场国君与强势大夫家族的斗争持续了24年之久。回顾这段腥风血雨的晋国高层政治斗争，最该关注的是晋国公室控制能力的盛衰变化、大夫权力的膨胀与强化。如何评价赵盾与晋灵公的关系，是认识这段历史的重要切入点。

研究春秋历史的当代史学大家童书业先生在《春秋左传研究》（上海人民出版社，1980年）中，就设立"晋赵盾专政"一条，直指赵盾是操控国政的权臣。他认为，晋灵公被杀，"此为春秋史上一大事，自此而晋国政权渐下移，大夫专政，以致内政多门，霸业不竞，卒致三家分晋之局。"

另外一位研究春秋史的学术名家赵伯雄教授，在《赵衰父子与晋国政治》（收入氏著《经史文存》，中华书局，2022年）有如下一段论断："赵衰、赵盾的治国理念与为政风格，并非孤立的现象，在晋国是很有代表性的。他们的理论及实践已为后来众多有所作为的后继者继承……我们考察春秋时期赵衰、赵盾这一类人物的政治活动,就会发现他们的言论与实践往往为春秋末叶以来士人创建种种政治理论所取资。百年以后的孔子及其儒家学派,主张为政以德,主张仁爱,主张遵循周礼,'以六艺为法',似乎更多地继承了赵衰之流的政治传统;而法家人物主张法治,'不别亲疏,不殊贵贱,一断于法',表现得'严而少恩',则很有赵盾之流

京剧《赵氏孤儿》中程婴形象

的影子。"这是从政治史和学术思想史相结合的角度来理解赵衰和赵盾的为政特点及其影响。讨论问题的关注点,越过了春秋时代的局限而有更深邃的历史审视角度。这种论断,当然更值得我们深思。

四、"赵氏孤儿"传奇的文化影响

如前所言,《史记·赵世家》所记载的"赵氏孤儿"的故事,很大程度上是传奇而不是信史。但是,它在中国古代文化史上的影响却是巨大的。西汉后期的学问家刘向所编写《新序》一书,在《节士》篇中,就在《史记·赵世家》的基础之上,记载了"赵氏孤儿"的完整故事,对程婴和公孙杵臼的"信义"形象大加赞赏。《新序》一书的性质,是以"讽谏"为宗旨的历史故事类编,文笔通俗易懂,与《史记》相比较,更便利于在朝野上下广泛传播。以此为开端,"赵氏孤儿"的传播,就具备了在学术精英和社会大众两个层面传播的优势。

历代史书和学人文集中,多见对"程婴救孤"的评论和歌咏,唐诗宋词中都有相关的名篇佳作。这体现的是"赵氏孤儿"传奇在精英文化中的影响。我们不妨以宋人刘子翚的诗作《程婴墓》为例,来体会这种影响的深远。

> 停车莽苍认孤坟，烈烈英标尚想存。
> 已脱遗孤安赵氏，更轻一死报公孙。
> 荒林雀噪风常急，古道人稀日自昏。
> 惆怅九原如可作，欲凭楚些为招魂。

在社会大众层面的传播，则更多借助于历史演义和戏曲的形式而历久弥新。在元杂剧中，有一出《冤报冤赵氏孤儿》，已经完成了对《史记·赵世家》所载"赵氏孤儿"的重大改编：其一，假托为"孤儿"而作牺牲品的孩子，已经被改定为是程婴的亲生之子，显然是为了更为突出程婴的"忠义"形象；其二，将军韩厥为了维护真孤儿出宫后的安全，选择了自杀以断绝追索的渠道，这也是为了渲染屠岸贾的残暴，增强忠义形象的感人力量；其三，把活动年代更晚的晋国名将魏绛给"拉"进戏中，使之成为以武力诛杀屠岸贾、为赵家平反冤狱的关键人物。有了以上内容的改写，使得这个戏剧的故事更为曲折，戏剧性更加突出。戏剧《赵氏孤儿》的文学价值，受到中外学者的高度评价。王国维先生曾经推许《赵氏孤儿》"列之于世界大悲剧中，亦无愧色也"。

在现在的京剧舞台上,《赵氏孤儿》(或作《搜孤救孤》)一直久演不衰。这部伟大的传奇故事,还会保持着强大的艺术生命力。

张占民

3 挟荔宫：黄河岸边的汉武帝行宫

黄河西岸韩城芝川镇南残存一高大土台，当地人称为"瓦子坡"。它背靠梁山，西邻芝水，后边坐落的是司马迁祠，前边面向开阔的黄河，土台南边便是1970年组建的芝川中学（现司马迁中学）。我读高中时每周从此地路过两次，但身在遗址边，不识真面目。从事考古工作后，1993年春节，我走进古遗址，在一堆瓦片中捡到了一件完整的素面半瓦当及云纹残瓦当，还有几块新石器时代夹砂红陶片。2022年初春我再次随队考察，方仔细探知了挟荔宫遗址的真面目。

一、挟荔宫是如何被发现的

说起挟荔宫的发现不能不提前辈王玉清先生，1960年5月，他奉命前往韩城考古调查。县文化馆张汉杰先生介绍："原县文管会主任委员杨一鹤（1958年去世），抗战时曾在芝川镇南门外拾到

"宫"字瓦当和一些带字残砖块,现存文管会。"他得知这一消息心情激动,当即去观赏了文字砖瓦,并邀请张汉杰一道实地考察。两人带着干粮早出晚归,经过几天徒步考察,证实这是汉武帝修建的行宫——挟荔宫遗址。

调查发现,挟荔宫遗址建在一处新石器时代的废墟基址上,"地面全为灰土,断崖上灰土灰坑显著,红陶片遍地皆是。"(陕西省文物管理委员会:《陕西韩城芝川汉扶荔宫遗址的发现》,《考古》1961年第3期)由于当时人们吃水靠河流,故遗址多建在河流附近。濠水河边遗址、眷村遗址、史带村等新石器遗址的发现,表明原始居民曾在韩城黄河右岸一带展开狩猎、捕鱼等生产活动。挟荔宫遗址规模可观,它东西稍呈斜坡似方形,是一处面积约6670平方米的平地。这块平地现高出芝水河床约30米,"在遗址东北角最下边的梯田上暴露出一个陶质圆形地下水道……其次是在遗址的东面南段从上向下第一个梯田的断崖上有四段夯土。露在外面的高约1.6米,距地表深约1.4米,长2~5米,夯土每层厚9厘米,很整齐,夯层内夹有许多红陶片、灰陶片和彩陶片。"

挟荔宫遗址发现了大量汉代绳纹残板瓦、细绳纹残筒瓦、素面及几何纹空心砖残块、陶水道、素面方砖、文字方砖等建筑材料,还有众多的陶质生活器物残块,如豆盘、豆柄、豆座等。遗址发现的12件瓦当多有文字,如"宫"字、"船室"和"与天无极"等,均为阳文篆字。"船室"文字瓦当可谓西汉瓦当中的绝品,证实了挟荔宫曾建有停放木船的建筑。尤其是发现了带有12字重要信息的残砖,它原为方形,长32.5厘米,宽32厘米,厚4厘米,上刻有阳文篆字:"夏阳挟荔宫令壁与天地无极";还有一块27厘米见方的残砖,刻有"夏阳宫"阳文篆字;1980年又在遗址上采集一块残方砖,25厘米见方,中间刻"夏阳宫灵壁"阳文篆字。由此可知该建筑遗址为西汉时期"挟荔宫",又称"夏阳宫"。这批砖瓦文字的发现,为确认遗址名称提供了实物依据。

挟荔宫在黄河岸边的黄土中湮没了千余年之后,终于在1958年被发现了,揭开了挟荔宫的神秘面纱。

二、挟荔宫位置及名称之谜

遗址砖瓦文字的发现,弥补了历史文献的缺失,为确认挟荔宫的具体位置提供了实物依据。关于"夏阳挟荔宫令壁与天地无极"12字方砖，著名历史学者陈直先生考证："砖字在文献中始见于《荀子·正论篇》云：'是犹以砖涂塞江海也。'次见于《世本》云'鸟曹作砖'。说文云'专，一曰纺砖也'。又称为令辟……在金石刻辞中，当西汉时期，皆称为令辟。"（陈直：《韩城汉扶荔宫遗址新出砖瓦考释》，《考古》1961年第3期）汉砖也称"令辟"（令壁、灵壁）为我们提供了一个新知识点。

"夏阳挟荔宫令壁与天地无极"砖

另外，针对"夏阳宫"残砖，陈先生认为："则为夏阳扶荔宫之省称，非扶荔宫之外另有一夏阳宫也。"其论点可备一说。笔者认为"夏阳宫"修建可能早于挟荔宫，因为《三辅黄图》记载："元鼎元年（前111）破南越，起挟荔宫（宫以荔枝得名）。"但《史记》《汉书》记载："元鼎四年（前113），汉武帝自夏阳东幸汾阴。"可见起挟荔宫两年前，汉武帝曾去过夏阳。其下榻之处自然是"夏阳宫"。挟荔宫很可能是在夏阳宫旧址上扩建而成，正确与否供学者讨论。

汉武帝与秦始皇一样好"营造"，喜大修宫殿。挟荔宫便是长安以东至黄河岸边的一处大型宫殿建筑，相关文献记载少之又少，甚至连位置也成为千年迷案。《太平御览·宫室部》引潘岳《关中记》"扶荔宫在冯翊也，未明言冯翊某县。"《三辅黄图》则说挟荔宫在"上林苑中"。陈直先生认为："盖在魏晋时已不知宫址确实所在地。现今韩城，为西汉夏阳县，不在上林苑范围之内。"韩城挟荔宫遗址的发现解开了这一历史谜案。

挟荔宫名称也是一桩千古谜案，《太平御览》《三辅黄图》所记为扶荔宫。20世纪60年代初，考古发现的方砖文字十分清楚地表明为"挟荔宫"，但遗憾的是公布的《陕西韩城芝川汉扶荔宫遗址的发现》一文依然从文献称"扶荔宫"，以至于1992年陕西省人民政府公布的第三批文物保护单位也仍称"扶荔宫"。直至近年出版的《韩城市志》《韩城市文物志》方确认为"挟荔宫"。笔者反复辨认方砖文字拓片,确认原字为"挟"非"扶",宫殿名称为挟荔宫无疑。

三、挟荔宫因何而建

汉武帝亲政一改文景时期休养抚民国策,对外大举进伐匈奴,对内大搞封禅及名目繁多的祭祀活动。挟荔宫的修建与祭"地神"后土密切相关。公元前113年,"天子(汉武帝)郊雍,议曰:'今上帝朕亲郊,而后土无祀,则礼不答也。'有司与太史公、祠官宽舒议:'天地牲角茧栗。今陛下新祠后土,后土宜于泽中圆丘为五坛,坛一黄犊太牢具,已祠尽瘗,而从祠衣上黄。'于是天子遂东,始立后土祠汾阴脽丘,如宽舒等议。上亲望拜,如上帝礼。"(《史记·封禅书第六》卷二十八)频繁的祭后土活动,促使汉武帝扩建"夏阳宫"。挟荔宫位置正好位于黄河夏阳古渡口,它是关中通往汾阴后土祠必经之地。《史记》记载,武帝东渡黄河祭后土多次下榻挟荔宫。

挟荔宫既是汉武帝的行宫,也是一处风水佳境。

他费心机地欲将其打造成园林式行宫。有关挟荔宫的奇草异木,《三辅黄图》记载:"以植所得奇草异木:菖蒲百本;山姜十本;甘蕉十二本;留求子十本;桂百本;蜜香、指甲花(树高五六尺)百本;龙眼、荔枝、槟榔、橄榄、千岁子、甘橘皆百余本。上木,南北异宜,岁时多枯瘁。荔枝自交趾移植百株于庭,无一生者,连年犹移植不息。后数岁,偶一株稍茂,终无华实,帝亦珍惜之。一旦萎死,守吏坐诛数十人,遂不复莳矣。其实则岁贡焉,邮传者疲毙于道,极为生民之患。至后汉安帝时,交趾郡守唐羌极陈其弊,遂罢其贡。"(《三辅黄图校正》,陕西人民出版社,1980年)足见移植奇草异木数量之多、费力之大,创秦汉宫殿建筑之最。从南越交趾移植百株荔枝于挟荔宫,最终枯萎而死,劳而无功,处死者多达数十人。在帝制集权时代数十条人命竟然不如一棵荔枝树!

(本文撰写得高少武、杨林贤等先生帮助,特此致谢)

六

司马迁祠墓、司马氏族建筑群

[行知提示]

　　扶荔宫在韩原原畔梁山脚下,梁山之上即有司马迁祠墓。

芝秀桥上远眺司马迁祠墓　刘玉虎　摄影

◇ 司马迁祠墓、司马氏族建筑群简介

● 司马迁祠墓

司马迁祠墓东临黄河，西连梁山，始建于西晋永嘉四年（310），1982年2月，被国务院公布为全国重点文物保护单位。

据《史记·太史公自序》，太史公"生龙门，耕牧河山之阳"，青年遍游南北，壮年任职朝堂，而后受腐刑，忍辱负重完成了誉为"史家之绝唱，无韵之《离骚》"（鲁迅语）的中国第一部纪传体通史——《太史公书》（后称《史记》），去世后又归葬"河山之阳"。"河"指黄河，"山"即梁山。

司马迁祠墓所在塬下现建有司马迁广场，广场有司马迁青铜像。绕过铜像即见芝水。芝水原名陶渠水，相传汉武帝采灵芝于陶渠水之阳，改名芝水。芝水上有芝秀桥，明、清、民国屡有重修。桥面条石铺就，连以铁质榫楔，锈迹斑驳，桥栏和柱头雕饰花卉动物图案。

司马古道　刘玉虎　摄影

过桥便是司马古道，司马古道原名韩奕坡，初修于春秋战国，是韩城最古老的坡道之一。韩奕坡上接韩原大道可达长安，下临芝川渡口可到龙门。古道最早为土坡，北宋时铺砌了石条，千余年的车辙蹄迹，留下历史沧桑。韩城自古为"文史之乡"，传说明清时期，韩城地区的读书人进京赴考，都要经过司马古道，所以司马古道也被称为"秀才坡"。

沿司马古道，依次过清光绪十二年（1886）"汉太史司马祠"木牌坊，清康熙十年（1677）"高山仰止"木牌坊，至清康熙十年"河山之阳"仿木砖牌坊,而后登99级台阶即达祠门,祠门卷棚硬山顶,面阔三间,额书"太史祠"。

祠院内正面为三间献殿和三间寝殿。献殿正中挂"文史祖宗"金色大字匾,殿内中央置清同治年间浮雕石供桌。其两侧分立众多石碑,南北山墙各

古柏掩映的太史祠　李国庆　摄影

嵌两排碑碣，为宋、金、元、明、清各代名人凭吊吟咏之作，诗文雅健，书法挺秀。

寝殿在献殿之后，建于北宋宣和七年（1125）。正中塑司马迁全身坐像，长须飘拂，两眉入鬓，栩栩如生。祠院四周都是用砖砌起的数仞高的垛墙，远瞻俯瞰，备极雄伟。

司马迁墓茔　石春兰　摄影

祠院后为司马迁墓茔，筑于西晋，经金、元、清四次修葺。墓系砖砌，呈圆形，墓壁周围嵌有砖雕八卦图案和花卉图案16幅，墓顶古柏一株，树分五枝。墓前立清乾隆陕西巡抚毕沅题"汉太史司马公墓"石碑。蒙古包形八卦墓传为元世祖忽必烈敕命改建。司马迁在《史记·匈奴列传》客观记述了匈奴的历史演变、民族风俗、社会组织形态以及他们同中原的关系，其中所传达的民族大融合思想和国家大一统思想，既为元朝统治的正统性提供了理论依据，也无意间符合了少数民族统治者的政治需要，这也许是元朝为史圣改修蒙古包形圆墓之因。

祠的北侧，断崖壁立。在祠前凭高观览：东望滔滔黄河，西眺巍巍梁山，又有芝水潆洄，山环水抱，气象万千。壮观的自然形势和秀丽风光，映衬出司马迁的高尚人格和伟大业绩。

桂子拜谒，有诗赞曰：

史圣司马

数谒龙门仰史公，

黄河九曲日融融。

思来述往舒其愤，

通变成言气贯虹。

● 司马氏族建筑群

司马氏族建筑群，位于韩城市芝川镇徐村、华池村、高门村，由司马祖茔、华池司马书院、汉太史遗祠、太史后裔二门祠堂、"法王行宫"石牌坊、徐村涝池构成。祖茔有两个墓冢、碑楼及方形围墙。书院坐北朝南，现存正堂。遗祠是一座独特的司马迁后裔同、冯两姓的公共祠堂。二门祠堂坐北向南，现存祠门、东厢房。石牌坊坐北朝南。徐村涝池平面呈半圆形。

太史遗祠正门　李国庆　摄影

司马氏族建筑群中，尤以汉太史遗祠为代表，其承载着司马氏充满血泪的家族记忆。

汉太史遗祠，是司马迁后人为祭祀司马迁而建，至今祠宇殿堂完好。汉太史令司马迁因言获罪被汉武帝拘囚处刑，据传后人恐遭株连之罪，遂议决改姓迁居避之，迁至巍山脚下，村名定为"续村"，又怕官府猜疑，取其近音字改为"徐村"。天长日久，世事变迁，族人遂兴建汉太史遗祠。该祠坐西向东，东西长42米，南北宽15米，山门题刻"汉太史遗祠"5个大字。祠前有清代嘉庆年间所立的《新建碑楼并围墙记》碑，祠内有该家族改姓迁徙之记述。

该建筑群见证了司马氏族的延续和兴衰，为发掘考证司马迁生平及其家族的繁衍和《史记》的传承有着极为重要的价值。

桂子过游，有诗怀之曰：

太史遗祠

濩水梁山太史祠，

遥闻深壑鹧鸪词。

龙门骏异峰为骨，

香溢神丹鹤守池。

王子今

1 童年司马迁"耕牧河山之阳"

成书于西汉时期的《史记》,东汉学者班固已经称其"贯穿经传,驰骋古今"(《汉书·司马迁传》),借用"经传"的文献意义肯定这部史学名著的绝高等级。章学诚曾有"深于《诗》者也","千古之至文"(《文史通义·内篇五·史德》)的赞誉。对于这部文学和史学共同崇奉的经典,鲁迅所谓"史家之绝唱,无韵之《离骚》"(《汉文学史纲要》),评价尤为精当。《史记》的主要撰著者司马迁,于是被看作文化伟人。

关于司马迁强大的精神力量,人们通过身受重刑依然顽强著书的经历予以认识。清代学者赵翼分析战国至于两汉所谓"气节之盛"时,指出"轻生尚义,已成习俗"(《廿二史札记》卷五)。而司马迁能够战胜"肠一日而九回,居则忽忽若有所亡,出则不知所如往,每念斯耻,汗未尝不发背沾衣"的心理痛苦,"恨私心有所不尽,鄙没世而文采不表于后也"(《汉书·司马迁传》),终于完成《史记》的撰述，得以"博有奇功于世"(《三国志·魏书·董卓传》裴松之注)。宋代学者黄震于是感叹道："迁以迈往不群之气，无辜受辱，激为文章，雄视千古，呜呼，亦壮矣。"(《黄氏日抄》卷四七)司马迁的另一人生体验，即万里行旅，对于他的史学考察和史学理解意义也非常重要。苏辙说，"太史公行天下，周览四海名山大川……故其文疏荡，颇有奇气。"(《上枢密韩太尉书》)凌稚隆《史记评林》卷首引马存语："子长平生喜游，方少年自负之时，足迹不肯一日休"，其用意在于"尽天下大观以助吾气，然后吐而为书"。

司马迁祠墓"河山之阳"牌坊　李国庆 摄影

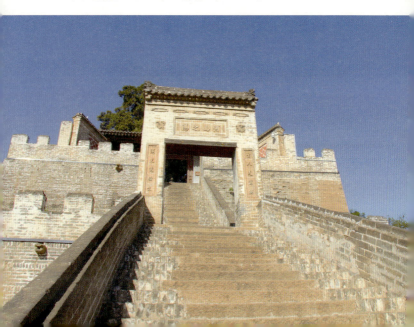

司马迁祠有一处醒目的牌坊，上题"河山之阳"。"河山之阳"一语出自《史记·太史公自序》中一段回顾自己生平的文字。司马迁写道："迁生龙门，耕牧河山之阳。年十岁则诵古文。二十而南游江、淮，上会稽，探禹穴，窥九疑，浮于沅、湘；北涉汶、泗，讲业齐、鲁之都，观孔子之遗风，乡射邹、峄；厄困鄱、薛、彭城，过梁、楚以归。"张守节《正义》解释"河山之阳"："河之北，山之南也。案：在龙门山南也。"所谓"龙门山南"，即司马迁家乡。按照司马迁自述语序，可知"耕牧河山之阳"在"年十岁"之前。

我曾经在《汉代劳动儿童——以汉代画像遗存为中心》一文中分析了汉代未成年人参与生产劳动的情形，当时忽略了司马迁《史记》中这条非常重要的史料。司马迁父"谈为太史公"。裴骃《集解》："如淳曰：'《汉仪注》太史公，武帝置，位在丞相上。天下计书先上太史公，副上丞相，序事如古《春秋》。'"以这样的家境出身尚且有幼年"耕牧"体验，可知当时社会中下层阶级儿童多数应经历过这种劳动生活。汉代未成年人参与生产劳动实践，是相当普遍的情形。司马迁《史记》中有所记述。如《高祖本纪》记载，"高祖为亭长时，常告归之田。吕后与两子居田中耨。"说后来的汉惠帝和鲁元公主年幼时都曾经跟随吕后参与田间劳作。《卫将军骠骑列传》写道,卫青"少时归其父,其父使牧羊"。其他史籍记载儿童劳动的故事,有杨震"少孤贫,独与母居,假地种殖,以给供养"(《后汉书·杨震传》李贤注引《续汉书》),第五访"少孤贫,常佣耕以养兄嫂"(《后汉书·循吏列传·第五访》)等。王尊"少孤,归诸父,使牧羊泽中"(《汉书·王尊传》),承宫"少孤,年八岁为人牧豕"(《后汉书·承宫传》)等,则取"牧"的劳动方式。《释名·释长幼》关于"童"是这样解释的:"十五曰'童'。牛羊之无角曰'童',山无草木亦曰'童'。言未巾冠似之也。女子之未笄者亦称之也。"《说文·人部》也说:"僮,未冠也。"汉画像石、汉画像砖多有儿童参与"耕牧"的画面。这些画像资料中所看到的"童",都是被发童子,表现出"未巾冠"的形象。当然,司马迁"耕牧河山之阳"在"年十岁"之前,较"十五曰'童'",还要年幼很多。

《汉书·昭帝纪》记载了始元二年(前85)少年汉昭帝在"钩盾弄田"参与耕作实践的故事:"(春二月)己亥,上耕于钩盾弄田。"这一历史记录具有仪式性意义,在正史系统中是受到重视的。《宋书·礼志一》《南齐书·礼志上》都曾回顾这件事。据《汉书》的注家解释,"弄田"为"年幼""戏弄"之田。汉昭帝耕于"弄田"故事,存留在长久的历史记忆中。宋代学者宋祁的作品中至少5次说到"弄田"。清乾隆帝诗文中"弄田"凡38见。汉昭帝"耕于""弄田",自然首先是帝王进行重农宣传和勤政表演的一种方式,与司马迁等幼时的"耕"完全不同。但是对于尚是未成年人的汉昭帝来说,这又是一种耕作游戏,也是一种劳动实习。我们还注意到,九岁的汉昭帝"耕于钩盾弄田",和司马迁"耕牧河山之阳"大致在同一年龄。这可能是汉代社会未成年人普遍参与"耕牧"劳动的人生阶段。

颜师古说:"司马子长撰《史记》,其《自序》一卷总历自道作书本义。"(《匡谬正俗》卷五)"耕牧"经历的表现,绝不会是不经意之为。储欣《史记选》这样评价《太史公自序》:"耕牧壮游,磊落奇迈,想见其为人。"指出童年司马迁"耕牧"生活与"其为人"的关系,体现出非常透彻的历史文化观察力。桓谭说:"通才著书以百数,惟太史公为广大,余皆丛残小论。"(《太平御览》卷六〇二引《新论》)王充说,"汉作书者多",司马子长"河汉也",

而"其余泾渭也"(《论衡·案书》)。司马迁对于"田农""田畜"等经济行为非常重视。梁启超指出,"西士讲富国学","太史公最达此义"(《〈史记·货殖列传〉今义》)。也有学者强调,通过对"农"的看重,可知司马迁"相信经济的力量对于国家与伦理有莫大的影响,最为深刻"(周容:《史学通论》)。也有学者说,"历史思想及于经济,是书盖为创举。"(杨启高:《史学通论》)司马迁对经济史的理解,早年"耕牧"体验应是必要的知识基础。而《史记》能够"详察社会,精言民事"(朱希祖:《中国史学通论》),"一扫封建上下等级"(徐浩:《廿五史论纲》),特别是面向底层,关注平民的立场,以及有的学者所称颂的"社会眼光"(蔡尚思:《中国历史新研究法》)、"自然主义"(李长之:《司马迁之人格与风格》)等表现,很可能与他幼年即产生的与劳动者的亲近情感有某种关系。

孙家洲

2 太史公墓前感悟的"班马异同"

对于研究秦汉史和"《史记》学"的人而言，位于韩城市南10千米芝川镇南门外、梁山东麓的太史公司马迁的墓和祠，无疑是一方圣地。有幸参加这次考察活动，我得以再次拜谒司马迁的墓和祠，心中当然充满敬仰和温情。

太史公广场上的司马迁铜像

司马迁的墓祠，背靠峻拔的山体，俯视雄浑的黄河，满目树木苍翠，尽得天地风水之盛。由山下宽阔的"太史公广场"开始，拾级而上，牌坊、山门、祠门、献殿、寝殿、松柏环绕的墓冢，历历在目；洋溢着敬仰之情的匾额题记，扑面而来：清光绪十二年（1886）"汉太史司马祠"的木牌坊额书，清康熙十年（1677）"高山仰止"的木牌坊额书，祠门之上"太史祠"额书，分外醒目，献殿之前排列有序的历代重修碑记和歌咏碑刻——呈现人望凝聚之重。郭沫若先生1958年前来拜谒时留下的题诗碑刻，时常吸引游客围观。其诗曰："龙门有灵秀，钟毓人中龙。学殖空前富，文章旷代雄。怜才膺斧钺，吐气作霓虹。功业追尼父，千秋太史公。"当代学人对郭沫若先生的评价已经是褒贬不一，他在诗中对司马迁表达的仰慕和追尊之情，因为代表了许多人的共同心声而足以流传千古。

中国古代的历史著作，号称"汗牛充栋""浩如烟海"；受人敬重的历史学家，前后辉映，人数众多。但是，就墓地规格之高、拜谒者人数之众而言，太史公司马迁独居魁首！置身于青砖包砌、状若穹隆的太史公墓前，我突然对中国古代

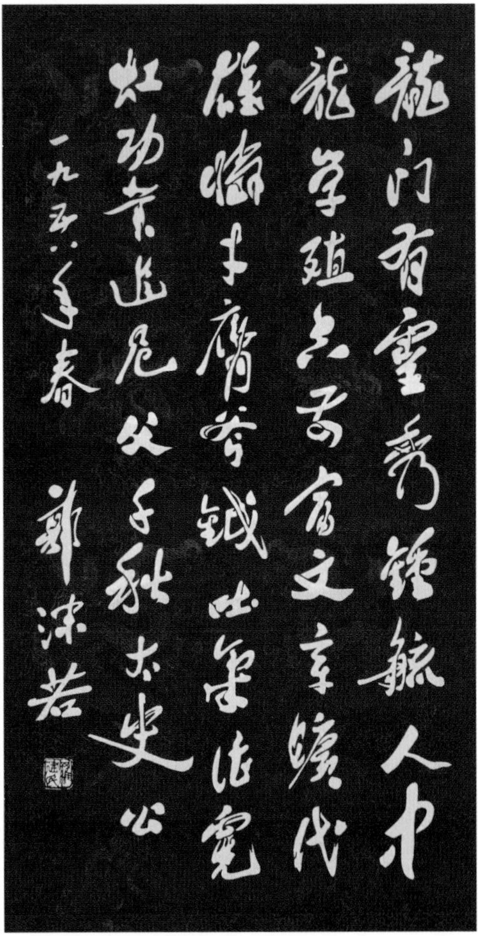

龙门有灵秀，锺毓人中龙。学殖susb六南省文章续代雄，临文膺夸钺，出笔迄宽。虹功亘远尼父，千秋太史心。

一九五八年春　郭沫若

郭沫若题诗碑拓片　刘玉虎 供图

史学史上一个有影响的术语"班马异同"有了新的感悟。

"班马异同",又称之为"《史》《汉》优劣"。特指比较司马迁与班固以及他们的代表作《史记》与《汉书》的异同与高低。

司马迁与班固,堪称是中国古代史学史上双峰并峙的泰山北斗。"班马异同"的问题,由何而来?对比研究的重点所在是什么?围绕这两个问题,以下三个思路,也许值得关注:

其一,"班马异同"的缘起:班固对司马迁的批评引发的回应。

班固曾经从政治立场和维护"汉家正统"的观点出发,对司马迁与《史记》有严厉批评:"汉绍尧运,以建帝业,至于六世,史臣乃追述功德,私作本纪,编于百王之末,厕于秦、项之列。"(《汉书·叙传下》)班固还曾经从学术标准有偏差的角度,指责司马迁:"是非颇谬于圣人。论大道,则先黄老而后六经;序游侠,则退处士而进奸雄;述货殖则崇势利而羞贱贫,此其所蔽也。"(《汉书·司马迁传》)不难看出,班固对司马迁的批评,既涉及体例问题,更着重于"思想"与"立场"。有的言辞,相当激烈和尖刻,甚至有"周纳构陷"入人以罪的嫌疑。譬如说，班固指责司马迁将汉王朝"编于百王之末，厕于秦、项之列"，这是在批判司马迁降低了汉王朝的历史地位。平心而论，司马迁写的是"通史"著作，只能以编年为序来安排各个王朝的位置。也就是只能按照"由古而今"的顺序来记叙历史。汉王朝是司马迁面对的王朝体系中最为"晚出"的历史阶段，

《史记集解》书影

他把汉王朝的历史安排在秦王朝和楚霸王项羽之后来书写,是完全顺理成章的——编年纪事而已。而班固却不惜使用带有政治重压的语言,对司马迁展开如此无情的批判,真是令人齿寒与痛惜!司马迁生活在西汉,班固生活在东汉,班固以晚辈的身份如此指责和批判前贤,那么,生活在班固之后的学者,自然就要经过自己的对比和研究来判断班固对司马迁的批判是否可以成立。就此而论,"班马异同"争论的肇始者,就是班固本人。

由于班固对司马迁的批评,涉及他们两位在历史观和著述宗旨上的诸多不同,因此,"班马异同"之争,延续到了当代,就带有"思想史"研究的鲜明色彩。从而使得这个内涵成为讨论的精华之所在。

其二,"班马异同"的外延:"通史"与"断代史"体例高下之争。

司马迁撰著的《史记》,是"纪传体通史著作",班固为主要撰著人所完成的《汉书》,是"纪传体断代史著作"。要分析和比较两位伟大历史学家的"异同"和"优劣",从史书体例入手展开讨论,自然就成为一个很重要的研究方式。

后世学者,偏偏有推崇"通史体"与褒奖"断代体"的两种学术路数的存在,于是,司马迁和班固所开创的史书体例谁高谁低,也就成了无法取得共识的议题。

宋元之际的史学评论家郑樵,在所著《通志·总序》中,集中阐述了史学的"会通"之义。郑樵力主编写通史,竭力反对断代为书,认为历史犹如长江、黄河延绵不断,如果断代为书将造成"周秦不相因,古今成间隔"的状况。从这一基本观点出发,他在评价《史记》《汉书》的过程中,明显表现出尊马抑班、提倡通史而轻视断代史的思想倾向。郑樵指责班固为"浮华之士也,全无学术,专事剽窃",甚至于说到,

班固像

如果要比较司马迁和班固,"如龙之于猪"。郑樵带着主观偏见来贬抑班固和《汉书》,当然是不公正的。

而唐代的史学评论家刘知幾是推重断代史体例的,所以,他对于班固的《汉书》,褒奖有加:

"如《汉书》者,究西都之首末,穷刘氏之废兴,包举一代,撰成一书。言皆精练,事甚该密,故学者寻讨,易为其功。自尔迄今,无改斯道。"(《史通·六家》)

平实而论,两种史书体例,无论是通史,还是断代史,都各有其优点。两种不同的著史体例,都应得到尊重。司马迁以"通史"的视角,把黄帝到汉武帝时代的历史做了天才的梳理与记述;班固沿用了司马迁的"纪传体"的体例而"断汉一代为史",推出了第一部"断代史",后世史家援为楷模,累代继作,遂有"二十四史"的"正史"体系辉煌传世。就此而言,司马迁与班固,于中华史学体系的形成与发展,皆有大功。时至今日,如果有谁还试图从"通史体"和"断代史体"的对比来做"班马异同"的讨论,未免不够通达。

其三,"班马异同"的精微:以文字对勘比较撰著能力的高低。

这种对比角度的出现,有其特殊的内涵:司马迁的《史记》和班固的《汉书》,在记事范围上,有一个"重叠时期"——这就是从西汉高祖开国到汉武帝时代。同样的历史阶段,涉及同样的人物群体、同样的政局演变,《史记》和《汉书》

都有记载,审视的角度和重点有变化,记事的文字有异同,其中寄寓的史家观点也有差异。对比和玩味其中的差异,岂不是"班马异同"研究的题中应有之义?于是,自古及今,都有学人在做着这样的工作——以文字对勘的方式来比较司马迁与班固的异同与高低。值得称许的是:明代学人许相卿完成了一部功力深厚的著作《史汉方驾》,将《史记》和《汉书》相同记事的内容,依据文字的异同而排列为一书。具体的"排版方式"是:两书记事文字完全相同的,以大字居中排列,两

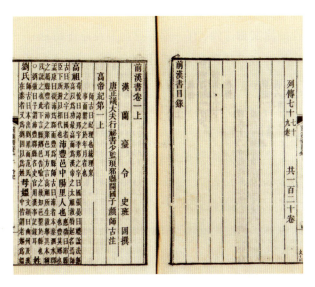

《汉书》书影

书文字凡有不同者,则以小字分行夹注的方式左右排列,《史记》的文字居右,《汉书》的文字居左。如此"排版",把两书的异同,以最为直观的方式,呈现出来了,有"一目了然"的效果。真是难为了作者的一片苦心!书名中的"方驾",寓意为"并驾齐驱",表示作者不存主观的褒贬。这是很好的治史态度。

《汉书》写作在后,当然对《史记》的文字有借鉴、有继承、有改写。凡是改写的内容,自然是班固刻意要表达的与司马迁之不同。按照常见惯例,著述应该是后出者转胜,但是,也不尽然。后世的研究者发现,班固所修改的文字,与司马迁的原文相比较,有一部分反而不及原作精彩——当然,这里存在着见仁见智的问题。

以原作的文字对勘,来比较司马迁和班固两位伟大的历史学家的异同高低,这是一个多么精微而富有意趣的研究角度!

"班马异同"的讨论,是"《史记》学"的组成部分,历经大约两千年的各抒己见,在历史学界也并未达成完全一致的共识。这与问题的复杂性相关,也与研究者的立场和审视问题的角度不同相关。当然,学界的主流看法,还是客观存在的。在这里，我愿意介绍几种看法，以供感兴趣的朋友追踪这场古今史学大讨论的进展。

当代海外新儒学的代表性学者徐复观先生，以其犀利的眼光和笔锋，著有《史汉比较研究之一例》的长文，对《史》《汉》两书的体例和文字一一列目比较，使人们在全面比较中能够清晰地看出司马迁、班固不同的旨趣和不同的风格。他对两书的文字进行了有针对性的比较，得出了如下结论：

史公的文体疏朗跌宕，富于变化，文句的组成较为圆满，篇章的结构线索分明，照应周密；而班氏的文体较为质重简朴，缺少变化，结构的线索不甚分明，文字较《史记》为古奥。在叙事上，史公较精确而能尽量保存历史形象生动的原貌；而班氏渐流于空洞。对人物渐流于抽象化。但《汉书》中有的传也写得很绵密。

韩国学者朴宰雨有《〈史记〉〈汉书〉比较研究》一书，可以视为当代学者研究这个问题的代表作。我列出该书第二章第二节"《史》《汉》所显示作者之精神倾向"的目录如下：

一 《史记》变通古今与《汉书》尊显汉室

二 《史记》兼尊儒道与《汉书》独崇儒术

三 《史记》兼顾民间与《汉书》倾向上层

四 《史记》感情移入与《汉书》不失客观

我认为,这四个"目",把当代学人"班马异同"研究在思想与审美方面的重点问题,都强调出来了。

学术界对"班马异同"的争论还会继续下去,司马迁与班固的高下对比,也会继续存在,但是,在学术讨论之外,就一般的社会影响力而言,司马迁的居高之势,却早已经是不言而喻的事实。我站在太史公司马迁的墓前,目睹墓祠自然景观和人文景观之盛,这个感觉,油然而生。

我曾经于1982年和2015年两次到访位于扶风县的班固墓。班固,作为一位著名的历史学家,

班固墓

他的墓地，就在旷野之地的农田之中，没有任何保护性设施，更不见有何风水优胜可言，也不见后世文人骚客前来凭吊的歌咏碑记，普普通通，宛如一位寻常农夫的归宿之地。特别是回忆起第一次身临其境的情况，如果不是有人解说，我几乎无法相信，沉寂在这里的一抔黄土，居然就是名震士林的班固之墓！我曾经为班固墓地的荒凉而沮丧，为社会对历史学家的淡忘而不平；而现在，在我第二次拜谒太史公墓祠的时刻，我突然想到的一个问题是：司马迁和班固，同样是影响深远的历史学家，但从墓地的规格高低迥异、人望的多寡悬殊而言，两者对比，不可以同日而语！造成这种不同的原因何在？是我当时在勉力思考的一个问题。有两个答案，浮现在我的脑海中：

其一，司马迁正直进言而被下狱惨遭"腐刑"的遭遇，容易引发人们的同情之心，由"代鸣不平"发展到敬重和敬仰。

司马迁在撰写《史记》的过程中，不幸遭遇了"李陵之祸"。

天汉三年（前98），勇将李陵出击匈奴，兵败降敌的消息传来，在都城长安立即形成巨大的政治冲击波。在朝廷大臣对李陵一片痛诋的声浪之中，司马迁却提出了不同的看法。司马迁认为李陵"常思奋不顾身以徇国家之急"，推崇他是"奇士"，"有国士之风"，"虽古名将不过也"。指出李陵领兵远征，是"出万死不顾一生之计，赴公家之难"，而且作战神勇，"提步卒不满五千，深践戎马之地，足历王庭，垂饵虎口，横挑强胡"，迫使匈奴倾全国之兵前来围攻。李陵孤军深入，"转斗千里，矢尽道穷，救兵不至"，战败实非其罪。

司马迁之所以为李陵辩护，与他的侠义性情有关。先前在李陵的捷报传来时，"汉公卿王侯皆奉觞上寿"，祝贺皇帝任命了一位名将；而等到李陵败降的消息传来，大臣们的态度立刻大变，"全躯保妻子之臣随而媒孽其短"，对这种不惜落井下石以求自保的官场习气，司马迁作为一个性情中人，感觉"诚私心痛之"。他根本不会同流合污，甚至不允许自己以沉默而求自保。他看到了汉武帝"为之食不甘味，听朝不怡"，"惨凄怛悼"的苦恼，当汉武帝征询他的意见之时，司马迁把自己的见解坦然相告。

没有想到的是，汉武帝勃然大怒，给司马迁强加上诋毁贰师将军李广利、为李陵游说两项罪

"高山仰止"木牌坊　刘玉虎 摄影

名,将他逮捕下狱。审案的官员,又给他罗织了"诬上"的罪名。司马迁绝望了,请听他稍后致信至交好友任安追溯当时心态的一段话:"家贫,财赂不足以自赎,交游莫救,左右亲近不为一言。身非木石,独与法吏为伍,深幽囹圄之中,谁可告诉者!"结果他被处以"宫刑"。宫刑施于男子,使其丧失生育能力,由此又被称为"腐刑"。这是仅次于死刑的酷刑,而且带有明显的人格侮辱色彩。惨遭宫刑,对于司马迁而言,除去生理上的阉割剧痛之外,更加难以承受的是心理上的摧残蹂躏。

士人素重"知耻"观念,司马迁排列了人生"受辱"的序列,称之为"最下腐刑,极矣"。他的精神已经到了崩溃的边缘,"是以肠一日而九回,居则忽忽若有所亡,出则不知所如往。每念斯耻,汗未尝不发背沾衣也"。他不止一次地想到结束自己的生命,但是,想到寄托了自己人生追求的历史巨著草创未就,决意"隐忍苟活"以完成自己的著作。

太始元年(前96)出狱之后,司马迁以"中人"之身升为中书令,可以伴侍皇帝、出入宫闱,就官场地位而言比太史令为高,但司马迁的心中之痛从来没有衰息,他认定自己只是"刑余之人""埽除之隶"。他把生命的全部活力,都投入到创作之中。发愤著书数年,终于有了结果。在《报任安书》中,司马迁告诉老朋友:"近自托于无能之辞,网罗天下放矢旧闻,考之行事,稽其成败兴坏之理,凡百三十篇,亦欲以究天人之际,通古今之变,成一家之言。"其中流露的就是大作定稿之后的欣喜和自得。他甚至表示,只要完成

司马迁像

了此书，能够"藏之名山"、流传后世，那么此前遭受侮辱的代价就是值得的，"虽万被戮，岂有悔哉！"在这个意义上说来，《史记》已经不仅仅是司马迁的作品，而是他奔涌的生命、呐喊的灵魂，是他的理念操守、精神寄托。

司马迁直言得罪、惨遭腐刑的经历，借助于他痛切陈词的《报任安书》，广为人知。凡是读过这篇私人通信、得知司马迁际遇的人，都会对司马迁油然而生同情和敬意。这种浓烈的感情，经过积淀和转化，就会成为对司马迁的敬仰。

班固的身世，也有足以令人扼腕叹息之处。班固，出生于世为官宦的家庭。汉明帝时，班固被任命为兰台令史，奉命编著国史，"潜精积思二十余年"，完成了我国第一部纪传体断代史《汉书》一百篇。

章帝效法西汉宣帝石渠阁故事，在白虎观召集名儒讨论五经同异，并亲自裁决。其目的是促进儒家思想与谶纬神学紧密结合，加强儒家思想在精神领域的统治地位。在这次会议上，班固以史官兼任记录，奉命把讨论结果整理成《白虎通德论》（又称《白虎通义》）。

汉和帝永元元年（89），大将军窦宪奉旨远征匈奴,班固被任命为幕府中护军随行,参预谋议。窦宪率精骑万余出塞远击,在稽落山(位于今蒙古国境内,是阿尔泰山东段北面的一支)大破北匈奴军队,前后俘获招抚匈奴部众二十万人,大获全胜。窦宪、耿秉作为指挥此次作战的汉军高级将帅,自然意气风发。他们登临远离汉塞三千余里的燕然山,"刻石勒功,纪汉威德",于是

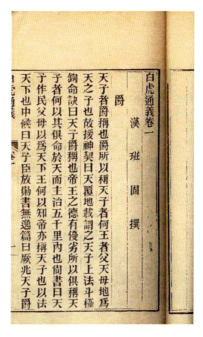

《白虎通义》书影

就诞生了纪胜颂德的名篇《封燕然山铭》。这篇大作,就出自随军参战的班固之手。班固是奉命而作,铭文被刻于石崖上(《后汉书·窦融传附窦宪传》。从南朝时期编订的《昭明文选》开始,班固所撰写的这篇摩崖铭文,被冠以《封燕然山铭》的雄名而流传于世),成为记载这场汉匈大战的重要摩崖文献。

班固还撰有《窦将军北征颂》一文,对窦宪北征匈奴大加歌颂。

从以上背景来看,班固在官场上的地位,所参与政务的广度和深度,都在司马迁之上。他也很自觉地给自己定位为朝廷利益的代言人。所以,当我们看到他指责司马迁的那些话语时,不得不感叹,班固的"正统立场"和"官方意识"实在

司马迁祠墓"史笔昭世"扁

是太过强烈了。

永元四年(92),窦宪因擅权暴虐致使汉和帝决定诛灭窦氏,班固受其株连而免官。后被仇家洛阳令种兢逮捕入狱,死在狱中,享年61岁。

班固的结局,就"命丧牢狱"而言,似乎比司马迁还要悲惨。但是,后人对班固的遭遇却没有对司马迁那样的同情。原因在于:班固在官场上的失势,是因为他参与到了党派斗争之中。而且,班固依靠的政治靠山窦宪,是专制朝政的权臣。等到窦宪倒台之后,班固作为窦宪党羽而被处罚,实在是"理所当然"。另外的一个因素,我们也不该忘记:司马迁有千古名函《报任安书》传世,为他争来了数不清的敬重和代鸣不平,而班固却没有与之相同的私人书信传世。所以,班固命丧官家牢狱,却未曾收获司马迁那般因受"宫刑"而得到的尊重和敬仰。

其二,司马迁的"民间立场"和批判精神,比起班固的"正统立场",更容易引发人们的敬佩之心。

班固尽管对司马迁的学术思想有所批评,但对《史记》的"实录"精神却是推崇备至:"善序事理,辨而不华,质而不俚,其文直,其事核,不虚美，不隐恶，故谓之实录。"

对开国皇帝刘邦，司马迁一方面描述了他的恢宏大度、知人善任，另一方面也如实地记载了他的"无赖"习气、诡诈之术。

对当朝皇帝汉武帝的失德之举，司马迁也敢于记录，并予以嘲讽、抨击。汉武帝重用酷吏，造成了严刑滥杀的负面作用，《史记·酷吏列传》给他们的群体定位是皇帝的鹰犬，一句"此皆以酷烈为声"，道出了酷吏服务于专制皇权的本质属性。汉武帝宠信方士、追求长生不老的荒唐行径，更成为嘲讽的对象。

徐复观先生的《论史记》，秉持其一贯反省传统中国文化中专制黑暗面的取向，强调司马迁及其《史记》对汉代专制政治的批判。实来自其中所蕴蓄的史学精神，与专制政治的要求大相径庭。

不得不说，历史，往往喜欢作弄那些以官方代言人自居的人物。班固《汉书》的史学成就当然很高。但是，他生前深度参与汉朝的政治、军事、思想文化的大事不少，自以"朝廷人"自居；没有料到的是，他本人也被汉朝的政治斗争所吞噬。在他屈死于牢狱之时，当时的舆论没有把他当作汉朝的"忠臣"看待。及至汉王朝覆亡之后，班

梁山上的司马迁祠墓　刘玉虎　摄影

固当年努力表现出来的维护汉家正统地位的史学观点,后世的人们更没有理由给予褒奖。

就此而论,司马迁论人论史,保持了更多个人的判断,不愿意让历史之学沦为政治的附庸,而且致力于以历史表达对政治的批判。司马迁的这种追求,这种境界,为他赢得了后世的尊重。太史公墓祠所享受的高规格,就是他被后人尊重的物化体现。而班固在过度参与政治的背景之下,成为维护"汉家正统"的历史学家,他选择的以"历史学"服务于现实政治的路径,根本无法赢得后世的尊重。

站在司马迁墓祠前,目睹司马迁身后殊荣的种种体现,联想班固墓葬沉寂的境况,两相对比,相差悬殊。抚今追昔,深有所得!作为学人,要想真正赢得千古流芳,那么,请你直起自己的脊梁,不要在现实政治面前,俯身迁就。

张占民

3 不屈的灵魂
——贵族血胤司马迁

屈原以死抗争,司马迁以笔抗争,他们都是直面强权、无畏生死的勇士,都有着一颗孤傲不屈的灵魂。特别是司马迁,我时常默默思考:是什么力量支撑着他屈辱地活下来?又是什么精神激励着他在逆境中创造生命奇迹?

虎年初春,我有幸来到太史故里,实地走访了司马迁"耕牧河山之阳"的高门原,考察了华池村、高门村相关遗址,进一步加深了对司马迁精神的认知。

一、官宦辈出的古老家族

纵观古今中外,大凡名流伟人出身名门望族者居多,司马迁也不例外。梳理文献,不难发现司马氏是一个古老而神奇的家族。

司马迁自述,司马氏远祖重黎氏及后人,自颛顼之世至夏商时代,长期任天官、掌典籍。另据《史记·楚世家》记载,屈原远祖与司马氏同为颛顼之后裔。两人同祖同源,心灵相通,遭遇相似,司马迁发自内心地崇拜敬仰屈原。

西周时期,司马氏始祖程伯休甫,军功显赫获周宣王赐姓司马,并"世典周史"。东周惠王、襄王时期王室内乱,司马氏家族于公元前636年,"去周适晋"来到晋国。晋文公之后晋国内乱又起,司马氏家族一分为二,一支跟随随会避难于秦,"入少梁"(前621),从此开启了司马氏家族在韩城繁衍发展的历史。留在晋国的司马氏家族直至三家分晋,再次一分为二,分别入赵、入卫,各奔前程。入居少梁的司马氏家族,三百余年后走出了一位英雄司马错,他是司马迁家族有确切世系可考的始祖。此后八代,六人先后在秦国及汉初政坛为官。

司马错是一位政治家和杰出的军事家。秦惠王时期曾三入巴蜀,一入楚地,攻城夺地,战功卓著。秦惠王后元九年(前316),在秦国东扩战略辩论中,相邦张仪主张先取中原心脏要地然后东扩,司马错则主张先拿下巴蜀再东进。惠文王采纳了司马错的意见,命其为将军,攻取巴蜀并出任郡守,他积极发展生产,创建兵器铸造业,为秦国东征做出了不可磨灭的贡献。

六世祖司马靳也是一位勇猛善战的将领。他长期辅佐秦国名将白起，出入沙场不计其数。秦赵长平大战"坑杀赵卒二十万"（《史记》），消灭了赵国有生力量，为秦统一立下汗马功劳。这样一位战功显赫的将领，却因白起与昭襄王攻赵时间上的分歧，随同白起被"赐死于杜邮"（《史记》），为国蒙冤受难，沦为专制制度的牺牲品。

四世祖司马昌为"为秦主铁官"，他出任京师咸阳铁官，同时掌管全国四大冶铁作坊。秦灭六国，其相应职权推至全国，为秦及汉初冶铁业发展做出杰出贡献。

华池村的司马靳墓墓碑　宁永泉　摄影

司马迁曾祖父司马无泽"为汉市长"。张大可先生考证:"司马无泽为长安市长,管理长安九市的经济,征调全国物资,保证京师消费……是当时的经济学权威"(张大可《司马迁评传》),他为汉初经济繁荣贡献了才华与智慧。

司马迁祖父司马喜是"五大夫"。他先后培养出司马谈、司马迁两位杰出的史官。

司马迁父亲司马谈,出任汉武帝时期的太史令,重续祖业。

二、拜谒司马家族先茔

《史记》记载:司马靳"葬于华池"。司马昌、司马无泽、司马喜"皆葬高门"(《史记·太史公自序》)。司马错、司马谈叶落归根,理应葬于此。

华池村位于韩城市芝川镇,2000年我与韩国《史记》学者金瑛珠教授首访华池村。在一马姓村民带领下,于村北苞谷地找见了司马靳之墓,墓冢高70厘米。墓前竖石碑,刻字"司马靳之墓"。前几年,华池村民集资修建了司马错墓碑楼,石碑顶端刻二龙戏珠浮雕,正面篆书:"秦国大将军司马错之墓",两边隶书对联,上联:"西征巴蜀挥刀斩断三江水",下联:"直取垣轵纵马奠定一统天",横批:"功著千秋"。碑阴刻司马错墓碑记,简略地介绍了将军一生的文治武功。

在高门村并立着两座碑楼。一碑楼上方刻:"巍岫增荣",石碑正面刻:"汉太史公司马公

司马错墓墓碑　宁永泉　摄影

高门先茔"。碑阴刻《汉太史司马高门先茔记》曰:"昌以下葬者三冢,今则岿然者仅存"。落款"嘉庆十七年(1812)岁次壬申十月谷旦",可知嘉庆年间三墓尚存,乃司马昌、司马无泽、司马喜之墓,原来三冢位置鼎立。抗战期间,国民党陕西省教育厅厅长王捷三回乡省亲,见太史公先茔为大路所侵,坟头平夷,命人筑土墙保护,村民遂将三墓合壅而为一堆。二十世纪五十年代初留有墓地二分。"大跃进"期间,韩城掀起一场规模空前的平坟运动,该墓园未能幸免,坟地被毁,"文革"后村民又恢复原墓。

汉太史司马高门先茔及汉太史司马公之墓　宁永泉 摄影

另一碑楼建造于咸丰年间，碑楼上方刻"学贯天人"。石碑刻"汉先太史司马公墓"，落款"咸丰岁次壬子菊月谷旦"，时在1852年，据《韩城县志》和司马迁祠碑文记载，此墓乃司马谈之墓。

1993年韩城市文物管理委员会，将"高门司马迁先茔"列为市级文物保护单位，并筑墙保护。

三、千年传承的贵族精神

树有根、水有源，司马迁的天生傲骨、刚正不阿及独立人格，都与这个古老家族的精神传承密不可分。司马迁强烈的使命感，源于先祖出任天官、掌管典籍的神圣职责；他继承了史官追求真理、秉笔直书的传统；他勇于进取、拼搏自强的精神，则源于先祖将军的优良品质。

司马氏自远祖重黎氏至司马谈，曾三次中断天官之职，到司马谈重续祖业。他立志重振天官，着手搜集编写一部史无前例的中国通史。公元前110年，弥留之际嘱托儿子司马迁："余先周室之太史也。自上世尝显功名于虞、夏，典天官事。后世中衰，绝于予乎？汝复为太史，则续吾祖矣……余为太史而弗论载，废天下之史文，余甚惧焉，汝其念哉!"司马迁坚定地表示:"小子不敏,请悉论先人所次旧闻,弗敢阙。"(《史记·太史公自序》)三年后司马迁继承太史令一职,他铭记父亲遗言,不遗余力地创作了《史记》这部伟大的著作。

一部《史记》,凝结着司马迁的血与泪、悲愤与激情,浸透着他的爱恨情仇、喜怒哀乐,字里行间散发着思想与智慧之光。它堪称中国唯一一部具有反思与批判意识的史学巨著,也是中国第一部充满哲理的不朽作品。

天才司马迁用如椽之笔,塑造了多少个鲜活的英雄形象。他借伯夷叔齐之口,唱出了那首反暴力、争自由的民歌:"以暴易暴兮,不知其非矣……"。他又借陈胜之口,发出了"王侯将相宁有种乎"的呐喊,这划破时空的千古绝唱,激励着多少农民英雄揭竿而起反对暴政。他还借项羽"彼可取而代之"的壮志雄心,发出蔑视专制皇权的心声,这一句句、一声声源自民族灵魂深处秉笔直史的深刻洞见,至今仍闪耀着智慧之光。

再看司马迁对真、善、美的讴歌。他以独到的视觉,饱满的笔墨,塑造了屈原宁愿投江赴死,也不愿与腐败的官僚集团同流合污、苟且偷生的光辉形象。他满腔热忱地赞美了伯夷叔齐兄弟,宁愿饿

司马陵园　李国庆 摄影

死首阳山,决不食周粟的独立人格。他无限深情地赞美了齐国太史简,宁为一句真言,兄弟三人英勇献身。他又动情地述说了晋太史董狐不畏强权,直书不讳的良史形象。他们讲真话、捍卫真理的大无畏精神具有永恒的意义。

总之,《史记》不失为人类精神宝库中的天才之作。司马迁坎坷而悲壮、短暂而传奇的一生,显示了个体生命内在的精神力量,彰显了一个古老家族神奇的精神魅力。司马迁那永不屈服的灵魂,逆境中拼搏的精神,必将激励千百万学子,向着光明奋力前行。

七
韩城三庙

[行知提示]

从司马迁祠墓北行12千米,到韩城老城区。国家级历史文化名城——韩城古城位于此处。

韩城老城区　刘玉虎 摄影

◇ 韩城文庙、韩城城隍庙、东营庙简介

韩城古城囊括以元代建筑为主，兼有宋、明、清等各代古建风格的众多单体建筑，形成布局严整、大气恢宏的古建筑群落。其中尤以古城区东端的韩城三庙（文庙、城隍庙、东营庙）最具特色。

韩城文庙大成殿　李文泽 摄影

●韩城文庙

韩城文庙是明清祭祀孔子的庙宇。据载,庙始建年代较早,金正大年间(1224~1231)曾予整修与扩建,元代修葺;明洪武四年(1371),知县周吉成在元代旧址上重建,天顺、成化、万历和清康熙、乾隆、道光年间曾多次重修、增建,遂成今日规模。

庙院坐北朝南,南北长180米,东西宽80米,占地面积14 400平方米。庙院四进,沿中轴线自南而北依次为琉璃五龙壁、棂星门、泮池、戟门、大成殿、明伦堂、尊经阁;两侧有东西木牌楼、东西庑、东西附院及碑亭、碑廊等,共有建筑22座,计80余间。另存明清"重修学宫碑""重修庙学碑""重修儒学碑""重修文庙碑"等10余通。为陕西省现存最完整的文庙建筑群,1984年辟为韩城博物馆,现藏历代文物5300余件。2001年6月,成为第五批全国重点文物保护单位。

桂子谒韩城文庙,有诗曰:

贤关圣域引儒童,
古柏千年指半空。

韩城城隍庙内景　李文泽　摄影

壁上五龙鲤戏浪，
宫墙万仞气如虹。

● 韩城城隍庙

韩城城隍庙是明清祭祀城隍神的庙宇。与东营庙和文庙毗邻。据明万历本《韩城县志》、庙碑和梁枋墨题记载，城隍庙始建于明隆庆五年（1571），万历五年（1577）、十八年（1590）、四十年（1612）、四十四年（1616）及清康熙三十六年（1697）增修、扩建，道光年间（1821～1850）修葺。占地面积约1.5万平方米，坐北朝南，由三进院落组成。

沿中轴线自南而北依次为琉璃六龙壁、壁屏门、山门、扶化坊、威明门、广荐殿、明禋亭（遗址）、德馨殿（前殿）、灵佑殿（正殿）、含光殿（寝殿）；两侧有对峙木牌坊、戏楼（东楼已毁）及东、西两庑。建筑形制古朴。城隍庙殿宇虽经后世翻修，仍保留了明代建筑特征及一些地方手法。现存明万历十八年"韩城城隍庙记"碑及清道光年间修庙碑各1通。2001年6月，成为第五批全国重点文物保护单位。

● 东营庙

东营庙是明代祭祀关帝的庙宇。为陕西境内仅存的两处"营庙"建筑之一。据考证，元朝时期韩城驻军设有东、南、西、北、中之五营，每一营均设有关帝庙，简称营庙，以祭祈武圣关公保佑城池安全，这种祀庙建筑格局沿用至明清时期。据有关方志和碑记载，韩城东营庙建于明万历三十八年（1610），清康熙二十年（1681）重修，道光十二年（1832）移建寝殿、享殿、戏楼，并修理庙内众神殿，使庙貌改观，为之一新。

东营庙塑像　书盒 摄影

　　庙宇主体坐东向西，占地面积2 805平方米，呈不规则布局。庙南半部自西向东排列有山门、过殿、献殿、寝殿；北半部西侧为三公祠，呈坐北朝南的格局。现存明、清碑石4通，其中道光二十二年"金汤社明德会续德会移建东营殿宇碑记"较为珍贵。

八
梁带村遗址、刘家洼遗址

[行知提示]

出韩城老城区北行11千米至韩城市东北昝村镇,路右有梁带村。梁带村地处黄河西岸二级台地,地势平坦,土地肥沃,这里有西周晚期至春秋早期古芮国全盛时期贵族的墓地。由梁带村沿京昆高速西行80余千米,到澄城县的刘家洼村,这里是古芮国晚期的都邑遗址。

梁带村芮国遗址　申威隆 摄影

◇ 梁带村遗址、刘家洼遗址简介

● 梁带村遗址

梁带村遗址以发现保存完好的西周晚期至春秋早期的芮国贵族墓地而闻名于世,其考古成果纠正了以往关于芮国历史的认识,为研究周代的封国历史、礼乐制度、丧葬习俗、琢玉工艺以及铸铜技术等提供了宝贵资料。被评为 2005 年度"中国考古十大发现",2006 年,被国务院公布为第六批全国重点文物保护单位。

梁带村大墓发掘现场

梁带村大墓出土文物情况

2004年至2009年，考古勘探共发现两周时期墓葬1300余座、车马坑64座。其中诸侯级大型墓葬7座、士大夫级中型墓100余座，一般平民墓1100余座。经过前后三次大规模发掘共清理出铜、金、铁、玉、石、漆木器等各类珍贵文物万余件，其中许多精品为国内首次发现，皆有极高的研究和观赏价值。诸如首次见到的两周之际的金剑鞘、三角形两面刃有銎戈，目前国内年代最早的青铜錞于，国内等级最高的梯形牌饰、七璜连珠玉组佩，国内年代最早的漆木建鼓，等等。

梯形牌玉组佩

七璜连珠玉组佩

另外,一座"甲"字型大墓的椁室四角发现四个木俑,均高约 80 厘米,都面对着墓室棺椁。这种造型独特的人形木俑出现在随葬品中,在我国考古界尚属首次发现。

梁带村"甲"字型大墓出土木俑　刘玉虎 摄影

用俑陪葬是中国古代墓葬制度改革的一项重大变革,殷商时期普遍流行使用活人殉葬,到了西周时期,随着文明进步,人的社会价值提升,殉人现象逐步减少,春秋以后基本绝迹,开始改用木俑或陶俑代替活人。在梁带村遗址发现的木俑比秦始皇陵兵马俑早500多年,是迄今为止我国发现最早的殉葬木俑。

更为奇特的是,梁带村遗址出土了辽河一带5000年前的红山文化礼玉典型——玉猪龙,玉料为辽宁岫岩玉,土褐色,通体抛光,有沁色,整体呈"C"形。这是我国目前发现出土地点最为偏南的玉猪龙,是黄河流域发现体量最大的红山文化玉猪龙。

梁带村出土玉猪龙

红山文化主要分布在内蒙古东南部、辽宁西南部和河北北部,何以属于辽河一带5000年前的红山文化典型器物,会跨越万里出现在黄河之畔、距今才有2800多年的芮国国君夫人的墓葬中?这到底是战争的战利品,还是黄河流域和辽河流域早在几千年前就有了经济和文化交流?成为千古不解之谜。

韩城梁带村芮国遗址博物馆内景

韩城梁带村芮国遗址博物馆于2018年2月14日正式开放,对外展出青铜器、金器、玉器等798件珍贵文物。博物馆通过对梁带村出土文物镂空方盒进行简化提炼,融合现代化元素,为我们展现了一座传统与现代相结合的大型博物馆。博物馆共分为上下两层,展览以考古成果为核心,以"古芮寻微 故国韶光"为主题,从不同的角度,通过文物展陈和还原历史等手段,再现考古发掘现场和芮国传奇。

桂子过游梁带村,有诗赞曰:

芮国寻踪
探秘两周梁带村,
千年古芮掩晨昏。
邦畿重地风云史,
歌舞传奇祭芳魂。

●刘家洼遗址

刘家洼遗址为春秋时期芮国后期都邑遗址。位于澄城县王庄镇刘家洼村西,南距县城 20 余千米,北距黄龙山约 10 千米,北洛河的二级支流鲁家河由北向南从遗址中部穿过。该遗址的发现填补了芮国后期历史的空白,2019 年 10 月,被公布为第八批全国重点文物保护单位。

刘家洼遗址作为芮国曾经重要的都邑之一,地处古代交通要冲秦晋争锋之地,战略位置十分关键。遗址总面积近3平方公里,勘查发现了10余万平方米的封闭区域。迄今已发现规模不等的墓葬200余座,其中包括两座高等级国君大墓,墓地出土了芮公、芮定公、芮太子白等铭文铜器。

刘家洼墓地范围示意图

遗址布局和功能完备,包括诸如城址、大面积夯土基址、壕沟等高等级建筑,其内发现有铸铜陶范及制陶等手工业遗存。春秋时期诸侯级墓葬的乐器组合基本是一墓只有一套青铜编钟和石编磬。刘家洼的大型墓的乐器组合则出现一墓有两套青铜编钟和石编磬,这一现象是同时期最早的例证。刘家洼的大型墓葬还配有多件漆木建鼓、铜钲、陶埙等,是目前所知春秋早期墓葬出土乐悬制度中的最高级别。出土的石编磬可以演奏五声音阶,音高准确,音色清脆悦耳,堪称绝世珍品,为我国古代乐器发展史和音乐考古的研究提供了极其重要的资料。

在周文化占主体的墓地陪葬品中,还有少量典型的器具具有北方草原文化及来自西部地域的文化的特征,这些不同遗存的发现,表明周代的封国与周边很早就开始进行广泛的交流与影响。

桂子过游,有诗曰:

芮国怀古
皇天后土若浮云,
芮国犹存古墓群。
金玉交辉成旧迹,
遗文记史说人君。

● 王子今

1 芮姜与芮伯万的故事

梁带村芮国墓地的重要发现，丰富了我们有关芮国历史进程与文化水准的知识，也充实了我们对春秋时期秦国向东发展的路径和态势的认识。有的艺术作品编织了围绕芮姜行政与亲情的凄婉故事，其中重要情节涉及芮国与秦国的关系。澄清相关误见，有必要介绍真实的历史。

《左传·桓公三年》记载："芮伯万之母芮姜，恶芮伯之多宠人也，故逐之，出居于魏。"《左传·桓公四年》又写道："秋，秦师侵芮，败焉。小之也。

韩城历史舞台剧《芮姜传奇》剧照　　刘玉虎　摄影

冬，王师秦师围魏，执芮伯以归。"说芮伯万"多宠人"，在情爱方面多所放纵，竟为其母亲芮姜所不容。芮姜以强势权力驱逐芮伯万，迫使其避居魏国。需要说明的是，"芮伯万""芮伯"的称谓告诉我们，他当时已经是在位的芮国国君。

宋王应麟《诗地理考》卷六"与秦晋邻国日见侵削"条写道："《左传·桓公三年》：'芮伯万出居于魏。'"《左传·桓公四年》："王师秦师围魏，执芮伯以归。"正确地指出，芮国的这一变故，是导致秦国"侵削"的重要原因。

明何楷《诗经世本古义》卷二〇认为，《诗·魏风》中的《葛屦》一篇，是批评芮姜的诗作："《葛屦》，刺芮姜也。芮伯万之母芮姜，恶芮伯之多宠人也，逐之，出居于魏。其宠人作此。"又写道："芮姜事见《左传·桓三年》及《四年》：'秋，秦师侵芮，败焉。小之也。冬，王师秦师围魏，执芮伯以归。'《竹书》亦载周桓王十一年，芮伯万出奔魏。十二年，王师秦师围魏，取芮伯万而束之。其事与《左传》合。"芮伯之多内宠，固可非。而其母至逐之，出居于魏，以致身被执而国几灭，则已甚矣。此诗疑宠人所作。因芮伯居魏，故系之《魏风》。芮、魏接壤。《水经注》谓："河水自河北城南，东径芮城。"又引钟惺云："芮姜恶芮伯之多内宠，逐之。妇人之妒如此。隋独孤后见群臣有媵妾者，辄言于上，黜之。恶其子勇多内宠，废之。至死代。人行妒，真造化戾气也。"认为芮姜驱逐芮伯万，是"已甚矣"，即处置过度。进行心理分析，认为可以归结于"妇人之妒""造化戾气"。

《诗·魏风·葛屦》的辞句是："纠纠葛屦，可以履霜。掺掺女手，可以缝裳。要之襋之，好人服之。好人提提，宛然左辟。佩其象揥，维是褊心，是以为刺。"何楷写道："'葛屦''履霜'，指芮伯也。意芮伯以夏时被逐，至秋冬犹未得归，故着葛屦而履霜于中野，见其凄凉之状也。""时芮伯出亡在魏，故此所宠之内人为之缝裳，因治其衣之腰领，而寄使服之也。"所谓"左辟""褊心"，都是指责芮姜。又说："圣人所以录此诗者，见父母之教子，自有其道。如芮姜之于芮伯，但节其女宠可也，身为国君，而逐之于外，谓宗祀何？至使秦师见侵，魏国被围，皆芮姜一逐，阶之为厉，妇人无识，祸及国家，遂至于此，可畏哉！"

清王夫之《尚书稗疏》卷四下《顾命》"芮"条写道："……至春秋时国尚存。芮伯万为母所逐，而秦并之。今平阳府芮城县其地也。"王夫之认为被秦国所"并"的芮国在今山西省。这应当与历史真实并不符合。不过,芮国确实曾经在河东发展。这一诸侯国的空间位置,"三十年河东,三十年河西",从一个特殊的侧面,体现了当时黄河两岸交通的便利。

张占民

2 尘封的芮国
——梁带村惊世发现

梁带村芮国墓葬遗址位于韩城东北 7 千米黄河右岸的梁带村村北。2004 年秋季，其因盗墓者盗掘而被发现。经全面考古发掘，证实梁带村古墓群是一处芮国贵族公共墓地，该发现获 2005 年度"全国十大考古发现"。那么，梁带村古墓究竟有哪些重大考古发现呢？

一、梁带村墓葬遗址七大发现

梁带村芮国贵族墓地见证了芮国一段鲜为人知的历史。尤其是梁带村国君及夫人墓的发现意义非凡，其出土文物之丰富、造型之精美、数量之多、规格之高，出乎学界的预料。

1.青铜器铭文。考古学常识告诉人们，一般而言，墓道越多级别越高：天子四条墓道"亚"字型；诸侯两条墓道"中"字型；贵族一条墓道"甲"字型。

2005年考古人员发掘的M27号墓,正是两条墓道的"中"字型。该墓出土七鼎六簋,其中一套簋上发现"芮公作为旅簋"铭文,显然墓主为芮国一代君主。巧合的是相邻的M26也是一座高等级大墓,且墓主为女性,专家判断该墓为国君夫人墓。墓中一件仲姜簋盖内发现"恒公"字样铭文,由此推断M27的墓主是芮恒公。这一发现确认了梁带村古墓国别、时代、性质等问题。此外还发现大、中、小型墓葬一千三百余座,时代均为西周至春秋中晚期。足见梁带村墓地为芮国国君及贵族公共墓地,这一发现

梁带村遗址出土刻有铭文的青铜簋

证实芮国就在韩城。

2.玉器。梁带村古墓出土玉器之多、工艺之精湛、形制之完整、规格之高前所未有。不仅有红山文化的玉猪,而且发掘出更多的玉龙、玉玦、玉璧、玉串饰等玉器。其中尤为精美的首推七璜联珠组佩,它由七件玉璜、一件龙纹玉佩和二百四十九颗玛瑙珠串联而成,国君夫人墓一件相似的组佩则由五百余颗玛瑙珠串联而成。耐人寻味的是七件玉璜里有的为商代玉龙改制而成,有的是西周龙纹玉璜、凤纹玉璜,还有一件新石器时代玉璜。至于这种旧物翻新,是春秋早期贵族审美意识的变化?还是原料短缺或其他原因?尚不得而知。这件玉组佩代表了当时的手工业水平。试想在没有机械的条件下,那些无名工匠们如何创作一件件超薄的龙凤纹饰,那一颗颗玛瑙上细似线绳的钻孔,实在不可思议。如此之多的玉器,与周人对玉的迷信有关,考古学人孙庆伟先生认为:"周人视玉为精物,也就是蕴含精气丰富的物质,所以用玉随葬就可以起到强健死者之魂魄的功效。"

3.木俑。中国最早的木俑惊现梁带村。孔子有言"始作俑者,其无后乎。"其实这是逆历史潮流之见。俑殉代替人殉是历史的一大进步。秦国于秦献公元年（前384）"止从死"，才废除了人殉制度。早在西周时期芮国便实施了俑殉这一重大改革。梁带村一座西周"甲"字型大墓二层台四角上，发现四个对称站立的木俑，这是中国考古发现最早的木俑。表明在西周人殉盛行时代芮国的文明进步，这个少有历史记载的小国已率先实施俑殉，它比兵马俑早了五百多年。俑殉替代人殉堪称中国丧葬制度首开风气的一次伟大改革。

4. 礼乐器。梁带村古墓发现了一套已知时代最早的组合完整的礼乐器。它由八件编钟、十件编磬及小鼓、建鼓、錞于和钲组合而成。以往学界认为錞于、建鼓乃军乐，而梁带村錞于等乐器的发现，表明此类乐器最早属于礼乐，之后方演变为军乐。总之，梁带村完整礼乐器的出土比曾侯乙墓早了三百余年。据方建军先生研究，"这便是当时诸侯国礼乐演奏曾经存在的编制之一。不难想见，这样的乐队应该可以营造出钟鼓齐鸣、金声玉振的音响效果。"（王炜林、陈燮君主编《梁带村里的墓葬——一份公共考古学报告》，北京大学出版社，2012年）

5. 金器。梁带村四十余件金器的出土，创同期大墓之最。其中引人注目的首推金剑鞘，它全长18.7厘米，整体镂空，锋部呈三角形。正面三组纹饰，每组四条变体龙纹，背面有镂空方格和三角形纹饰。剑鞘两侧呈圆弧形，极为精美。两件小金龙也不逊色，器身呈圆柱状半环形，头端略大，外缘面饰凸兽面，兽角上耸内卷，眼球突出，工艺精湛，造型生动。另有制作精致的三角形金牌饰两件，上部中央均有一个突出的兽首。这批工艺精湛、具有草原文化特征的金器，为研究中原与北方草原文化交流提供了实物例证。

6. 中国最早的化妆品。据陕西省考古研究院孙秉军先生介绍，在梁带村一处春秋时代男性贵族墓出土的微型铜容器内发现了一种白色残留物（6克左右）。经中国科学院大学人文学院考古学与人类学系杨益民教授课题组综合研究分析，证实该白色残留物为当时的美白化妆品——"人造铅白"，由牛脂作为基质混合一种水碳酸钙颗粒。这既是中国迄今最早的男性化妆品，也是中国已知最早的面脂，比《齐民要术》记载的要早得多，从而将中国先民制作面脂的历史提前了1000多年。在另一座西周晚期女性墓葬遗址中也发现类似的白色残留物，表明在当年，贵族阶层中有意识地追求"美白"，并可通过人工合成方式制作化妆品，以求美容。后来在刘家洼遗址中也发现了种类不同的化妆品，可见芮国贵族生活方式之讲究。

7. 木棺架。梁带村古墓木棺架的发现填补了西周考古空白。据《梁带村芮国墓地——2007年度发掘报告》介绍:"M502、M586两墓的清理中,在外棺四周发现残朽的立木痕迹,还见个别残留木柱涂抹朱砂的红色,结果证实均有两纵三横的圆木与立柱构成的木架,以置棺木,应为专设的棺架。这在过去的考古中从未发现,古文献中也缺少相关的记载,但其明确了周代部分较大墓确实使用过棺架这类设施,为认识周代的棺椁制度提供了新资料。"梁带村木棺架的发现,为研究西周丧葬制度提供了珍贵的实物资料。

二、芮国由盛而衰的历史启示

历史是一面镜子,鉴人知成败,读史识兴衰。千年的古芮国为何消失在历史长河中,司马迁《史记·秦本纪》仅有三条记载:

> 秦德公元年(677),梁伯、芮伯来朝。
> 秦成公元年(663),梁伯、芮伯来朝。
> 秦穆公二十年(前640),秦灭梁、芮。

芮国相关遗址示意图

十余年间,梁伯、芮伯两次来朝秦国,表明两国与秦国关系和谐,可短短二十余年梁、芮同时被秦所灭。梁国都城在今韩城市南2.5公里,即东少梁与西少梁村。可芮国在何处?从《史记》记载梁、芮国君同时拜访秦德公、秦成公,又同时被灭,表明两国相距不远。众所周知，梁国因过度筑城而亡，而芮国又是因何而亡？

芮国之所以被晚起的秦国所灭，从梁带村、刘家洼考古发现不难窥见其端倪。

笔者以为，首先在于秦、芮两国国策有别。秦国自公元前770年受封之后，一贯坚持奖励耕战、向东扩张之策略，国君及贵族有明确的战略目标。作为周王室封国的芮国，国君们缺少竞争与进取心，崇尚礼乐文化，偏重于手工业。如芮国国君墓大量玉器、金器等器物，大多源于芮国手工业作坊。

其次，秦国十分重视军队的建设。自商鞅变法实施二十等军功爵，重赏重罚极大地提高了秦军战斗力，"虎狼之师"名闻天下。《左传·桓公九年》云："秋，虢仲、芮伯、梁伯、荀侯、贾伯伐曲沃。"记载了芮国曾参与以虢国为首的伐曲沃之军事行动。鲁桓公九年，时当公元前703年。表明春秋早期，芮国尚有一支初具规模的军队，可二十余年后便为秦所灭。

如果比较一下梁带村、刘家洼的芮国国君墓与凤翔秦公大墓出土之文物，梁带村国君墓礼乐之器、玉器、木器、金器等数量惊人；刘家洼大墓居然发现两套石磬、两套青铜编钟，有专家以为它代表当时乐器陪葬最高规格，笔者以为这是芮国国君偏爱礼乐文化的佐证。然而凤翔秦公大墓，除墓室规模较大，棺椁讲究之外，陪葬品的质体、数量远逊色于芮国国君墓。后者陪葬从简，前者丰富而近乎奢侈。对于盛衰之势，陈毅将军"成由谦逊败由奢"的诗句便是最好的注脚。

另外一个值得关注的现象是，按照芮国传统，似乎国君夫人地位较高。梁带村芮公夫人墓出土的玉组佩，同样为七璜，玛瑙数量甚至多于桓公玉组佩，足见夫人之地位。相反，凤翔秦公陵园多为王公墓，秦国除才华出众的宣太后之外，几乎找不到一个国君的夫人大名。然而事物总是相辅相成，重视夫人地位容易导致夫人及外戚干政的悲剧，如汉代吕后、北魏冯后和胡后等。这一现象当引起史学同仁的关注。

总之，上述因素或许是芮国灭亡的根源所在。

（本文写作得到王小蒙女士、孙秉军先生帮助，一并致谢）

张占民

3 刘家洼遗址
—— 芮国考古新发现

澄城县刘家洼,一座渭北高原上不显眼的村庄,在 2017 年因重大考古发现上了网络词条热搜榜。它是继韩城梁带村以后,关于古芮国考古的又一重大发现。刘家洼遗址到底隐藏着哪些鲜为人知的秘密?

一、刘家洼遗址的五大亮点

1. 宏大的春秋早中期都邑遗址。刘家洼遗址东西长约 2000 米、南北宽约 1500 米,总面积近 3 平方公里,约相当于 300 个足球场的面积。发掘表明,遗址西、南、北三面以自然冲沟为界,西北角有一段长约 300 米的人工壕沟与冲沟相接。遗址东面有一条长约 1500 米的南北向人工壕沟与外界相隔,从而形成一个几近封闭的大型遗址区。遗址内分布居住区、墓葬区、高台建筑区及手工业作坊区等,尤其重要的是遗址东区发现了芮国城址建筑遗址。城址南、北、东三面可见夯土墙基，西侧为鲁家河河道，从而形成一个半封闭的不规则城区。它东西长500米、南北宽200米，面积约10万平方米。主持发掘的陕西省考古研究院种建荣、孙战伟先生认为："刘家洼遗址应是春秋早中期芮国一处都邑性遗址。"（见《考古》2019年第7期）如此规模宏大的都邑遗址发现为研究芮国晚期历史提供了第一手资料。另外发掘者认为，刘家洼遗址与梁带村遗址最多相差不足20年，但如此宏大的都邑建筑显然不是二三十年建成的，那么两处遗址是承继关系还是某阶段的并存关系，值得进一步探讨。

2. 再现芮国国君墓群。刘家洼遗址目前发现220余座墓葬，其中规格最高的四座大墓，M1、M2均为两条墓道的"中"字型墓，M3为方圹竖穴墓。其中M2不仅出土大小依次排列的七件列鼎，而且发现了芮公铭文。据种建荣先生介绍："M2木椁东北角建筑铜柱套上刻'芮公作器'铭文，下压的一件铜戈上亦有'芮行人'铭文。"之后M27也发现两件铜鬲口沿上铸有"芮太子白"铭文。M3还发现芮定公铜器铭文。由此专家判断"M2墓主应为春秋早中期芮国的一位国君。M1由于被盗严重，虽未出铭文铜器，但依据墓葬规模、出土随葬品及大量兵器判断，墓主也应是一位芮国国君。M3发现两件芮公铭文铜鼎，该墓规模仅次于M1、M2两座"中"字型大墓，未见任何兵器，且该墓距M2仅4米，故推测M3的墓主有可能是女性，或为M2墓主芮公的夫人。"（见《考古》2019年第7期）刘家洼国君及夫人墓的发现填补了芮国历史考古空白。

刘家洼出土的两件铜鬲口沿上铸有"芮太子白"等铭文

3.乐器组合。梁带村大墓礼乐器以时代早、组合完整而著称，刘家洼大墓乐器组合更具特色。如M1大墓出土两套铜编钟，一组八件，大小依次排列；另一组残存两件，专家推断当年应为八件，石编磬也出土两套，每套五件共十件，保存完整。此外还发现多件漆木建鼓、铜钲、陶埙等乐器。两套乐器组合是迄今为止考古史上唯一发现，为先秦音乐考古研究提供了珍贵的实物资料。更令人惊叹的是经音乐家测试，2600年前的编钟、石磬依然音节精准、声调各异，仍能奏出音色优美、悦耳动听的古乐。足见先民在乐器制造领域的智慧与创新，以及在音乐文化方面的杰出成就。

刘家洼M1大墓出土编钟

刘家洼M2大墓出土石磬

4. 金权杖等金器。刘家洼遗址出土金虎、金耳环、金手镯等具有北方草原文化特色的文物，尤其M2大墓出土一件关中地区从未见过的金权杖。杖全长1.4米，下有铜樽，杖头为螭鸥纹的金质球形，极为精美。有人将它与古代赐杖于老人的传统划等号，其实这是两码事。诚然，《礼记·月令》有记载："每年仲秋之月，'养衰老授几杖……'。"表明西周就有敬老习俗。据朱启新先生考证："几是凭几，供老人休憩凭靠之用；杖是拄杖，供老人行走稳步之需。"（朱启新《文物物语》，中华书局，2006年）

刘家洼出土金权杖

刘家洼 M1 大墓出土金虎

这是古代最早有关授几杖的文字,所赐之杖为拄杖。与此不同的是,刘家洼大墓金权杖是草原民族特有之物,也代表着一个人的身份地位。握在当权者手中的为权杖,平民使用的只能称之为手杖或拄杖,它压根与权字无关。总之,金权杖等金器的出土,为研究春秋中期中原文化与草原文化的交流融合提供了极其珍贵的实物资料。

5. 最早的木榻。说起榻自然想起"卧榻之侧岂容他人鼾睡"的成语,还有今天仍在使用的下榻某某酒店等用语,其实早在先秦时期榻与床是同一概念。《说文解字》曰:"榻,床也。""床安身之坐者",说明榻也可以称床。床原本是坐卧之具,战国以来有着坐卧一体之功能,坐与卧分开是汉代以后的事，从而形成了床与榻之区别。床之功能开始有明确规定。据赵农先生研究："东汉时人们认为，长八尺（约192厘米）的为'床'，是卧具，称为眠床；而长三尺五寸（约合84厘米）的是'榻版'，为坐具，也称'枰'"。（赵农《中国艺术设计史》，高等教育出版社，2009年）榻也称小床，比较低，便于人们脱鞋跽坐。既可以合坐，也可以独坐，独坐之榻称为"独榻"，以示礼节上的尊重。之前最早的榻是发现于河南郸城西汉晚期墓中的坐榻，为石质明器。刘家洼M3大墓出土一件三栏木床，并且四角装有青铜角饰，它的发现将中国床榻的使用历史提前了八百余年，是目前已知最早的木榻。

二、废墟前的反思

刘家洼遗址是芮国末期政治经济文化中心，它与梁带村遗址的时代前后相连，两处遗址展示了一个真实的芮国。一个古老的诸侯国为何迅速走向毁灭？其中两大考古现象值得思考。

1.人殉制度革新的反复性问题。纵观中国历史，大凡改革，失败者多而成功者鲜，即使成功的改革也时常出现反复。如秦国的郡县制改革，楚霸王弃郡县，重设分封制。西汉早期则实行分封与郡县并行国策，文景之治七十年才完成政治制度转型。芮国的人殉制度也经历了肯定、否定的怪圈。梁带村疑似芮国国君墓的M520大墓，首次发现四件木俑从葬。同时梁带村墓地未发现一例人殉现象。表明芮国从西周中晚期至春秋早期已废除野蛮的人殉制度。而文化落后的秦国首位实行人殉的是秦武公（前667），死后"从殉者六十多人"。称霸西戎的秦穆公则将残酷的人殉制度发展到了登峰造极的地步。他死后从死者多达177人，甚至秦之良臣子舆氏三人名曰奄息、仲行、钺虎亦在从死之列。此事引起秦人强烈反响，秦人哀之，"为作歌《黄鸟》之诗"（《史记·秦本纪》）。直到战国中期的秦献公实行"止从死"，明确废除秦国人殉制度。然而令人诧异的是刘家洼大墓首次发现芮国人殉现象，如M3大墓二层台上发现殉人八具，且均为年轻女性。这一现象表明末代芮国国君夫人墓又恢复了早已废除的人殉制度。改革的复杂性、艰巨性由此可见一斑。

2. 厚葬亡国。当我读完《吕氏春秋》，曾假设如果秦始皇遵循仲父吕不韦的既定国策，安抚百姓，发展经济，实施薄葬，不至于统一后短短十余年即崩溃而亡。秦之速亡其中大修陵墓乃一大诱因。"事死如事生"的思想观念影响了多少国君贵族,人们看到曾侯乙墓、中山王墓、秦始皇陵、马王堆汉墓、广州汉墓、海昏侯墓等似乎在竞赛,看谁的陵墓规模大,比谁的陪葬品多。不起眼的芮国国君墓规模也不甘落后。可问题是芮国统治者从梁带村退缩至刘家洼之后,仍然不反思进取、励精图治、富国强兵,而是集中有限的人力、物力,再造了一个规模可观的都邑,国君墓竟然带进两套礼乐器,如此穷折腾焉能不亡!

(本文得到种建荣、孙战伟、杨承军先生帮助,部分图片由刘家洼考古队提供,一并致谢)

九 党家村

---[行知提示]---

从韩城梁带村遗址博物馆北行5千米至韩城市西庄镇,即到党家村。

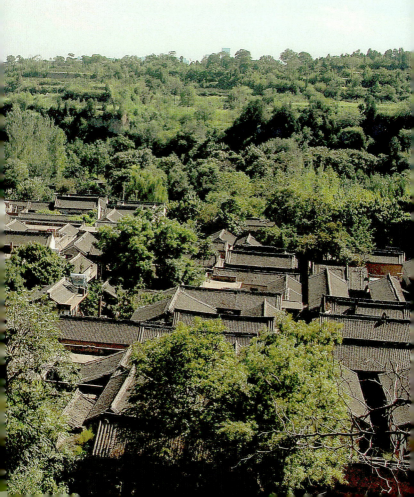

党家村全貌 刘玉虎 摄影

◇ 党家村简介

党家村东临黄河，西接沿黄观光公路，地处南北为塬、东西走向呈"宝葫芦"状的狭长沟谷之中，依塬傍水，避风向阳。党家村有村、寨之分，村低寨高。

清咸丰元年（1851），因社会动荡，村中富绅集资购地，在村北塬上就势兴建寨堡，历三年告竣，名泌阳堡（临"泌水"得名），俗称上寨，又名党家村寨子；村寨之间修有暗道相通。

党家村与泌阳堡　刘玉虎 摄影

村中一条大巷为主巷道,贯穿东西。宽3米左右,两端设有哨门,东书"日月升恒",西书"泌水长流"。次巷道宽1.5~2米。巷道一律条石铺墁,中低侧高,略呈凹槽形,行走、排水两利。党家村巷道共14条,巷道长短、宽窄有别,主次分明,曲直有序。村内门、巷相互错开,无十字街,巷不对巷,门不对门。

门楼是党家村的一大特色,俗称"走马门楼",外置上马石、拴马桩,个别还立有幡杆;两山墀头饰博古、福禄、八卦、人物、禽兽及花卉砖雕;楼两侧墙绘制装饰画,或镌刻治家格言及诗文;门额题字内容多为光耀门第、祥福、箴铭之类。作为"门面",走马门楼高大气派,体现了主人的身份、地位。

党家村巷道 刘玉虎 摄影

党家村四合院内景 闫军平 摄影

党家村四合院现存完好者125院。宅院一般呈长方形，由门房（门楼）、照壁、厅房和左右厢房组成。多为独院，个别重院分前院、中院、后院。有的重院贵贱有别，前院为仆人所居，后院是主人住处。建筑多为两层，上储下宿，砖木结构。厅房高大，门房次之，与照壁合称"三脊"，意谓"连升三级"。

党家村党族祖祠　石春兰 摄影

党家村祠堂，原有12处，现存4处。党家祖祠始建于清康熙三十八年（1699），坐北朝南，由祠门、厅堂和东西厢房组成。贾家祖祠始建于康熙四十九年（1710），坐西向东。另两座祠堂均在上寨。党家村素以重教闻名，明清两代出进士、举人5名，秀才44名。清进士党蒙，入翰林，历刑部，累官至云南临安知府，其家宅门额书"太史第"。

党家村看家楼、节孝碑楼　石春兰　摄影

看家楼，位于村落中央，属防御设施的瞭望楼。方形三层砖结构，通高14.5米，设砖券拱形门、圆窗、方窗、槛窗、六棱窗。另设4排12龛，内置神像。登高可瞭望全村，东南与文星塔相峙。

节孝碑楼，砖结构，面阔1.6米，进深1.6米，高10.6米，成仿木结构殿堂的悬山顶。楼身雕出斗栱、额枋、山花、漏窗、楹联等，砖雕玲珑剔透。内嵌青石碑，额题"皇清"，正中刻"旌表敕赠徵仕郎党伟烈之妻牛孺人节孝碑"。

文星塔,又名"文星阁",为党家村的标志塔。六角六层楼阁式砖塔,通高约28米,基座方形。塔身底层辟门,以上各层每面错位辟券门和圆窗、六棱窗,塔顶六角攒尖,砖雕莲座托宝珠式塔刹。塔内设木梯可登临。底层门前有木构小亭。

党家村为明清时期陕西韩城地区村落和民宅的典型,集中国传统村落文化于一体,布局错落有致,建筑工艺精良,风貌古朴典雅,具有较高的历史、艺术、民俗等方面的研究和观赏价值,被国内专家誉为"民居瑰宝",西方学者称之为"东方人类古代传统居住村寨的活化石"。

桂子过游,有诗赞曰:

民居瑰宝
春喧桃李党家村,
深巷民居大宅门。
淳朴乡风传久远,
儿孙耕读报慈恩。

党家村文星塔　刘玉虎 摄影

张占民

1 韩城方言的文化信息

汉字是中华文化的载体,涵盖了华夏先民们的智慧与创意,其中有原汁原味的文化信息,是我们了解与认知古老文化的重要途径之一。依附于汉字有着众多的中国方言,中国各地的方言既有地域的独特性,也有一般共性,实际上都不同程度地保留着汉字雅言的古调遗韵。韩城方言即是最具特色的关中东府方言,它的位置相对显得偏僻,东接山西,北连陕北,西通关中,特殊的地理位置造就了韩城方言的独特性,乡村至今保留着不少鲜活的原生态乡语。现举几个方言实例考释如下,供有识者参考。

一、韩城方言的民俗文化解读

◎ 解不解(xiè)

韩城人读"解"为"懈"(xiè),如问"你解不解?"对方答:"解了"或"不解"。"解不解"与陕北话"害下害不下"是同一个意思。《说文解字》曰:

"解,判也,从刀,判牛角,一曰解廌兽也。""解"本意,用刀剖开牛角,乃解开、晓得的意思,显示造字者的创意。东晋陶潜《搜神后记》有文"能解此,则无忧。"其中的"解"与韩城话"解"(xiè)用法相同。至于读音,查《说文解字》:"佳买切,又户卖切",显然在许慎看来,它是多音字。一曰解(jié)、一曰害(hài)。

有趣的是韩城方言至少保留了四种原始读音。如韩城县北有一解(hài)家村,村里多数人姓解,村南有一铁路大桥称解(hài)家村大桥。韩城北与陕北接壤,解(hài)家村解姓是个古老的姓氏。虽然姓氏、村名、桥名读解(hài),但用法不同于陕北话解(hài)下解(hài)不下。南方读解为(gǎi改),如解放军读"改"放军。有趣的是韩城方言表示动作时也读"解"为"改",如把绳子解(改)下来。还有韩城乡语将锯木头称作"解板"。为何韩城方言保留如此之多的古音,值得探讨。

◎ 端端走

在中国古代,皇帝名字不能叫也不准照常写。今天如果你在韩城问路,韩城人说"端端向前走",意思就是往正前方,不拐弯,就能到那个地方。为何不说正前方？这与秦始皇名字嬴正的"正"避讳相关。《史记》记载，秦代为了避讳，改正月为端月。可见秦人因避讳改正为端。韩城这一方言正是秦皇名字避讳的历史见证。

◎ 敌脑

韩城人对"头"有三种称谓，脑、颡、敌脑。脑、颡先秦文献有记载。"敌脑"不见于古文献，其实敌脑是指敌人的脑袋，韩城话多用于骂人，如："你这颗敌脑值几个钱！""头"称"敌脑"当是秦人赏首功之遗风，《云梦秦简》规定：秦军每次作战杀敌"三十二首级"方为赢，百将与屯长才能受赏。

◎ 穑囚子

韩城人称媳妇为囚子。"囚子"一语不见于其他方言，它是农耕文明与封建意识的产物，是近代以前中国传统农村社会男耕女织，男主外、女主内农民生活的写照。囚子指围在院子里的人。韩城又称"囚子"为"屋里人"，称丈夫为"外前人"，韩城乡语把娶媳妇称"穑（sè）囚子"。《韩城县志·方言志》写作"索囚子"，意娶媳妇，此说误也。查《敦煌变文集》曰"色"，"唐宋间称娶妻为'色媳'",朱正义《关中方言古词论稿》一书认为:"从音译两方面看,色这个词来源于穑,但并不将娶妻写作穑媳。"我以为古代色、穑音同意通。"穑囡子"与"色媳"之称仅有早晚之别,查《说文解字》:穑,穀可收曰穑,从禾啬声,读色。"穑"本义为收割谷物。川语、陕北话至今仍用"穑割了",意将东西收拾完了。可见"穑"含有收与取两层意思。先民造字借用谷物收取引申穑囡子,既合事实又颇具创意。

◎ 咥（diè）

韩城方言,"某某是个咥蒸馍的""某某是个咥爹活手（干大事）""某某把谁咥了一顿"。《广雅·释诂三》:"咥,嘴也。"咥是咬的意思。咥最早见于《易·履》:"履虎尾,不咥人,亨。"引申吃义。马中锡《中山狼传》的"今反欲咥我,是安可不咥"。"咥"均是吃义。口至物为咬,由此还引申出打等相关动词义。

◎ 羞先人

韩城骂人仍用"羞先人""亏先人",意使先人蒙羞。还有"你先人就不是个好东西"。"羞先人"

见于司马迁《报任安书》:"太上不辱先,其次不辱身。"又曰:"仆以口语,遇遭此祸,重为乡党所戮笑,以污辱先人,亦何面目复上父母之丘墓乎。"在司马迁的潜意识中,做人最高准则"不辱先","辱先"乃最大丑行,"污辱先人"莫过于宫刑,死后没脸与先人同葬。韩城话"羞先人"沿用至今。

◎ "人没(mo)了"

说到死这个字,我们的文化基因缺少宗教信仰,所以从皇帝到平民对死亡的自然规律缺乏透彻的认知。尤其秦皇汉武为寻找长生不老神药频频上当,弄出了无数笑话。不仅帝王贵族"恶言死",平民百姓也不喜欢死这一字眼。如韩城方言刻意把人死了说成"人没了""人老了"或"人走了"。"人没了"一语司马迁《报任安书》中有文:"所以隐忍苟活,幽于粪土之中,而不辞者,恨私心有所不尽,鄙没世而文彩不表于后也。"秦汉时期文言用语今在韩城方言仍然沿用。

◎ 慢曰"延"(chān)

韩城方言把性子慢的人称"性子延"。"慢慢走"称"延延走"。我小时候,乡里生产队有头老驴,走起路来慢腾腾,社员起了个外号"老延驴"。查《说文解字》,"延,安步也,延从文从止,丑连切。"其读音、字意皆与韩城方言相符。

◎ 正好曰"刚蔵"(chǎn)

韩城人说正好为"刚蔵"。譬如选配机械零件,如果找到合适的便说"刚蔵"。又如介绍对象,男女年龄合适也说"刚蔵"。"蔵"字最早出现在《左传》一书,"以蔵陈事"。《说文解字》曰:"蔵,丑善切。"读音chǎn。《方言十三》《广雅·释诂二》:"蔵、备也。"此说与韩城方言意思吻合。后来"蔵"字又引申为满意。景尔强研究:"事情办的满意,问题解决的妥帖,如说事情办蔵了,耍操心。"(景尔强:《关中方言词语汇释》,陕西人民出版社,2000年)

◎ "梆子扛"

关中方言形容两人水平、实力相当,常用"帮肩",即不相上下。韩城方言则说"梆子扛"。此语何解,梆子是秦腔乐队的打击乐器之一,是两根长短粗细相当的木棒加工而成,两手各执一棒,相互敲击发出清脆之声。用"梆子扛"形容两人实力相当更形象易懂。

◎ "辙服"

韩城方言"辙服"一语鲜见于其他方言，它形容把事情安排妥了，何谓"辙服"？此语与古代驾车有关。辙指车辙，服当指服马，先秦乃至秦汉时期，四马驾一车，中间两匹驾辕之马称服马，两边的马称骖马，古人用服马驾车，驶入车辙，借以形容一切就位，其意与韩城方言相吻合。

方言是地方语言，以上所举仅是韩城方言之个例，不难发现方言隐藏着丰富的历史文化信息。据朱正义先生研究："吴公子（季）札闻歌秦，谓为夏声。夏则大，故周、召化被南阳南郡间。夏，雅也，夫讵有周之雅言乎？"（朱正义：《关中方言词论稿》，上海古籍出版社，2004年）可见秦音源于夏周之雅言。韩城方言亦应有早期雅言延续的内容。

（本文撰写得到杨春德、孙升老友帮助，特此致谢）

十 黄河龙门、韩城大禹庙

[行知提示]

自党家村出发,行10千米可到大禹庙;沿沿黄观光公路北行近30千米,抵达位于陕西省韩城市与山西省河津市交界的黄河晋陕峡谷出口处的龙门。

黄河龙门三桥并架　刘玉虎 摄影

◇ 黄河龙门、韩城大禹庙简介

●黄河龙门

龙门是黄河的咽喉,其处两岸悬崖峭壁,宽不足40米,相对如门,唯"神龙"可越,故名"龙门"。黄河奔腾至此,破"门"而出,一泻千里,惊涛急浪,汹涌迭起,摄人心魄。

龙门相传为大禹治水所凿,故又称"禹门",其多处景点,均与禹凿龙门相关。归为韩城八景之一的"禹门春浪"即指广为流传的"鲤鱼跳龙门"景象(阳春三月,冰消河开,鲤鱼竞相跳跃)。另有天险石门关、深渊石头城、玉女莲花洞、云中艄公庙、抗日旗语台等景致。

龙门自古为晋、陕交通要隘,是兵家必争之地。公元前645年,秦晋韩城大战,秦从禹门东渡击晋,虏晋惠公。东晋太元年间,姚绪从龙门渡河东讨蒲坂(今永济)。西魏大统三年(537),东魏于龙门造三道浮桥渡河。隋大业十三年(617),唐高

黄河龙门石门关　刘玉虎 摄影

祖李渊从禹门渡黄河取关中。天会五年（1127），金将完颜娄室从龙门西渡取陕西。崇祯十七年（1644），李自成率众经韩城由龙门渡河，推翻了朱明王朝。

千百年来，两岸交通冬季靠冰桥，平时靠木船，十分艰难。1949年9月，在中国人民解放军第一野战军后勤部的支持下，韩城人民政府在黄河禹门渡口架起铁索桥，全长100多米。1972年5月，国家在禹门口建起铁路和公路桥，跨度144米，从此变天堑为通途。并长期作为西（安）侯（马）铁路和108国道必经之地。

历史上，龙门两岸均有大禹庙，现原址有大禹庙遗址纪念亭、大禹庙遗址文物保护单位标志碑等。

龙门两岸的晋、陕大禹庙

刘玉虎 供图

韩城市新城区周原村黄河崖畔上，有建于元代的韩城大禹庙，距龙门8千米。

桂子游龙门，有诗曰：

春潮万里涌龙门，
岩壁千寻凿水痕。
秦晋沧桑存古迹，
双悬日月照晨昏。

● 韩城大禹庙

韩城大禹庙原名大夏禹王庙，始建于元大德五年（1301），明万历七年（1579）重修，清顺治十八年（1661）、乾隆十一年（1746）及二十三年（1758）和咸丰四年（1854）相继修葺。占地面积2 625平方米，坐北朝南，牌坊、山门、献殿和寝殿沿轴线分布，西侧为偏殿。

献殿和寝殿三间，进深四椽，皆为元代遗构，平面均呈长方形。两殿以卷棚搭连，衔接处辟券门。寝殿前檐当心间、次间各辟六扇槅扇门，内设神龛，置彩塑泥像11尊，正中为禹王坐像，高2.15米；神龛内壁绘有唐僧取经、孙悟空收降红孩儿，以及

韩城大禹庙山门　李国庆　供图

郭子仪单骑见回纥、八仙过海、天官赐福等内容的壁画。经鉴定,泥塑、壁画为明万历七年重修时的作品,弥足珍贵。

韩城大禹庙献殿　李国庆　供图

韩城大禹庙孙悟空收降红孩儿壁画　刘玉虎　供图

● 高从宜

1 鲤鱼跳龙门

    黄河龙门,位于韩城市北 30 千米的黄河峡谷出口处。此处两面大山,黄河夹中,河宽不足 40 米,河水奔腾破"门"而出,黄涛滚滚,一泻千里。传说这里就是大禹治水的地方,故又称禹门。黄河流经此地,破山峦而径出,泻千里东南流。《名

山记》载:黄河到此,直下千仞,水浪起伏,如山如沸。龙门相传为大禹治水所凿。广泛流传的"鲤鱼跳龙门"就源出于此。《水经注》(郦道元《水经注校正》102~103页,陈桥驿校正,中华书局,2008年)写道:

> 河水又南得鲤鱼涧,历涧东入,穷溪首便其源也。《尔雅》曰:鱣,鲔也。出巩穴,三月则上渡龙门,得渡为龙矣,否则点额而还。

黄河禹门口(龙门)　周德俊 摄影

从地理角度看，黄河龙门有两大特征：（1）处于黄土高原与关中平原的过渡带，高低落差大。（2）龙门以北，高岩壁立，河流急窄；龙门以南，汾水入河，豁然开阔，黄河宽窄比度大。"鲤鱼跳龙门"出经入典，影响既远且大，理固宜然。不知鲤鱼是否如中华鲟一般，真有"三月则上渡龙门"、逆流溯源产卵的繁衍壮举？《旧唐书·礼仪》多处记载"禁捕鲤鱼"，也源于"鲤鱼跳龙门"的崇高与神圣性吧。

中国以龙门为地名者众多。从历史悠久性看，应该首推《史记》作者司马迁的故乡韩城龙门。《书·禹贡》有"龙门，禹贡雍州之城""雍州东抵少梁西河"的记载。《史记·太史公自序》中，也说到"迁生龙门，耕牧河山之阳"。鲁迅先生对《史记》的评价是"史家之绝唱，无韵之《离骚》"。

这非溢美虚词。事实上，《史记》的内容风格，在"史家绝唱，无韵《离骚》"之外，还应该加上一句："诗的风歌，经的概括"。就以"太史公自序"中的"迁生龙门，耕牧河山之阳"看：仅仅十个字，表达了多少内容！（1）他的家乡龙门，属于半耕半牧的复合经济带。（2）他生长于黄河龙门，既耕且牧，与"四体不勤，五谷不分"的传统儒士不

黄河龙门示意图　Paprika 制图

一样，倒与辛劳得"三过家门而不入"的大禹气息相通。（3）"河山之阳"指黄河与梁山；神圣之河与巍峨之山给予了他宽阔的胸怀和伟岸的人格。这十个字，包含了多少内容和心情！仅以学术问题看，"耕牧"的复合经济带，在 2000 年后史念海先生的《河山集》获得高度重视和充分研究。在此基础上,唐晓峰提出北方地理的"三元结构"概念(唐晓峰《中国古代北方:三元人文地理结构》,载《阅读与感知》139~149页,三联书店,2013年)。黄河晋陕峡谷的文明历史,用一句话说,就是汉民族代表的农耕、少数民族代表的游牧与耕牧混合带三种文明相互竞争与互相影响的历史。司马迁处于"大中国"时代,兼之"耕牧河山之阳",三种文明尽收视野,《史记》写出"大宛列传""匈奴列传",自然而然。《史记》遥述"黄帝本纪第一"和"六家旨要",与"罢黜百家,独尊儒术"、意识形态突然收窄的汉武帝之间的冲突龃龉难以避免;李陵事件带有偶然性,残酷的人生悲剧呈现着高度的命运性!西晋始建司马祠也事出必然吧。

司马迁祠墓位于韩城市芝川镇东南的山岗上,东西长555米,南北宽229米,面积4.5万平方米。它东临黄河,西枕梁山,芝水萦回墓前,开势之雄,景物之胜,为韩城名胜之冠。祠墓始建于西晋永嘉四年(310),作为全国重点文物,1957年得到大修,面貌焕然一新。登上司马坡之巅,眼前雕龙画栋,身旁古柏参天,风光迷人。东有滔滔黄河,西有巍巍梁山,南可见魏国长城,北可观芝水长流。1958

年考古学家、诗人郭沫若为司马祠题诗,并铭刻在新立石碑上,诗云:

> 龙门有灵秀,钟毓人中龙。
> 学识空前富,文章旷代雄。
> 怜才膺斧铱,吐气作霓虹。
> 功业追尼父,千秋太史公。

距司马迁祠5公里的魏东乡徐村是司马迁的故里,村里有司马迁祠堂古迹。徐村主要由姓同的和姓冯的人家组成,他们千百年来自称是司马迁的后裔,据说"冯"姓是司马迁大儿子司马临的后代,"同"姓是司马迁二儿子司马观的后代。两姓亲如一家,但从不通婚。前些年记者前来采访,问起他们的姓氏,得到的回答是:司马迁受刑入狱,为免株连儿女,不得不改姓。为什么要改"冯"和"同"两姓呢?回答说:司马迁遭厄运时,有好心人向家乡通风报信。"同""冯"二字皆取"通"和"风"的谐音,又包含了原姓"司""马"两字。司马原姓变而为"冯""同"两族,其间包含了多少苦难和辛酸!

司马祠从坡下至山顶有99个石台阶,山顶是祠院。台阶分为四段，每段用砖石依山势筑成4个平台。第一个平台上是第二个牌坊，上书"高山仰止"，表现司马迁德高望重，世人敬仰。第三个平台上有砖砌牌坊，上题"河山之阳"4字，语出《太史公自序》中的"迁生龙门，耕牧河山之阳"。登完石阶，迎面是朱红山门，门楣上有"太史祠"3个大字。祠院周围是砖墙，院内一前一后分别为献殿和寝宫。献殿正中挂一匾额，上书"文史祖宗"金色大字。内设祭桌，上置祭器，每逢司马迁纪念日，举行祭礼。祠院后面最高的平台，中央便是司马迁衣冠冢，墓呈圆形，高2米余，周围用青砖砌成。墓顶有古柏一株，树分5杈，如龙枝护顶黄河龙门。

司马迁《史记·秦本纪》记载，秦穆公二十年（前640）灭芮国。"德公元年……梁伯、芮伯来朝。""成公元年，梁伯、芮伯来朝"。《左传》疏引《世本》："芮、魏皆姬姓。"芮伯姬万的母亲将其逐走，姬万便出奔到同姓的魏国。2004年以来，司马迁的故乡韩城梁带村芮国遗址的考古发掘，证实了上述历史故事。韩城市政府用实幕剧《芮姜传奇》表达了这一历史传奇。仅从梁带村芮国遗址墓葬群出土的成果看，也属于时空穿越的历史传奇。

梁带村芮国遗址发现于 2004 年,墓葬群占地 33 万平方米,共发现两周墓葬 1300 座、车马坑 64 座。经过 5 年的抢救性发掘,七座大墓及百余座中小型墓共出土金、玉、铜器等各类文物两万六千余件,仅珍贵文物就有三千余件,其中国内首次重大发现的文物 70 多件。包括我国两周时期最早的俑、金韍、纯金剑鞘、青铜錞于、龙形镂空金环……以及距今已有 5000 余年的镇馆之宝——玉猪龙。玉猪龙之外,梁带村芮国遗址还发现了众多的龙形和龙纹玉器。其中的"人龙合体佩""玉神人",让人联想到《史记》中的黄帝御龙叙事;"双龙""双凤"玉器,让人想到西汉流行的伏羲女娲交尾图像;而距今 5000 余年的镇馆之宝——玉猪龙,既直追中国文明的源头,也与石峁遗址的黄帝文化遥相呼应。如此,韩城的黄河龙门不仅是大禹开凿的禹门,也是黄帝缔造华夏的"轩辕门"和"文明之门"。

晋陕峡谷黄河右岸

十一 壶口瀑布、龙王辿

壶口瀑布、龙王辿在宜川县。

宜川县地处黄河西岸的渭北高原。地势由西向东缓倾。

宜川战国前期属晋;韩、赵、魏分晋后,属魏;秦惠文王伐魏后归秦国。隋改义川县。宋太平兴国元年(976),为避宋太宗赵光义名讳,改义川县为宜川县。

---[行知提示]---

从龙门沿沿黄观光公路北行66千米至宜川县壶口镇,即到世界上最大的黄色瀑布——壶口瀑布。

壶口瀑布 王昊鹏 摄影

◇ 壶口瀑布、龙王辿简介

●壶口瀑布

黄河在壶口上游的龙王辿以上水面宽300余米,及至壶口,滔滔黄水在不到500米长的距离内,被压缩到20~30米的宽度,以1000立方米/秒的流量,从20多米高的陡崖上倾注而下,激流澎湃,浊浪翻滚,水沫飞溅,狂涛怒吼,声震数里,形成"千里黄河一壶收"的宏壮气概。

河水沿宽约30~50米、深约10~20米的"十里龙槽"下行约5千米,出孟门之后,水势复又宽缓,恢复到龙王辿以上的景象。

伴随瀑布出现一系列奇特的景致,当地称胜的水底冒烟、旱地行船、霓虹戏水、山飞海立、晴空洒雨、旱天惊雷、冰峰倒挂、十里龙槽这八大奇观中,多因水文、气候及地质等原因造就,唯有旱地行船具有独特的人文历史意义。

壶口瀑布落差甚大,"十里龙槽"又狭长幽深,

壶口瀑布十里龙槽　王昊鹏 摄影

水流湍急,无法行船。上游下行船只,只能在龙王辿停靠,卸载货物,以人畜担驮至下游码头。同时,再以人力将空船拖出,船下铺以圆木为轴,在河岸上纤行,到孟门以下,水流宽缓处,再将船入水装货下行。

黄河冰桥是壶口又一奇景。隆冬季节,黄河水面封冻,冰层较厚地段,形成连通两岸的天然桥梁,称黄河冰桥。宜川衣锦渡与山西吉县冯家碛隔河相望,

壶口附近黄河冰封

冬季结冰坚实,人车过往频繁,其处位于壶口之上,故称"上桥"。龙王辿一带河面封冻时,平如坦途,人马往来,川流不息,称为"老桥"和"神桥"。

据载,明末崇祯三年(1630)李自成起义军将领王嘉率义军由壶口一带过"冰桥",攻克山西吉县。清末,转战陕北一带的西捻军,于清同治五年(1866),在龙王辿强渡黄河冰桥,越吕梁山,呼应东捻军。

● 龙王辿

龙王辿位于壶口瀑布上游1千米处。考古人员在这里发现了大量旧石器时代晚期遗存。龙王辿遗址出土了3万多件距今2万~1.5万年的石制品及少量蚌器和动物骨骼。遗址中发现的磨制石铲是目前国内发现年代最早的磨制石器之一。

该遗址的发掘，为探究黄土高原东南部边缘地带旧石器时代晚期文化面貌，探究黄河中游地区旧石器时代向新石器时代过渡时期的文化演进与环境

宜川龙王辿出土旧石器时代晚期细石核

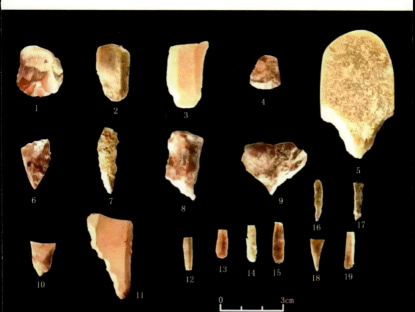

变化等提供了科学证据。为进一步探讨新旧石器时代之交人类的生业形态、生存方式提供了宝贵资料，对研究北方旱作农业的起源等学术课题亦具有重要意义。2013年5月，龙王辿遗址被公布为第七批全国重点文物保护单位。

壶口瀑布上下，以龙王辿为代表的黄河古渡口，曾经是晋陕交通要津，历史上很大程度上促进了两地经济文化交流。龙王辿遗址也为中华文明的演进提供了线索明证。壶口瀑布奔腾汹涌、恢宏博大的气势，更成为中华民族百折不挠、勇往直前精神力量的集中表征。1938年，诗人光未然带领抗敌演剧队东渡黄河，在壶口深为黄河波涛怒吼的磅礴气势所震撼，1939年写出了《黄河大合唱》歌词，成为此后抗战期间唱响中华大地的主旋律。

桂子有诗赞曰：

壶口瀑布
涛声十里起春雷，
波涌流奔万鼓台。
一曲遏云寰宇动，
龙漕飞瀑九天来。

王子今

1 《梦溪笔谈》所记录黄河岸边竹类植物化石

宋人沈括《梦溪笔谈》卷二一《异事》写道:"近岁延州永宁关大河岸崩,入地数十尺土下,得竹笋一林,凡数百茎,根干相连,悉化为石。适有中人过,亦取数茎去,云欲进呈。"沈括又说:"延郡素无竹,此入在数十尺土下,不知其何代物,无乃旷古以前地卑气湿而宜竹邪?婺州金华山有松石,又如核桃、芦根、蚯蟹之类,皆有成石者。然皆其地本有之物,不足深怪。此深地中所无,又非本土所有之物,特可异耳。"

河水冲刷,"大河岸崩",是黄河沿岸常见的情形。然而沈括的记录,为地质史、植被史提供了重要的信息,显得异常珍贵。陈桥驿点校《水经注》一仍其说。《水经注疏》(杨守敬、熊会贞疏,段熙仲点校,陈桥驿复校,江苏古籍出版社,1989年):"河水于二县之间,济有'君子'之名","朱此十三字讹作《经》,戴改《注》。全、赵同。""皇魏桓

黄河壶口河岸　李国庆 摄影

帝十三年","朱讹作昔汉桓帝十三年。"

古来动植物化石多有发现,然而"此深地中所无,又非本土所有之物"确实特别,尤其值得注意。沈括就竹林化石的集中发现,敏锐地联想到这一以当时人的知识"素无竹"的地区"旷古以前地卑气湿而宜竹"的可能。所谓"延州""延郡"即今陕西延安地区。永宁关,应在今陕西延

> 近岁延州永宁关大河岸崩入地数十尺,土下得竹笋一林,凡百茎,根干相连,悉化为石,适有中人过,亦取数茎去,云欲进呈。延郡素无竹,此入在数十尺土下,不知其何代物。无乃旷古以前地卑气湿而宜竹耶？婺州金华山有松石,又如桃核、芦根、蛇蟹之类,皆有成石者,然皆其地本有之物,不足深怪。此深地中所无,又非本土所有之物,特可异耳。

《钦定四库全书·梦溪笔谈·异事》

川东北黄河岸边。据谭其骧主编《中国历史地图集》标定,金河东南路有"永宁关",地在今山西石楼西黄河东岸。而《陕西通志》卷九九《拾遗第二·琐碎》引录沈括所言竹林化石之"异事",可知据清雍正年间陕西方志学专家们的历史地理知识,宋永宁关其处应在黄河西岸,这正与沈括所谓"延州""延郡"一致。

十二
沿黄观光公路晋陕峡谷段的地貌与生态

---[行知提示]---

从韩城黄河龙门北上府谷墙头,沿黄观光公路行经地貌主要为黄河沿岸峡谷丘陵。但沿黄观光公路宜川壶口瀑布至延川乾坤湾段,并未完全临黄河而行,而是起伏穿梭于黄土高原东南部的残塬宽梁区。

绿意盎然黄土高原景观

◇ 沿黄观光公路晋陕峡谷段的地貌与生态

沿黄观光公路从华山脚下溯流北上，过韩城龙门就结束了汾渭谷地段行程，进入晋陕峡谷段。

这里是黄河沿岸峡谷丘陵区，自南向北，包括韩城、延川、清涧、绥德、吴堡、佳县、神木、府谷等县市的河沿地带，在这500多千米的狭长地带，两岸大部分崖壁陡立，高出水面数十米至百余米，雄伟的黄河峡谷与其西岸连绵不断的石质丘陵是该

沿黄观光公路行经黄河沿岸峡谷丘陵区
（右侧为陕西榆林）

区域地貌的主要特点。这些石质丘陵上覆盖着薄层的不连续的黄土。黄土厚0～40米，各处不一，部分地区基岩裸露，呈现出基岩残丘景象；其余地区多呈梁、峁状。

沿黄观光公路在介于壶口瀑布和乾坤湾之间的160余千米行程中，离开了黄河沿岸，深入到宜川、延长腹地，这一区域地形地貌属于黄土高原的残塬宽梁区，宜川一带以黄土残塬为主，延长一带以黄土宽梁为主。

宜川一带的黄土残塬，由西向东微倾。黄土塬被沟谷分割成一些大小不等的残块，在或早或新的河沟冲蚀作用下，逐渐形成黄土残塬，塬面破碎。

而延长一带的黄土宽梁则是黄土塬边缘丘陵化或黄土残塬进一步被蚕食的产物。这些平顶宽梁梁面呈微穹形，一般宽500～2000米。大块梁面上有时分布着一些湿陷性洼地。

黄土高原残塬宽梁区地表裸露，由于暴雨径流冲刷，沟壑面积越来越大，坡面和耕地也越来越小。这种在黄土高原普遍存在的水土流失状况，不但导致土壤肥力减退，生态失调，旱涝灾害频繁，更严重制约着该区域经济社会发展，也导致维持黄河安澜的复杂难题。

延长县的塬　许兆超 摄影

黄河是世界上泥沙含量最大的河流。据科学家测算，20世纪90年代一个时期，黄土高原的泥沙入河量年均16亿吨，如果将其筑成宽高各一米的土墙，长度可以绕地球27圈。世界之最，叹为观止！其中晋陕峡谷段泥沙入河量为9亿吨。

改革开放40多年以来，黄土高原水土保持走过了从点到面、从单一措施到综合治理、从重点治理为主到治理与预防监督并重的不平凡历程。退耕还林还草政策的实施，城镇化进程中传统农业耕作范围的收缩，特别是工程措施、植物措施、耕作措施有机结合的小流域综合治理,这些都加快了自然生态的恢复,使黄土高原水土保持、生态建设取得了辉煌成就。

随着黄土高原地区土壤侵蚀强度整体下降,水土流失明显减轻,2016年,黄土高原和汾渭谷地河流的平均年输沙量已经不到3亿吨,最少的年份不到1亿吨。和20世纪90年代一个时期年均16亿吨输沙量比,发生了翻天覆地的变化。

2019年,黄土高原的植被覆盖率由20年前的31.6%提高到63.6%。晋陕峡谷段黄河以西地区林草植被覆盖率增长了115%~195%,林草植被状况明显改善。

沿黄观光公路穿过塬上的苹果园　邵瑞　摄影

刘栓

1 千年的松柏万年的槐 不知枣树何时来

四五月之交,我们晋陕黄河右岸的历史与人文考察,沿沿黄观光公路行进在宜川、延长的残塬宽梁地带,虽不是名副其实的沿黄公路,但公路宽整,起伏有致,越沟之际,峰回路转上下盘旋。塬梁谷涧绿植遍野,虽过了山花烂漫的季节,但满眼翠绿

黄土高原残塬宽梁区经济林　闫军平　摄影

清新，阳光下赏心悦目，雨水冲蚀形成的残塬地貌处处染绿，大小流域自然修复在加快。沿途随处塬面坡地的枣林，增添了我们对金秋的遐想。"千年的松柏万年的槐，不知枣树何时来"，也许枣树的历史和黄土高原的"风成"一样悠久。

枣树是中国特有的古老树种，《黄帝内经》所谓"五果为助"饮食原则，即指：枣甘，李酸，栗咸，杏苦，桃辛，五味入五脏，以助脏器。《诗经·豳风·七月》记载："八月剥枣，十月获稻。"北魏《齐民要术》也有"常选好味者，留栽之"的枣树选种经验概括。李时珍在《本草纲目》中记载了枣的药用价值："枣味甘，性温，补中益气，养血生津。"当地民间谚语亦云："一日吃十枣，医生不用找；一日吃三枣，百岁不显老。"这些古籍和谚语所描述的正是红枣悠久的栽培历史、成熟的管理经验和极高的食用药用价值。

中国大枣起源于黄河中上游流域，佳县就是红枣的原产中心之一。佳县泥河沟村现存的千年枣树群落，证明了佳县栽植红枣的悠久历史。

泥河沟村现保存有 36 亩成片的千年枣树群落，共生各龄枣树 1100 余株，其中千年以上枣树 170 株，是全国保存面积最大、树龄最高的千年枣树群落。

佳县千年枣树王

佳县千年枣树王生长在佳县朱家坬乡泥河沟村,树龄约1400年,树高18米,胸围3.25米,树冠面积84平方米。

被众多学者称之为活化石、枣树王。2014年，佳县泥河沟千年枣园以干旱地区山地高效农林生产体系被联合国粮农组织认定为"全球重要农业文化遗产"，是中国西北地区唯一入选全球重要农业文化遗产的农业系统。

红枣极高的食用药用价值，带来较好的经济收益，而在植被稀疏的黄土高原，尤其是黄河沿岸土壤贫瘠的坡地上栽植枣树，又具有防风固沙、水土保持、水源涵养等重要的生态功能。所以，红枣产业逐渐被确认为佳县主导产业。佳县红枣年均产量4亿斤左右，产品远销欧美、日本等海内外市场，年综合产值10亿多元；而且栽植枣树使当地的水土

佳县红枣

得到保持，生态得到恢复。

"春日千枝黄花馨，夏晨缭绕薄雾腾。秋来漫漫夕阳下，婆婆一树万株红。"这是枣树春华秋实、生机勃勃的真实写照。

"一日吃三枣，百岁不显老"，祖祖辈辈高歌"信天游"的黄土人开启了人与山水和谐的诗意栖居。这也是几代黄土治理科学家矢志不渝执着追求的理想，今天离水土保持的生态安全目标不断接近，黄河流域生态战略屏障作用得以发挥，融入民族血脉的黄土情、黄河魂也翻开新的一页。

十三
乾坤湾、会峰寨、延水关

乾坤湾、会峰寨、延水关在延川县。

延川县位于陕北黄土高原东部、黄河西岸，属黄土高原丘陵沟壑区的白于山脉东端。

隋开皇三年（583），始置延川县。

—[行知提示]—

从壶口瀑布北行160千米至延川县乾坤湾景区，景区东临黄河，与山西省永和县隔河相望，距县城约38千米。

乾坤湾 冯奋 摄影

◇ 乾坤湾、会峰寨、延水关简介

● 乾坤湾

　　黄河流经秦晋峡谷延川段由北而南依次形成漩涡湾、延水湾、伏寺湾、乾坤湾、清水湾五个"S"形大湾，其中乾坤湾因其320度的超大转弯，誉为

"天下黄河第一湾"。势如一幅天然的"阴阳鱼"太极图,据当地传说,伏羲曾在此仰观天象,俯察地理,远取诸物,近取诸身,发明创造了太极八卦图和阴阳学理论,乾坤湾附近至今尚有伏羲庙。

黄河在延川形成的五大弯道,其科学命名为蛇曲。蛇曲,是被河流冲刷形成的像蛇一样蜿蜒的地质地貌。延川黄河蛇曲是发育在秦晋大峡谷中的大型深切嵌入式蛇曲群体,是中国干流河道规模最大、最好、最密集的蛇曲群。南北长50余千米,总面积170.5平方千米。2005年由国土资源部审核通过,

黄河蛇曲

成为第四批国家地质公园,与黄河壶口瀑布国家地质公园、洛川黄土国家地质公园并称延安三大地质奇观。

黄河乾坤湾地质博物馆　　刘剑　摄影

桂子感造化之神奇，赞曰：

乾坤河湾
阴阳太极碧流环，
曲水汤汤过此湾。
天地造化逞灵奇，
大河东去出函关。

陕西延川黄河蛇曲地质公园现建有黄河乾坤湾地质博物馆。博物馆以地质科普、历史文化、民俗风情三个专题展厅，系统介绍黄土高原及延川的自然历史人文。

陈列中，出土于延水关黄河沿岸的距今有20万年、以温湿环境为栖息地的纳玛象化石，对研究陕北高原地区气候环境的演变有十分重要的意义。以小程村千年匈奴古窑为代表的文化遗存，反映了曾经以草原游牧文化为主的延川，曾先后出现鬼方、匈奴、鲜卑、党项等20多个北方游牧民族，以战争和姻亲为纽带，与汉人相互交汇融合繁衍的历史。

● 会峰寨

会峰寨是一处天然古寨,在黄河乾坤湾地质博物馆近侧牛家山村,山寨通体为岩石,东临黄河天堑,西南两侧濒临寨河深谷,三面悬崖峭壁,仅西北有条狭隘的崾崄为径与山寨相通,易守难攻。山寨人工遗存建筑建于明代嘉靖二十五年(1546),凭险修筑寨墙、寨门、哨楼等,成为陕北现存最具代表性的军事防御工事之一,其险有"小华山"之称。

寨体共由三部分组建而成,类似三层结构。第一层建寨墙,起守卫作用;第二层为居住区,位置

相对高些，最多时可容纳两三千人藏身避难；三层也是山寨顶部，分布着始祖庙，供奉真武大帝。山寨存留残房、破庙、石碑、石桥、石碾、石磨等遗迹遗物，是古代战乱频仍、先民藏身避难的明证。

桂子叹其形势，有诗：

会峰山寨
东临三水寨墙环，
天险凭依御匪顽。
虎踞龙盘连峻岭，
一夫守卫可当关。

会峰寨 冯奋 摄影

● 延水关

延水关渡口位于延川黄河蛇曲国家地质公园北端。延水关渡口开航于魏晋,后为军渡、官渡,宋、元、明称永宁关,清代始称延水关。

宋庆历元年(1041),西夏军进犯麟、府二州,宋将许怀德率万余众由此东渡,迂回增援。明末农民起义军多次转战、驻守在永宁关,明崇祯六年(1633)夏,延绥巡抚率官军袭击永宁关,杀害起义军将领及其部卒1600余人。1936年,红军一部由此渡河东征。1947年,王震率领西北野战军第二纵队由此西渡,回陕抗击进犯延安的国民党军胡宗南部。明清两代,此处为延川八景之一,时称"延关飞渡"。

延水关—盘龙湾 曹伯忠 摄影

十四 李家崖城址

李家崖城址在清涧县。

清涧县位于黄河中游、无定河下游,地处黄河、无定河交汇之地。地形以无定河为界,东部临黄河,为丘陵峡谷,西部黄土层厚,多峁梁。

北宋康定元年(1040)筑土城。庆历元年(1041)隶鄜延路。元丰七年(1084)设青涧城。金世宗大定二十二年(1182)升青涧城为清涧县。

― [行知提示] ―

从延水关沿沿黄观光公路北行约50千米,到清涧县高杰村镇李家崖村,有以商周文化遗存为主的李家崖城址。

李家崖城址所在地山水形势　黄如强 摄影

◇ 李家崖城址简介

李家崖城址是以商周文化遗存为主的遗址。位于清涧县高杰村镇李家崖村西1千米的无定河东岸台地上,东距黄河4.5千米。遗址以李家崖城址为中心,该城址为商代鬼方都城遗址。2006年5月,李家崖城址被公布为第六批全国重点文物保护单位。

据考古发掘资料显示,李家崖城址平面呈不规则的长方形,东西长495米、南北宽122至213米,

李家崖城址所在的鱼儿峁　陆航 摄影

李家崖城址出土蛇首匕

城内面积约6.7万平方米。城址因地势而建,南、西、北三面环水,东西筑有城墙,南北两侧以深达百米的悬崖为天然屏障。城墙依地势分段修筑,土石结构,由墙体和护城坡两部分组成,东城门为城内通向城外的唯一出口。

城址中发掘出的遗迹有房址、窖穴和墓葬等。其中一座殿庙性质的建筑,外有带夯土围墙、呈长方形的院落,其内的房子呈"品"字形布局,总面积1000余平方米。发现的一座窖穴,口和底呈方形,中间却作圆形袋状,形制较为特殊。墓葬分布在城内外的东西两侧,均为小型竖穴土坑墓,多有木棺,随葬品有少量的青铜兵器或陶器,出土器物有铜戈、钺、斧、蛇首匕及陶钵等。瓮棺葬墓主大多是小孩,长方形墓穴,以残陶瓮为葬具,两端用小石板封堵。

李家崖城址出土鬲

城址遗址除出土有石器、陶器、骨器、玉器、青铜器以及铜渣和陶范残块外,还出土了阴刻的石雕骷髅像,推断与当时的祭祀活动有关。

李家崖城址出土器物与中原地区商周文化有明显差异,具有较强的地方特征。因此,考古学界将以李家崖古城址为代表的主要分布在陕北和晋西北地区的此类文化遗存命名为"李家崖文化",并推测其为商代鬼方都城遗址。

鬼方是商周时西北部的方国,据王国维考证为畏方。其活动载于《山海经》《汲冢周书》《易经》《古本竹书纪年》《史记·殷本纪》和出土的小盂鼎及商周甲骨卜辞中。在商朝有许多小国都称"方",如:土方、吕方等。

高从宜

1 "鬼方"何在
——关于李家崖遗址的思考

这个题目让人多少有一种"人鬼情未了"的感觉。所谓"人死曰鬼"！《礼记·祭法》言："大凡生于天地之间者，皆曰命；其万物死，皆曰折，人死，曰鬼。此三代之所不变也。"这是立于天、地、人三才之道谈"生"论"死"、感知生命的终极情怀；也是超越生活、原始反终的生死深情。事实上，情感正是谈论"人鬼"的原初语境与本真基础。《礼记·祭义》中说"文王之祭也，事死者如事生，思死者如不欲生"，并且进入"谕其志意，以其恍惚以与神明交"的神秘境界。古人的这种"人鬼之交"的鲜活感情与痛苦情态，现代人也许无法完全理解。

《周易》是"鬼方"的最早出典之一，尤为重要的还是："鬼方"乃是《周易》最后两卦的压卷辞和主宾国。

《周易·既济》写道：

既济，亨，小利贞。初吉终乱。

初九，曳其轮，濡其尾，无咎。

六二，妇丧其茀，勿逐，七日得。

九三，高宗伐鬼方，三年克之，小人勿用。

六四，繻有衣袽，终日戒。

九五，东邻杀牛，不如西邻禴祭，实受其福。

上六，濡其首，厉。

《周易正义》中关于"既济卦"的记载

卦名"既济",渡过河流之意,特指渡过黄河。要说是3000年前的事了:晋陕黄河东边的殷商朝廷经常举行隆重的"杀牛"太牢祭礼,但这未必能如西边周人菲薄而真诚的祭礼可以受到神灵的悦纳("实受其福")。

这涉及商周之际的宗教革命,直接决定了"鬼方"族群的命运。在"既济"卦里记载,是"高宗伐鬼方,三年克之";在"未既"卦里记载,是"震用伐鬼方,三年有赏于大国"。古今易家多把两卦"伐鬼方"视为一事,即商王武丁对鬼方的战争("高宗伐鬼方")。徐中舒曾提出过不同看法:"震用伐鬼方"是指周人伐鬼方。徐先生的观点非常发人深省,可以总结为以下要点:

(1)《竹书纪年》记载:"武乙三十五年,周王季伐西落鬼戎,俘二十翟王。"

(2)据小盂鼎铭文记载:周康王"伐鬼方",俘虏了13000多人,牛300多头,马100多匹。这一战果数据是殷墟相关卜辞的十倍或几十倍!换句话说,周人的"伐鬼方"是比商"高宗伐鬼方"更为浩大、更加激烈的残酷战争,周康王之后,"鬼方"在铭文中消失了,李家崖遗址的断代印证了此点。

(3)榆林清涧县李家崖遗址的发现,让"鬼方"

走出了扑朔迷离的文献迷宫、而有了现代考古学的直观物证。"李家崖文化遗址已有303个,其中山西境内107个,陕西境内196个"(曹大志:《李家崖文化遗址的调查及相关问题》,载《中国国家博物馆馆刊》,2019年第1期)。

(4)由于李家崖遗址地处晋陕峡谷的黄河西边,周王季的"伐鬼方"就不用渡过黄河:"鬼方"和当时的周部族皆位于黄河以西。《周易》把"震用伐鬼方,三年有赏于大国"置于"未既"卦,便贴切自然、也理固宜然。

李家崖遗址出土的形似"鬼"字的器物刻符

在《周易》之外，中国古代其他记载"鬼方"的典籍还有《诗经》《史记》《世本》《山海经》和《竹书纪年》等。依据上述典籍文献，再参考出土文物，王国维在《鬼方、昆夷、玁狁考》写道："其族西自汧、陇，环中国而北，东及太行、常山间，中间或分或合，时入侵暴中国，一见于商周间者，曰鬼方、曰昆夷、曰獯鬻；其在宗周之际，则曰玁狁；入春秋后则始谓之戎，继曰狄；战国以降，又称之曰胡、曰匈奴。"

《鬼方、昆夷、玁狁考》一文的最大突破和贡献是：在传统资料旁征博引、文献和考古互证的基础上，阐明了鬼方是"环中国而北"的北方民族。此文的问题是：把鬼方和不同时期、不同地域乃至不同生活文化的北方民族混同、等同了。李家崖遗址的发现，对进一步研究北方民族的族群迁徙、历史文化有非常大的推进作用。

李家崖遗址，位于陕西清涧县李家崖村西，无定河下游东岸，东距黄河5千米，山环水绕。遗址出土大量商至汉代的石器、陶器、骨器、玉器、青铜器。经确认，古城遗址为商代鬼方都城遗址。作为遗址发掘的考古学者，吕智荣在《陕西清涧李家崖古城址陶文考释》写道："鬼字陶文的出现说明李家崖文化先民也自称为'鬼'……李家崖文化可称为'鬼方文化'"。

李家崖出土石雕像

出土石雕像正面

出土石雕像反面

石雕像正面摹本

李家崖出土的部分遗物

鬼方古城的主人自称"鬼",说明他们正是鬼方的主体。遗址东城墙下发现最大的一处院落,占地一千多平方米,呈长方形,院内的大房子中,出土了一块石刻骷髅人像。这是先民在庙中祭祀"神鬼"时供奉用的、象征灵魂所在的载体——灵牌。石雕人像刻于残高42厘米的梯形石块上,正背两面以粗线阴刻出骷髅人体形状。这正是"鬼"的图像表达。它和西城墙下三足瓮上的"鬼"字,有力突出了李家崖文化的"鬼方"族属信仰和主人气息。

《庄子·至乐》中讲过"列子行,食于道,从见百岁髑髅"的故事。《列子·天瑞》中也讲过这一故事,并且列子以"髑髅"自认,就像鬼方遗址的主人以"鬼"自认一样。骷髅与"鬼"有什么紧密联系吗?有!张光直先生指出:"人类和动物的灵魂或其本质生命力,一般聚居在头骨里,人类和动物能够从他们的骨骼里再生,故萨满教有一种骨骼化的观念,萨满在他们的迷魂的骨骼式的状态里所做的死亡和再生,常在象征性的萨满法器和艺术上表现出来。"(张光直《从商周青铜器谈文明与国家的起源》)并且认为中国古代巫教与萨满教特征"很相似"。陶磊所著的《周易新解》一书,副题即"萨满主义的视角"。李家崖遗址主人的以"鬼"

自认，包括石刻骷髅的人体图像和三足瓮上"鬼"的文字书写；《庄子》和《列子》书中列子的以"骷髅"自认和赞叹；众所周知的佛教修炼中的白骨观等等，它们均属于"一种骨骼化的观念"，属于人类对"死亡和再生"的探索和一种思考方式。

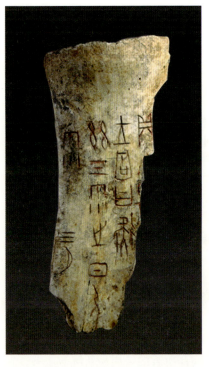

"鬼方"甲骨卜辞 原为清末罗振玉旧藏，1954年入藏山东博物馆

"鬼方"遗址之在黄河岸边被发现，让我想到《庄子·达生》的一则记载：

> 孔子观于吕梁，县水三十仞，流沫四十里，鼋鼍鱼鳖之所不能游也。见一丈夫游之，以为有苦而欲死也，使弟子并流而拯之。数百步而出，被发行歌，而游于塘下。孔子从而问焉，曰："吾以子为鬼，察子则人也。"

孔子在吕梁黄河边见"鬼"的故事，《列子》中《黄帝篇》和《天瑞篇》记载了两次。《庄子·达生》中孔子黄河的见"鬼"地点是"吕梁"，《列子》写的是"河梁"。这的确让黄河西岸的秦人有了希想：司马迁的家乡韩城曾叫"少梁"，且背靠着梁山。现在陕北石峁遗址、李家崖遗址的发现，使它们能够获得彼此联系、相互支撑的整体解释。

据沈长云、王红旗、易刀卜等学者们的研究，地处榆林市神木的石峁遗址应该就是黄帝部族的聚邑或就是黄帝昆仑城。李家崖遗址的主人和石峁遗址的联系是多方面的：近于方形的石城，石雕的骷髅图像，耕牧混合的经济生活，雄拙风格的陶器以及和中原华夏族若即若离、既竞争又融合的历史进程，皆表达着一种"北方民族"性格。另外，《山海经》在《海内北经》记载："鬼国在贰负之尸北，为物人面而一目，一曰贰负神在其东，为物人而蛇身。" 笔者在《石峁"黄帝魂"》一文推想认为：石峁玉器中的侧面单眼图像可能就是鬼国"为物人面而一目"的艺术表达。

由于各种因素，包括"子不语怪、力、乱、神"吧，不必说在历史上雄霸一时、旋即淹没的李家崖鬼方遗址，即便石破天惊、让人瞠目结舌的石峁文化，同样都在卷帙浩繁的"四书五经"中没有多少记述。孔子整理的《尚书》从尧舜开篇，摒弃将黄帝入列。这与《史记·孔子世家》孔子临终所言的"予，（殆）殷人也"的夫子自道有关吗？而出生于黄河岸边的司马迁在《史记》的开篇就推出黄帝，想必也与作者稔熟家乡的鬼神传说文化有关吧。

黄仁宇说得好："大历史不会萎缩。"商周时期，黄河岸边就出现了向商、周王朝挑战的李家崖鬼方部落。西周——春秋时代，晋陕峡谷区域有两个以"鬼"元素命名的诸侯：隗国与魏国。战国时期，魏国进入了七雄行列。到了人们耳熟能详的汉末"三国演义"，魏国成了实力最强、地盘最大的三分王朝之一，直到南北朝时期的北魏以及东、西魏。加起来，这些以"鬼"元素命名的政权在中国历史上的时间超过了千年之久。"李家崖文化遗址密度最高的地方位于南流黄河的中段，也就是山西的石楼、永和，陕西的清涧、绥德等县"（曹大志）。这些以"鬼方"之名传世的李家崖文化的中心区域正位于晋陕峡谷的"中段"。

赖亚生在《神秘的鬼魂世界》书中的观点是：黄帝昆仑山是鬼魂世界的中心，西王母乃是管理"鬼世界"最初的阎罗王。沈长云、王红旗、易刀卜等学者认为，榆林市石峁遗址可能就是黄帝部族的昆仑城。司马迁《史记》在《孝武本纪》和《封禅书》中记载："黄帝郊雍上帝，宿三月。鬼臾区号大鸿，死葬雍，故鸿冢是也。其后黄帝接万灵明廷。"清涧县的西南就是黄陵县，有黄帝陵。据《吕氏春秋》《淮南鸿烈》记载，大禹治水之前的黄河叫作"鸿水"，黄帝昆仑山下的鬼魂世界（"鬼臾区"）就在晋陕黄河区域。在"黄帝接万灵"中，有神灵也有鬼灵。那么，地处"鬼臾区号大鸿，死葬雍，故鸿冢"附近的李家崖遗址作为鬼方部落的文明遗产，在历史文化上当是大概率事件了。

《礼记》写道："子曰：气也者,神之盛也；

魄也者,鬼之盛也。合鬼与神,教之至也。众生必死,死必归土,此之谓鬼。"(《礼记·祭义》)又说"是故情深而文明,气盛而化神,和顺积中而英华发外,唯乐不可以为伪。"(《礼记·乐记》)鲁迅有诗云:"忍看朋辈成新鬼,怒向刀丛觅小诗。"先生的"情深而文明",不仅给晚辈思考"旧鬼"和鬼方文化树立了典范性的情感仪态,更帮助我们不要陷于"伪学"。

李家崖遗址的主人以"鬼"立国,成为"鬼方",敢于把"鬼"写在自己的三足瓮口,应该也是缘于"合鬼与神,教之至也"的祭义吧。

十五 吴堡石城

吴堡石城为吴堡县县治旧址。

吴堡县东临黄河,扼秦晋之交通要冲,地势西北高、东南低,丘陵起伏,沟壑纵横,河谷深切。

北魏灭赫连氏大夏国,以今吴堡地和绥德东部地设政和县,后易名延陵县、延福县,金正大三年(1226),始定名吴堡县。

[行知提示]

从乾坤湾沿沿黄观光公路北行186千米至榆林市吴堡县,在宋家川镇东2.5千米处,有五代至清时期的军事堡寨——吴堡石城。

吴堡石城鸟瞰

◇ 吴堡石城简介

吴堡石城地处黄河西岸山梁上,东以黄河为天险,西以沟壑为深堑,南有出入通道,可下至河岸,北门外三千米处有咽喉狭道连接后山,形势险要,曾是历史上的军事重镇和历时700余年的吴堡县县治所在地。

石城筑于吴山顶部,平面呈不规则椭圆形,南北长约400米,东西宽约270米,周长1 225米,占地面积约10万平方米。墙体内实夯土,里外皆用大石块砌筑,条石拉筋。城垣断面呈梯形。东、南、西、北各辟一门,东曰"闻涛",南曰"重巽",西曰"明溪",北曰"望泽",门额题字多已风化。

南门瓮城城门,额题"石城"

石春兰 摄影

吴堡石城城墙 毛旭辉 摄影

现东、西、南、北四门俱存。南门尚存清代所筑瓮城，门额题"石城"二字，南门内设马道1条。东北、西北、西南角各设马面1座，西城墙有马面2座。墙顶外侧设垛口365个，垛墙高2米，上部为瞭望口，下部为射洞（供弩射和滚放礌石之用）；墙顶内侧筑女墙，高约1米；墙顶海墁为石板铺设。

城墙、城门、海墁、马道以及窑洞居所等所用石条、石块、石板为红砂岩和青石质地，坚固耐久，从而构成名副其实的"石头城"独特建筑风格。陕北黄河一线多古战场，沿线城池有"铜吴堡、铁葭州、生铁铸就绥德州"之说。吴堡石头城因其坚险而有"铜吴堡"之称。

近年来，在城内外陆续出土宋金时期瓷枕、瓷碗、陶器，还保存有石刻、造像及明万历、嘉靖、崇祯和清康熙、雍正等年款碑碣30余通（方），城外尚有金代和明清时期摩崖题刻多处。

据《吴堡县志》和《宋史·夏国传》等记载，石城始建于五代北汉，名吴堡寨；宋太祖开宝九年（976），定难军节度使李光睿率兵拔城，续设吴堡寨。伪齐刘豫阜昌八年（1137）折彦若重修。金正大三年（1226）改设县，为吴堡设县之始。元代三次重修，明嘉靖十五年（1536）、十七年（1538）、三十三年（1554）及清代均曾修葺。

明清至民国时期，吴堡石城作为一方政治、经济、文化中心曾持续繁荣。除设有衙署、仓廪、商铺外，还先后立有文庙、城隍庙、娘娘庙、衙神庙、祖师庙、龙王庙、关帝庙、七神庙、观音阁、魁星阁、文昌阁、土地祠、节孝祠、刘猛将军祠等众多庙祠，以及南坛、北坛、先农坛、兴文书院、女校等。其中，大部分建筑为石砌窑洞式，只有县衙大堂、四座城门楼、文庙大殿、文昌阁等为砖木结构建筑。

1938～1945年间，驻扎山西军渡镇南梁村的侵华日军隔黄河炮击石城达七年之久，致使城内人口流失，建筑遭受严重损坏。1936年后，吴堡县移治他处，石城作为县治终于此。

吴堡石城是全国保存最完整的古代石砌县城。它也是历史上拱卫中原和内地的一道重要屏障，对于研究中国古代北方的民族关系史、军事史，尤其是对研究黄河沿线军事要塞的建筑风格和建制格局

吴堡石城院落　李国庆 摄影

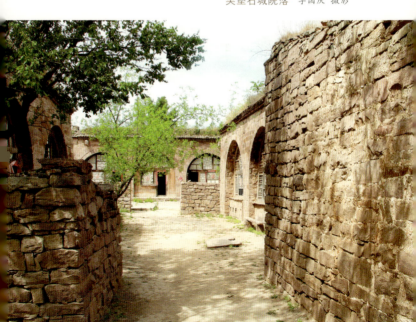

具有重要价值。2006年5月，成为第六批全国重点文物保护单位。

桂子赞曰：

吴堡石城
闻涛对望见明溪，
要塞蜿蜒守陕西。
虬曲石城龙起舞，
乘风欲上与天齐。

十六 佳县县城

佳县县城为佳县县治所在。

佳县位于陕西省东北部黄河中游西岸,毛乌素沙地的东南缘。

佳县古称葭州,民国改为葭县,1964年改称佳县。

[行知提示]

从吴堡石城出发沿沿黄观光公路北行88千米,至佳县县城。县城及周边有葭州古城等军事城址,以及白云山庙、香炉寺等宗教景观。

佳县县城远眺　詹潇然　摄影

◇葭州古城、香炉寺、白云观简介

● 葭州古城

葭州古城即佳县古城,位于佳县城关镇,隔黄河与山西相望,古为宋、金、西夏交兵之地,是当时的边防要塞之一。城依葭芦山山势而建,山体砂岩裸露,东、西、南三面危崖耸峙,北面与群山相连。

据《葭州志》载,北宋元丰五年(1082)筑葭芦寨,金大定二十四年(1184)改为"葭州"。明洪武元年(1368)由南至北截"葭州城"三分之一建内城和北郭,新辟南门曰"德安门",保留北门曰"扬武门"、北郭门曰"镇远门"。嘉靖年间

佳县县城城墙　闫军平 摄影

(1522～1566)于城南青沙岭置逻城。隆庆年间(1567～1572)增筑南郭,辟东、西门。清乾隆十八年(1753)补建内城腰门。

城址平面呈葫芦形,城墙内实夯土,外甃砖石。如今尚存城墙残长1541米,残高3～9.6米,残宽3.5～4.8米。佳县古城是古代陕北地区军事防御体系的重要据点之一,有"铁葭州"之誉。是研究古代战争史、城市建筑史的重要实例。

●香炉寺

香炉寺位于佳县佳芦镇街东侧,地处黄河西岸绝壁上,三面凌空,仅西北一狭径与县城相通。

据《葭州志》及寺碑记载,寺始建于明万历十一年(1583),明清两代经多次扩增、修葺。建筑以道观为主,兼有佛教殿阁。占地一亩有余,总体坐北向南,依地形布局,分三个院落。一进院有山门、影壁、关圣殿,二进院有石砌拱形会窑两孔,三进院有石牌楼、圣母殿、寄傲亭、财神殿、白衣大士殿;寺后有观音阁。一进院前有六角形彩绘木亭。现存明清碑碣11通(方)。

寺后临黄河有一巨石耸峙,高20余米,周长

香炉寺

15米,巨石上立观音阁,周设护栏,与巨石连为一体,形似香炉,寺亦因名。阁前架"天桥"与寺院相连。每逢夕照,巨石与寺倒映水中,故有"香炉晚照"之景、"小蓬莱"之誉。

桂子赞曰:

香炉晚照
近山夕日照香炉,
三面绝空危岸殊。
朗朗乾坤凭寄傲,
涛奔浪涌向天呼!

●白云观

白云观又称白云山庙,位于佳县城南 5 千米峪口乡任家畔村东侧,地处黄河西岸白云山上。庙宇整体坐北朝南,总占地面积约 11 万平方米。

建筑依山势布局,沿途过一道石坊、河神庙、二道石坊、水神庙、木牌楼之后,地势趋缓。再上为五龙宫庙院,建筑有正殿、两廊、观音楼等,院后由低渐高依次排列四道天门。二天门后,为庙宇密集区,两旁石栏杆雕刻精致,青龙、白虎、朱雀、玄武诸祠分列上下。四天门后为白云观主庙——真武祖师殿,院内有两厢配殿、钟楼、鼓楼、乐楼等。

白云山庙建筑群　詹潇然 摄影

以祖师殿为中心，周遭星布藏经阁、玉皇楼、文昌阁、魁星楼、东岳庙、关帝庙、碧霞宫、圣母祠、三清殿、三官殿、白云洞等各类建筑35座、石窟317孔。庙内现存明清壁画1900余幅、碑碣120余通（方）、木匾40余方和明万历四十六年（1618）神宗御题"白云胜景"匾额1方，以及彩塑、琉璃狮子、石狮、铁石幡杆、铜鼓、铁钟、铁磬、香炉等。

　　据《佳县志》和庙碑记载，北宋时期已有庙宇，明万历三十三年（1605）建成真武祖师殿、三官殿、玉皇阁等主体建筑，而后历明清两代，增修一直延

白云胜景

续到民国时期。1947年中共中央转战陕北，毛泽东曾两次登山，并指示佳县县委出布告保护庙宇。2001年6月，白云山庙成为第五批全国重点文物保护单位。

白云山庙气派宏阔，布局巧妙；建筑彩画与泥塑艺术融于一体，琉璃瓦作工艺精美，木雕、砖雕精致，其题材多取自道家和民间传说，施色艳丽，地方气息浓郁。为陕西现存最大的一组古建筑群。

桂子有诗曰：

白云山庙
东依河畔二龙蟠，
名观仙山五祖坛。
参透玄机宜守静，
白云神韵久盘桓。

高从宜

1 "真武"与"云中"

诗仙李白的浪漫豪迈名扬天下,其在《古风》诗中对秦始皇的几句评价云:"秦王扫六合,虎视何雄哉!挥剑决浮云,诸侯尽西来。明断自天启,大略驾群才。收兵铸金人,函谷正东开。"这既是对秦始皇统一中国的历史描写,也是对中国北方的黄河文明,特别是秦晋峡谷的诗意吟唱:一扫六合,虎视何雄,天启大略,挥剑决云。秦始皇俨然一个"真武大帝"形象!天下一统后,秦始皇将国家分成36郡,其中的云中郡,即黄河秦晋峡谷的北部地区。"天高云淡,望断南飞雁",是伟人毛泽东在《清平乐·六盘山》中对中国北方的诗意描写,广大的中国西北方从地理气象、人文底蕴和精神意趣看,其实皆是"天高云淡"的"云中",在广袤的中国西北"云中郡",有"云中县""云中城""云中宫",更有"云中君"(郦道元撰,陈桥驿校正《水经注校正》78~79页,中华书局,2008年)。

几番御驾巡视云中郡的秦始皇嬴政，不啻一个现实中的"云中君"。秦始皇之所以将秦晋峡谷的北部地区命名为云中郡，除了"天高云淡"的地理气象外，还有他的"挥剑决浮云"的神武形象，以及黄帝、西王母作为"云中君"的玄武圣像，皆是重要因缘。众所周知，屈原有缠绵悱恻的歌赋杰作《云中君》，其中唱道："飙远举兮云中，览冀州兮有余。"屈原梦中的"云中君"，也在中国北方。西王母，即早期中国最崇高的"云中君"形象，而更多的记载是黄帝也有"云中君"形象，《左传·昭公十七年》是如此说的："吾祖也，我知之。昔者黄帝氏以云纪，故为云师而云名。"

《论语》有"子不语怪、力、乱、神"的夫子自道，所谓的"怪、力、乱、神"却是《山海经》的神话主题，正是文化人类学与现代考古学关注的知识对象，其中就包括了黄帝作为华夏始祖的"神武"史诗。"神武"史诗的黄帝魂与云师形象，既让"明断自天启"的秦皇、汉武把黄河秦晋峡谷的北地，以"云中郡"命名，也召唤出宋、元之后的汉民族（尤其北方民间）以关羽叙事和真武信仰的两种形式来祭奠黄帝魂的"神武"云

真武大战龟蛇将壁画

真武古称玄武,民间又称为北帝、黑帝、玄帝、荡魔天尊、真武大帝、玄天上帝等,是道教尊奉的大神之一。真武作为民间信仰神,在不同时期有着不同的形象:很早作为星宿神,战国秦汉时期的四象,魏晋南北朝时期太上老君的侍卫神,唐代的北极紫微大帝的神将,北宋的"真武灵应真君",元代的"元圣仁威玄天上帝",明代成为明朝的护国神。

师形象。

"神武""玄武""真武"乃生命力量神圣崇高的摹状语和同义词。"云中郡"和"云中君"既音义趋同、脉气连通,又深含因果、人地互释。黄河魂与黄帝魂又如何分得开呢?现实存在是语言词汇活着的土壤,佳县白云观最大的存在意义,就是把"神武"和"真武","云中郡"和"云中君","黄河魂"与"黄帝魂"这些密意相连的汉语词汇，从平面纸质解救到立体生命，从凡俗感知解救到清洁灵魂，从白云气象的天空解救到白云心相的天堂，这才可谓"观"，才有白云观！

佳县（古称葭县）的白云观，西依龙脉山岭，东濒宏阔黄河，河山胜地，景色壮观。这里白云缭绕、蓝天醉人，松柏苍郁、庙宇林立，是我国著名的道教丛林圣地。

明代万历三十二年（1604），全真道人李玉凤从终南山来到佳县双龙岭（白云山）。万历三十三年（1605），李道长率众开始修建真武大殿、三官殿、玉皇阁等庙宇。数百年来，经过不断营建修葺，共建庙宇53座，建筑面积8.3万多平方米，规模宏伟，气势壮观。

白云观依山势高低起伏而建，以真武祖师殿为中心，殿、亭、阁、楼参差错落，星罗棋布。真武殿是白云观的主要建筑，屋宇崇高，辉煌雄伟，大殿四周的建筑有钟鼓楼、藏经阁、瑞芝阁、超然阁、七圣楼、玉皇楼、文昌楼、东岳庙、关帝庙、三灵庙、二斗祠、圣母祠、三清殿、三宫殿、白云洞、真人洞等。

真武大殿是白云观的中心正殿，平面呈"凸"字形，建在一米高的砖石平台上，卷棚与歇山勾

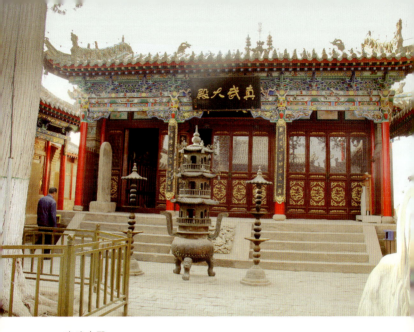

真武大殿

连搭顶,覆灰陶板瓦和绿琉璃筒瓦,彩绘斗拱,殿由前殿和后殿两部分组成。后殿面阔带廊五间13.9米,进深五间12.95米;后殿中,真武祖师铜像高坐神龛中;掌印执旗的周公(周仓)、桃花躬身侍立,威武剽悍的十大元帅拱卫两旁。前殿面阔三间9.88米,进深一间带廊8.05米;前殿里,真武祖师塑像端坐平台,龟蛇二将开道于前,赵公明、马华光元帅侍立于后,金瓜、钺斧、朝天镫等仪仗排列左右。据考证,后殿系明代创建,前殿为清代修建,明清以来经历过翻新,但基本保持了明清建筑的艺术风格。

佳县白云观中至今仍保存有香火不断的真武殿、关帝庙，还有圣母祠——即供奉着授法于黄帝的九天玄女。白云观除了关帝庙、圣母祠外，还有瑞芝阁、七圣楼、玉皇楼、文昌楼、三灵庙、三清殿、三官殿等众多庙宇，甚至还有东岳庙。

如果说关羽是民间依据汉魏历史塑造出来的"真武"形象，张三丰是道教修炼崇仰的"玄武"形象，那么黄帝就是华夏文明诞生传说的"神武"形象。他们皆是黄河云中郡一带民间信仰中的真武云中君。这既是信仰的民间化社会学诉求，也体现了全真道中的"三教合一"思想。白云观里的吕祖庙、五祖七真殿正是全真道的神谱形象，张三丰属于隐仙派全真大师，真武信仰的出现与复兴是张三丰巨大的历史性贡献。

至于白云观"前殿真武祖师塑像端坐平台，龟、蛇二将开道于前"，有何讲究及寓意呢？

在中国民俗文化中，以四神兽标志四方，而四神兽中，东方青龙、西方白虎、南方朱雀都是一个灵兽，唯有北方玄武是龟蛇两个灵兽合体组成。何以会这样呢？实际上，龟的特性是守静善藏能长寿、力大沉稳擅载负，以它为代表，象征

西安长杨宫遗址所出四神瓦当　秦砖汉瓦博物馆藏

玄武纹瓦当，中心圆突位于龟背，俯视构图，龟咬住蛇颈，蛇身曲体盘绕在龟背间。

着物质的密藏和基础。而蛇是龙之象，俗称小龙，是飞升之兆。《易经·系辞》曰"圣人以此洗心，退藏于密。"

其实生命也罢修道也好，密藏和基础仅为开始，显扬和升华乃是最终的价值指向。龟蛇合体的玄武，即象征以密藏为起始和基础，最终指向的目标则是飞龙、天龙和云中龙。云中龙不就是云中君与黄帝吗?《史记》记载黄帝最终跨龙升天,云中君和云中郡由于黄帝的跨龙升天,获得了深刻的历史注解。

所以说,真武大殿内,真武祖师以龟蛇二将开道于前,就是昭示修道飞升之途。湖北武当山是张三丰长期修行之所,也是明成祖朱棣为其大兴土木之地,武当山的得名,源于"真武当之",这是名山配天的思想语法。尽管也都以真武大殿为中心,论起佳县白云观真武的名气和影响,还是比不过湖北武当山。可是,地接云中郡,人是云中君,更兼毗邻黄帝祖地与黄河胜地,佳县白云观应该是参悟真武云中君最适当的地方吧。

十七
府谷县城

府谷县城为府谷县治所在,古称府州城。

府谷县位于内蒙古高原与陕北黄土高原东北部的接壤地带,地势西北高、东南低。东临黄河,万里长城横亘东西。

西汉时设置富昌县,五代后梁开平四年(910)改设府谷县。

―[行知提示]―

　　从佳县县城顺沿黄观光公路东北行158千米至府谷。府谷县位于陕西省最北端,地处秦、晋、蒙接壤地带,与山西省河曲县、保德县隔河相望,北与内蒙古自治区准格尔旗、伊金霍洛旗接壤,素有"鸡鸣闻三省"之称。

府州城　詹满然 摄影

◇ 府州城、文庙、荣河书院、千佛洞简介

● 府州城

府州城为五代至清时期军事要塞。位于榆林市府谷县城以东0.5千米的石山梁上，南濒黄河，东西被甘露沟和马家沟相夹，北部"咽喉"与高梁山、五里墩一脉相承，负山阻河，形势险峻。历史上曾为宋、辽、西夏、金的鏖战之地，是陕北保存较好的古代军事城堡之一。

府州城墙

詹潇然 摄影

府州城平面呈曲尺形，周长2 320米。城墙内夯黄土，外以石砌，高7.2米。辟东、南、西、北四大门和南、西两小门，大南门、小西门外筑瓮城。城内原有主街两条，横贯东西，其间缀立木牌楼6座。钟楼位于城中部，东有文庙、城隍庙、魁星楼、鼓楼，西有关帝庙、祖师坛、观音殿、二郎庙，北有元帝庙，南有南寺及城外的荣河书院、千佛洞等。现存建筑除城墙为五代至北宋所筑外，其余均为明清遗构。

● 文庙

文庙位于城内东部，始建于明洪武十四年（1381），清光绪二年（1876）修葺。占地面积约940平方米，坐北朝南。中轴线上原有棂星门、泮池、戟门、大成殿、明伦堂及东西两庑。现仅存戟门、两庑和大成殿一进院落。戟门面阔三间，单檐歇山灰瓦顶。大成殿面阔五间，进深三间，单檐歇山琉璃瓦顶，殿前带月台，设浮雕石栏杆与栏板。庙内存清康熙帝御书"万世师表"木匾及庙碑1通。

文庙　李国庆 摄影

● 荣河书院

荣河书院位于大南门下。始建于乾隆三十四年（1769），因府谷历史上曾被赐郡名为荣河，故名。光绪三十二年（1906）改称"高等学堂"，民国四年（1915）易名"高等小学"。书院占地面积约2 200平方米，坐北朝南，分上、中、下三进院落。现除下院的校舍大部分被毁外，其余基本完整。建筑均为砖结构，硬山灰瓦顶，辟拱形门、窗。

● 千佛洞

千佛洞位于大南门下的半山腰上。始凿年代不详,明万历年间(1573~1620)重修,清及民国时期修葺。占地面积约500万平方米,现存洞窟6个、祖师殿1座。洞窟外以回廊环绕,由西向东依次编序为:1号送子殿,内供观音塑像3尊;2号千佛殿,内供大小塑像数百尊;3号古佛殿,内供一佛二菩萨;4、5、6号分别为僧人室、三官殿、方丈室。各窟均面宽4米,高2~3米,进深3~6米不等。其中2、3号窟顶刻有花鸟、八卦藻井,5号窟装有镶木顶棚。祖师殿设于洞门右方民国年间所建逍遥楼上,楼身为方形,砖结构,八角攒尖顶,内供吕祖神像。

城墙、千佛洞及摩崖题刻

府州城地势险要,易守难攻。历史上,为中原政权镇守这一方要塞达 200 年之久的折氏家族,世代出名将,在抗击辽(契丹)、西夏的战争中屡立战功。以折氏抗战为题材的古典戏剧如《佘(折)太君百岁挂帅》等历演不衰,脍炙人口。

桂子过游,有诗赞曰:

千年府州
龙湾福地始隋唐,
德水之源百业昌。
更喜莲峰迎旭日,
荣河书院诵吟长。

高从宜

1 谁为祖国守边关
——吴堡石城与府谷石城

2016年夏季,在新疆塔什库尔干边城,我见识了久经沧桑、规模浩大、撼人心魄的汉代石城。这座汉代石城西边不远处,就是巴基斯坦和阿富汗。2018年春末,我们在陕西省的吴堡县和府谷县也"邂逅"了两座石城 —— 吴堡石城与府谷石城。它们在历史上,一度也是边关石城,现在则是"省保""国保"单位了。

吴堡古城又叫吴堡石城,位于吴堡县宋家川镇北的黄河西岸山巅。地处黄土高原之东陲,黄河中游之西滨,扼秦晋交通之要冲。石头垒城,属于"一夫当关,万夫莫开"的险峻之地,形势险要,坚硬如铜,故有"铜吴堡"之美誉。

一进吴堡石城南门,便是瓮城,内设雄伟的关帝庙,庙内正殿三间,砖木结构。门匾上书"协天大帝",两旁一副对联;上联:汉封侯、明封王、清封大帝。下联:俗称圣、释称佛、道称天尊。

又据吴堡古城东门下山崖现存金朝伪齐刘豫阜昌八年（1137）摩崖石刻题记：这年三月吴堡寨主兼将折彦若因"此城之隳弊……水寨之毁陋，恨无力以坚新。今率寨民，共劝修整，工兴土木，不日而成"（贺欣《吴堡石城》，三秦出版社，2013年）。折彦若与其镇守边关二百年之久、世出良将的折氏家族，名载史籍，流芳千古。

吴堡石城北200余千米，就是地近广义河套区域的府州古城。作为黄河入陕第一县，府谷县位于陕西省最北端，秦、晋、蒙交界的黄河三角地带。

府谷七星庙

折氏祖墓

府谷县境内有昂首 150 千米的明长城，有两处幽情深深的折氏家族墓地，有"塞下秋来风景异……将军白发征夫泪"的孤山镇，也留下了杨家将烽火爱情的七星庙。更有襟山带水的府州古城。

唐末五代十国，府谷处于民族争夺的攻防"咽喉"。特别是宋、辽、西夏鼎立期间，府谷一带就成了争夺的主战场。时势造英雄，英雄造时势，镇守府谷的折氏家族就成为这一时期特殊而重要的"历史力量"。

折家在折德扆的父亲折从阮时受到宋太祖"许

折克行神道碑拓片局部

以世袭"的特权,从此折家父子世袭府州,为宋朝镇守西北边陲。《宋史·折德扆传》记载:"自晋、汉以来,独据府州,控扼西北,中国赖之。"同样出自折氏家族的折可存(1096~约1126)墓碑已经在府谷县发现。正是由于折可存对宋朝的忠诚与军功,才有了宋代之后佘太君的杨家将文学创作。这是汉民族的文学希望与精神寄托,如同庙宇中出现关羽武圣的形象一样。

吴堡石城与府州古城有关羽庙,韩城市和神木市有关羽庙,佳县白云观也有关羽庙。关羽信仰的精神因素是复杂而深沉的。就精神因素而言,他是义薄云天的战神。就地理乡情看,他是晋陕黄河的义子。宋代之后,汉民族既需要战神又需要河神,关羽信仰历史性地出现了!在晋陕黄河流域,关羽既是战神又是河神。

谁为祖国守边关?就西域新疆比如塔什库尔干石城而言,汉代就是少年的盖世英雄霍去病,是文武双全、两代著史的班超;唐代就是北庭都护的叶嘉运,是驻守龟兹(库车)的高仙芝和封常清。就陕北地区而言,战国时期是既打仗兼修长城的蒙恬,汉代是抵御匈奴的大将军卫青,唐代是唐太宗赐名的徐懋功(李勣)和注解《阴符经》的神奇将军李靖；他们皆是出经入典的真实历史人物。

谁为祖国守边关？宋明以来，则有少数民族的英雄折氏父子，有历史和文学中的杨家将，有吴堡石城、府州古城与佳县白云观信仰的关圣形象；既有历史人物，也有文学形象，还有信仰对象。

十八 墙头

[行知提示]

从府谷县城北行51千米,到墙头乡。墙头位于陕西省榆林市府谷县东北端黄河西岸,是沿黄观光公路的北起点。

墙头龙湾

◇ 墙头起、逐虏台、莲花辿简介

● 墙头起

墙头起即黄河西岸明长城起头之地,略称"墙头"。黄河于墙头拐了一个 90 度的大弯,是黄河入陕第一湾,势如蛟龙,又相传宋太祖赵匡胤少时曾在此居留,当地人又称之为"龙湾"。

墙头地处蒙晋峡谷与秦晋峡谷的交接过渡区域,黄河于府谷连续转弯,平静温顺,形成了黄河漫滩、冲积平原,形成富饶、平整的土地。故有"天下黄河富宁夏,府谷黄河富墙头"之说。

墙头素有"鸡鸣闻三省"之称,墙头乡是陕西、内蒙古、山西三省交界的交通枢纽。黄河西岸有内蒙古准格尔旗大口渡在北,陕西省府谷县之大汕渡居南,共同遥对黄河东岸的山西省河曲县西口古渡,成为历史上秦晋两省人民入河套、走西口寻求致富道路的重要口岸,是汉蒙两族交往的重要通道。

墙头起　石春兰　摄影

● 逐虏台

逐虏台是陕西明长城起点，地处明朝"九边重镇"之延绥镇，为明长城延绥镇巡抚都御使余子俊成化十年（1474）率兵修筑，东临黄河，与对岸河曲县明长城和烽火台相望。墙头长城墩台明称逐虏台，意谓驱除鞑虏；清称逐鹿台，意谓满族入关逐鹿中原；新中国成立后更名为筑里台，意谓构筑民族团结的万里长城。逐虏台原甃青砖，现裸露夯土，夯层纹理可见。

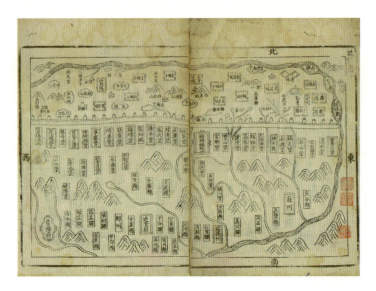

《陕西四镇图说》延绥镇

● 莲花辿

莲花辿东临黄河，西北绵延10千米。史载清康熙帝在平定噶尔丹叛乱时驻跸此地，被五色斑斓、状若莲花的雅丹地貌所吸引，在得知此地貌尚无名称的情况下遂赐名"莲花辿"。

莲花辿，主要是砒砂岩受侵蚀形成。砒砂岩是一种松散的岩层，沙粒间胶结程度差、结构强度低，质地非常松软，遇雨易溃、逢风易散。经多年风雨冲刷，形成了层层叠叠、峰峦交错、形状各异、变化无穷的美丽画面,表现出迥异于黄土高坡的独特色调和壮美风貌。

桂子过游墙头,有诗赞曰:

观莲花迪
丹霞地貌绽莲花,
五色斑斓绘石崖。
彩笔神工惊造化,
相随访古走天涯。

逐虏台及莲花迪

王子今

1 君子济

在西汉定襄郡西南,有河津名君子济。《水经》写道:"(河水)又南过赤城东,又南过定襄桐过县西。"陈桥驿点校《水经注》卷三《河水》说到这里有一处黄河津渡"君子济":"定襄郡,汉高帝六年置,王莽之得降也。桐过县,王莽更名椅桐者也。河水于二县之间,济有'君子'之名。"随即记述了一个故事:"皇魏桓帝十一年,西幸榆中,东行代地。洛阳大贾赍金货随帝后行。夜迷失道,往投津长,曰:'子封送之。'渡河,贾人卒死,津长埋之。其子寻求父丧。发冢举尸。赀囊一无所损。其子悉以金与之,津长不受。事闻于帝,帝曰:'君子也。'即名其津为君子济。济在云中城西南二百余里。"皇帝"西幸榆中,东行代地",洛阳大商人随后,夜行迷路,求助于管理黄河津渡的官员津长。渡河时,商人猝死,津长予以安葬。商人的儿子寻求父亲葬地,开墓举尸,发现当时携带的资财一无所损。其子将金钱赠与津长,津长谢绝。

皇帝听闻这一故事,感叹道:"君子也。"于是命名这处津渡为"君子济"。

《钦定四库全书·水经注》

其中"皇魏桓帝十一年",多种刻本作"昔汉桓帝十三年"。如清人沈炳巽《水经注集释订讹》卷三《河水》,赵一清《水经注释》卷三《河水》等。文渊阁四库全书本《水经注》注文关于"河水于二县之间,济有'君子'之名"写道:"案此十三字,原本及近刻并讹作《经》。"又说:"案'皇魏'近刻讹作'昔汉','一'讹作'三'。"然而秦汉时期北边定襄、云中、五原一带长期是军事外交重心所在,黄河津渡必然相当密集。这处津渡在两晋南北朝时大受重视,北族政权多次用以攻战。其事虽晚,然而《水经》已见"君子济"之说,也有一些学者确信。如明代学者周婴说,"桑氏已著济名,则事在汉桓之先矣"(《卮林》卷一《析郦》"君子济"条)。王国维校《水经注校》也以为"河水于二县之间,济有'君子'之名"是《水经》原文(王国维校:《水经注校》,袁英光、刘寅生整理标点,上海人民出版社,1984年)。《说郛》卷一〇八下桑钦撰《水经》卷上《河水》也有"河水于二县之间,济有'君子'之名"文字。就是说,"君子济"事究竟发生在东汉还是发生在北魏,是存在疑问的。但是黄河渡口曾经出现这样的涉及商业贸易史和道德宣传史的故事,体现出黄河文化丰富多彩的内涵,是值得注意的。

高从宜

2 战神之河
——秦晋峡谷概观

美国华裔物理学家张首晟,在 2017 年发现了"天使粒子"与"太极粒子",此前中国书肆就摆放有关注同类型内容的出版物《现代物理学与东方神秘主义》《上帝与新物理学》等。近年来,人文社科研究的脚步也在稳步跟上:张光直《中国青铜时代》系列作品、赵汀阳《惠此中国:作为一个神性概念的中国》和孙英刚《神文时代》等书陆续出版。从神文信仰考察中国文明包括黄河文化的时代性机缘,竟然在科学昌明、商业繁荣的 21 世纪出现了。

上古中国,人、神杂居,巫、史一家。所以学者指出:"'史'官最早是神职性职官……很显然,这里的'史'即是指巫祝一类事神之人。"(陈来《古代宗教与伦理》59 页,北京大学出版社,2017 年)与黄河相关的神话很多:"河出昆仑"是华夏古典

山西省永和县境内拍摄的黄河流凌

文明的重要主题和议题,"夸父逐日"的故事多年前就被编选进了中小学课本,"河神娶妇"是评法批儒时期的启蒙故事,西岳庙主神少皞是曾多次显灵于华山的"金天王",等等。如果说黄河是华夏文明的诸神之河,秦晋峡谷就是中国历史上的战神之河。

黄河晋陕峡谷也叫秦晋峡谷,从不同角度去定义,则包含不同的概念。从自然地理看,它指北起内蒙古托克托县,南至山西河津市禹门口或陕西韩城市龙门口的黄河峡谷。全长726千米,落差达607米，河床宽为200～400米，河谷深切300～500米。沿岸悬崖绝壁，黄河奔涌其中，这里是华夏文明的重要发祥地。

从今日行政地域兼融历史与自然地理角度考察，本文语境中的晋陕峡谷叙事南向延伸，为北起陕西府谷县－山西河曲县，南到陕西潼关县－山西芮城县之间，800多千米的咆哮黄河。按照英国剑桥大学斯多勒姆教授的研究：一条河流的实际长度大约是其直线距离的三倍多。那么，晋陕峡谷的实际长度就在1000千米以上。今日它的地理功能，首先在于它是山西省与陕西省的行政界河，这也是它被称之为晋陕峡谷的历史地理依据。晋陕峡谷有时也被以"秦晋峡谷"呼之，如同战国时期它曾经作为秦与晋的国家界河一样，两国分处黄河左右岸，往来交流密切，汉语中有"秦晋之好"的成语，战国时期秦晋两国的许多同盟故事（两国通婚，泛舟之役等）可以佐证。

春秋战国毕竟是风起云涌的"大争之世"：一方面有"秦晋之好"，另一方面或者说主导方面则是国家之间的战争——秦晋之"恶"与秦晋之"争"，如春秋时期公元前627年著名的"崤之战"。"崤之战"不久，秦晋两国又发生了两次大战。其中一次，秦穆公亲自率军伐晋，渡过黄河，焚烧船只，以示决心死战。这既是《孙武兵法》"焚舟破釜"的实际战例，也是项羽"破釜沉舟"的战术先河。与孙武齐名的军事家吴起，既在晋陕峡谷与魏王感叹河山之雄壮险美，也把自己的战神之魂留在了陕北高原。1935年10月19日，中央红军与陕北红军在陕西吴起县会师。这可能是历史的机缘巧合，也有战神之间的"灵犀一点通"吧。从春秋战国到中国现代，晋陕峡谷不啻是一条战神之河。

发生在晋陕峡谷两岸的著名战争，算来多矣！如周、秦、汉、唐立国之战，皆于晋陕峡谷两岸的

潼关汉城眺望黄河　樊潼顺 摄影

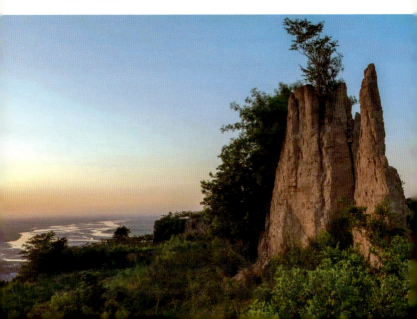

战略要地展开。

周武王发动的殷周牧野之战,是兴周灭商的决定性战役。周武王需东渡黄河而"蹈商",在晋陕峡谷两岸自然要发生大小战斗。灭商战役,造就出有"六韬"战术的战神姜子牙。其时,殷商兵力70万,西周只有10万,牧野之战前,周武王占卜,并不吉祥。姜子牙却能冲破正统神学观念,激励周武王义无反顾地发动牧野之战,终于完成灭商事业。其实,在牧野大战前,姜子牙就有过一次实战军事演习。司马迁有精彩的描写:"师行,师尚父左杖黄钺、右把白旄,以誓,曰:'苍兕苍兕,总尔众庶,与尔舟楫,后至者斩!'遂至盟津。"(《史记·齐太公世家》)这是晋陕峡谷战神形象的写实白描,是姜子牙实际统军的传神呈现:政治上周武王尊姜子牙为"尚父",源于姜太公乃是军事上制胜的"战神"。

春秋战国数百年,可以说就是一段兼并战争史,大小战争既频繁又酷烈。特别是在秦统一战争中,秦国在西,敌国在东,晋陕峡谷两岸就成了主战场。不必说那些职业将帅,秦穆公、秦昭王以及最后统一全国的秦始皇其实皆是能够制胜的"战神"。

汉朝的"战神"首推韩信。刘邦兵败彭城之时,塞王司马欣、翟王董翳叛汉降楚,齐王田荣和赵王歇也反叛并与楚媾和。其年六月,魏王豹以探母病为由回到封国后,就封锁了黄河关口,切断汉军退路,魏也叛汉与楚约和。刘邦派郦食其游说魏豹不成,八月任命韩信为左丞相率兵击魏。魏豹把重兵布守在蒲坂,封锁河关(黄河渡口临晋关后改名蒲津关)。韩信故意多设疑兵,陈列船只假意要渡河关,而伏兵却从夏阳(今陕西韩城)以木盆、木桶代船渡河,袭击魏都安邑,韩信大胜。刘邦说韩信"战必胜,攻必破",此六字可作为对这位"战神"的高度概括。韩信从夏阳以木盆、木桶代船渡河,既源于"疑兵之计"的奇袭战术,也有他"胯下之辱"接地气的底层精神,以及中国现代军事史上毛泽东的"人民战"理念,还让人想起好莱坞 2017 年大片《敦刻尔克》的战争画面。而毛泽东在晋陕峡谷的如神用兵,通过画家石鲁的名画《转战陕北》、佳县白云观的神签传说和府谷县黄河岸边的纪念景点,也都在被缅怀、追忆和膜拜了。

隋末动乱,天下烽烟四起,唐高祖李渊起兵,就从晋陕峡谷的蒲津关起显身手。领导人李渊、李世民和将帅李靖、郭子仪尽可入"战神行列"。闻名天下的昭陵六骏就是战神坐骑,李世民《入潼关》

就是战神诗篇,其中的"崤函称地险,襟带壮两京。霜峰直临道,冰河曲绕城",就是晋陕峡谷的战神叙事。唐太宗李世民既是"战神"又是"圣王":战争中,立功于晋陕峡谷两岸;和平时,取得"河清海晏"之盛景。

唐代名将李靖,不仅"战必胜、攻必破",并且注解了相传为吕太公撰述的兵书《阴符经》,使"战神"有了清晰界定。"战神"者,一要有"战必胜、攻必破"的战果,二要有"阴符"的直觉、灵感和奇妙。"阴符"的直觉、灵感和奇妙,是战神能够"战必胜、攻必破"的主体性特征与个体性境界。晋陕峡谷就是直觉、灵感和奇妙最易产生的神文文化胜地,是历史上产生传奇的战神之河。

黄河从青藏高原的源头到入海口,全长5000多千米,晋陕峡谷段真正称得上"战争之河"的名声。其一,黄河上游(源头到内蒙古托克托县)位于"塞外",蛮荒偏远,不是华夏历史文明的中心地带。其二,黄河下游(河南郑州桃花峪到入海口)辽阔平坦的华北平原,也曾经历过战争战乱,但相比较而言,根本上还是"和平"生活的沃土与福地。其三,晋陕峡谷尽管被划归黄河中游,其突出的地理特征乃是其为黄河上游与黄河下游的过渡地带。

地理上,晋陕峡谷位于黄土高原与关中平原的过渡地带。历史上,晋陕峡谷属于农牧交汇区域。对此,司马迁在《史记·太史公自序》中的"迁生龙门,耕牧河山之阳"早有明言。

晋陕峡谷与秦岭、华山,从三皇五帝时代就是华夏文明的东、西方中轴线。历史典籍中频频出现的"河西""河东"(黄河西岸、东岸)、"山东"

韩城与河津黄河两岸　李国庆 摄影

（崤山或华山之东）、"关西"（函谷关或潼关之西）就是折射。而西周和东周、西汉与东汉皆以晋陕峡谷为分界，汉代流行的《两都赋》即是经典反映。傅斯年有《夷夏东西说》，着眼点无出晋陕峡谷视野，而战争的发生，无非是民族和国家的利益和文明的严重冲突。晋陕峡谷历史上既是不同民族之间（南北）的交汇区域，也是相同民族之间（东西）的战略要地。这就是晋陕峡谷两岸战争多发的地缘因素，也是战神"用武"的黄金地带。

人类历史的特征，无非就是"战争与和平"两大状态，俄国文学大师托尔斯泰的《战争与和平》对此有空前绝后的恢宏描写，《左传》的名言是"国之大事，在祀与戎"。晋陕峡谷最大的历史文明意义，正在于它是战神的"用武之地"。因此，从"战争与和平"的人类主题着眼，用"战神之河"来概括晋陕峡谷或者"秦晋峡谷"的历史文化意义，我想应该站得住脚吧。

・晋陕黄河右岸腹地・

十九 二郎山庙

二郎山庙位于神木市市郊。

神木市位于黄河西岸,地势西北高而东南低。黄河支流窟野河穿市而过,为其境内主要河流。

神木市北魏置石城县,后改银城县。又相传其县治麟州城城外有松树三株,故有"神木"之名,金以名寨,元以名县,沿用至今。

[行知提示]

至府谷县墙头起,沿黄观光公路段考察即告结束,考察组一行又借道沧榆高速经神木寻访考察黄河右岸神木市境内的二郎山庙、石峁遗址、高家堡等几处人文历史景观。

神木市区距黄河直线距离约43千米。

神木二郎山　李文安/摄影

◇ 二郎山庙简介

二郎山庙为明清祭祀二郎等道教诸神的庙宇。位于神木市区西1千米处的二郎山上。二郎山,俗称"西山",前有窟野河、兔沟河交汇于此,背有长城蜿蜒于后,西边沙石相间,东侧石崖陡峭,前后两峰凸起,形似驼峰,又称为"驼峰山"。明正德十三年(1518),武宗皇帝巡行驻跸,观其状似笔架,遂赐名"笔架山"。

二郎是民间信仰和道教的神祇,一般认为是与水利、农耕和防患水灾有关的神,同时也被奉为猎神、蹴鞠神、雷神、酒神等。据庙内殿宇木檩题记,明初已有庙宇,部分建筑于嘉靖二十四年(1545)重修,清代至民国多次修葺。

二郎山庙　李文安　摄影

庙宇基本呈南北走向，在蜿蜒险峻的山脊上，各类庙、殿、亭、阁等建筑因地就势，分布长逾千米，计90余座（孔）。主体建筑有石牌坊门、二郎庙、关帝庙、诸神殿、三教殿、祖师庙、八仙洞、玉皇阁、圣母殿、侧坐观音堂、地藏洞、山神庙、浩然亭及石刻九龙照壁等。庙、殿内有壁画18幅，另存明清及民国时期碑石60余通，明代及清嘉庆元年（1796）摩崖题刻7方。

二郎庙始建于明正统八年（1443），坐北面南，由山门、正殿、东西庑、耳房、钟鼓楼等组成四合院；正殿内东西墙面有清道光十五年（1835）绘制的"矣云轶事图"，正面墙壁绘有小幅山水图；庙门外为砖砌照壁，照壁正面饰虎啸砖雕，背面为九龙戏水。

三教殿始建于明代，殿内东西壁分别绘制有"东山全景图"和"西山全景图"。地藏洞（石窟）凿于明代，窟顶浅浮雕龙凤花卉，东西两壁有明代绘制"看经诵及积善图"与"判官贪淫酒色图"等壁画。

桂子登游二郎山，有诗曰：

远眺驼峰峻伟姿，　亭台庙殿沐晨曦。
二郎传说经千载，　公道神彰不可欺。

二十 石峁遗址

-[行知提示]-

　　自神木市区继续南行约70千米至高家堡镇,附近目前已发掘面积最大的史前遗址——石峁遗址。遗址地处黄土高原北部,毛乌素沙漠南缘,坐落在黄河一级支流秃尾河北岸的梁峁上,东到黄河直线距离约为60千米。

石峁遗址　闫军平 摄影

◇ 石峁遗址简介

石峁遗址位于神木县城西南 40 余千米处的高家堡镇，属黄河一级支流秃尾河流域，河流东西两岸地貌差异明显，西侧沙梁绵延，东部梁峁纵横，秃尾河众多支流即发源于东岸梁峁山地中。石峁遗址所在山塬位于秃尾河及其支流洞川沟交汇处，地表沟壑纵横，支离破碎，海拔在 1100~1300 米之间。

据考古资料初步研究显示，石峁城址初建于距今 4300 年前后，沿用至距今 3800 年前后，城内面积逾 400 万平方米，是目前中国发现最大的史前城址，被誉为 21 世纪中国最为重要的史前考古发现之一。

石峁城址是由皇城台、内城和外城三部分构成的石砌城垣，气势恢宏，构筑精良，为国内同时期遗址所罕见，城内密集分布着大量宫殿建筑、房址、墓葬、手工业作坊等龙山文化晚期至夏代早期遗迹。

皇城台为一处四围包砌石砌护墙的高阜台地，

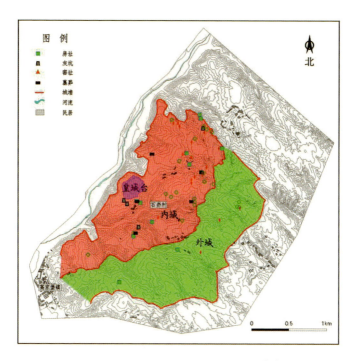

石峁遗址示意图

位于内城中部偏西,整体呈顶小底大的"平顶金字塔"状,是石峁城址内城和外城重重拱卫的核心区域,三面临崖,仅东南部以"皇城大道"与内城相接。台顶面积8万余平方米,为大型宫殿建筑区域,发现了大量夯土基址、池苑及石雕人像等重要遗迹、遗物。

内城将"皇城台"包围,依山而建,形状大致呈东北-西南向的椭圆形,面积210余万平方米。城墙大部分处于山脊之上,为高出地面的石砌城墙。现存长度5700余米,墙宽约2.5米,保存最好处高出现今地表1米有余。外城是利用内城东南部墙体,向东南方向再行扩筑的一道弧形石墙,现存长度4200米,宽度和高出现今地表高度同于内城,面积190余万平方米。

外城东门址体量巨大、结构复杂、筑造技术先进,由内、外两重瓮城、门道、包石夯土墩台、门塾、马面等设施组成,总面积2500余平方米。周边地层及遗迹中出土了玉铲、玉钺、玉璜、牙璋、

外城东门址(北—南)

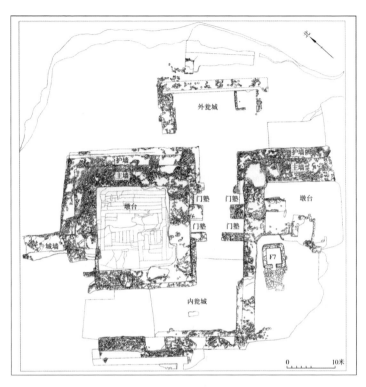

外城东门址平面图

陶器、壁画和石雕头像等重要遗物,尤以"头骨祭坑"及"藏玉于石"现象引人注目。外城东门址所见的内、外瓮城及马面等遗迹系国内确认的最早的同类城防设施。

集中埋置人头骨的遗迹有两处,一共48个头骨。一处位于外瓮城南北向长墙的外侧;一处位于门道入口处,靠近北墩台。这两处人头骨摆放方式似有一定规律,但没有明显的挖坑放置迹象。经初步鉴定,这些头骨以年轻女性居多,年龄在20岁

头骨坑(南—北)

玉器出土情况

左右。部分头骨有明显的砍斫痕迹,个别枕骨和下颌部位有灼烧迹象。

考古发掘出玉铲、玉璜等完整的玉器6件。一种是在倾斜的石墙缝隙中,另一种在倒塌的石墙堆积里面,距离地面都比较近,具有奠基祭祀的性质。

石峁遗址出土石雕大致有两类,一种是较早发现的单体石雕人头像，另一种是2018年集中出土于皇城台的"大台基"南护墙区域的30余件精美石雕。新发现石雕成组地出现在宫殿建筑的外墙，

石峁遗址出土石雕

是在城址最核心区域的大型宫殿类建筑的装饰。绝大多数为雕刻于石块一侧的单面雕刻，以减地浮雕为主，雕刻内容可分为符号、人面、神面、动物、神兽等，有一些画面长度近3米，以正脸的神面为中心，两侧对称雕出动物和侧脸人面，体现出成熟的艺术构思和精湛的雕刻技艺。

地处黄河之畔、农牧交错带的陕西神木石峁遗址，以"中国文明的前夜"入选"2012年度全国十大考古新发现"。它的发现对进一步理解东亚及东北亚地区早期国家的起源与发展过程具有重要意义。种种迹象表明，石峁城址的社会功能不同于一般的史前聚落，已经跨入了早期城市形成时期邦国都邑的行列之中，对于重绘公元前2300年前华夏沃土上"万邦林立"的社会图景具有重要启示意义。

目前，石峁遗址尚在继续深入发掘中。

桂子访石峁，有诗曰：

> 拂去埃尘叩殿门，
> 千年何觅史前村。
> 时空穿越寻遗迹，
> 城址犹存辨旧痕。

• 王子今

1 石峁遗址出土的鳄鱼骨板

陕西神木石峁遗址的考古发现,反映了北部中国进入文明初期的社会文化面貌。石峁遗址出土4000年前的鳄鱼骨板,使得我们对当时这座古城的居民们面对的生存环境,以及他们的族群结构、信仰世界与文化礼俗,有了新的认识。

石峁遗址出土鳄鱼骨板

古有取扬子鳄皮革制作鼍鼓的说法。扬子鳄生存在今长江下游水域。《汉书·武帝纪》记载,汉武帝视察地方,曾经有一次行程甚远、意义也非常重要的巡行:"(元封)五年冬,行南巡狩,至于盛唐,望祀虞舜于九嶷。登灊天柱山,自寻阳浮江,亲射蛟江中,获之。舳舻千里,薄枞阳而出,作《盛唐枞阳之歌》。遂北至琅邪,并海,所过礼祠其名山大川。春三月,还至泰山,增封。甲子,祠高祖于明堂,以配上帝,因朝诸侯王列侯,受郡国计。夏四月,诏曰:'朕巡荆扬,辑江淮物,会大海气,以合泰山。上天见象,增修封禅。其赦天下。所幸县毋出今年租赋,赐鳏寡孤独帛,贫穷者粟。'还幸甘泉,郊泰畤。"汉武帝的这次远程出行,有"朝诸侯王列侯,受郡国计"等行政行为,曾"其赦天下",汉武帝诏自称"所幸县毋出今年租赋,赐鳏寡孤独帛,贫穷者粟"。此外,又"望祀虞舜于九嶷。登灊天柱山",自长江口"北至琅邪,并海,所过礼祠其名山大川","还至泰山,增封","祠高祖于明堂,以配上帝",最终"还幸甘泉,郊泰畤",为维护西汉时期最高等级的信仰秩序,做了全面的表演。对汉武帝的江海巡行,他自己宣称:"朕巡荆扬,辑江淮物,会大海气,以合泰山。上天见象……"关于所谓"辑江淮物",颜师古注引如淳的说法,"辑,合也。"而"物"就是"神","辑江淮物",就是《郊祀志》记录的"所祭祀事"。颜师古也说,"'辑'与'集'同"。所谓"会大海气",颜师古注:"郑氏曰:'会合海神之气,并祭之。'"这样,"大海气""海神之气",见于历史文献。

汉武帝"亲射蛟江中，获之"，有些类似秦始皇出巡海上，亲自持连弩射杀海中巨鱼的事迹。而所谓"蛟"，许多学者以为就是扬子鳄。

有人认为，石峁发现的鳄鱼骨板与当时上层社会的奢侈品交换有关。山西陶寺遗址几座高等级墓葬中，也出土过鳄鱼骨板。

鳄鱼皮革可以制作鼍鼓，这是水生动物资源利用史的重要情节。然而鳄鱼骨板的发现，或许还有更深层次的意义。有的学者指出，鳄是龙的原型。时事出版社 2002 年出版的何新著《龙：神话与真相》，分析了"龙"的起源。据说何新 1986 年提出了相关认识。然而，中央民族大学教授祁庆富《养鳄与豢龙》一文早在《博物》1981 年 2 期刊出，更早提出了"鳄"与"龙"存在神秘关系的观点。

石峁遗址鳄鱼骨板的发现，可以反映当时人与自然的关系，反映西北地区与东南地区的交通联系，或许也能够为探索远古时代人们精神生活与信仰世界的内涵，提供有积极意义的信息。

2 石峁"黄帝魂"

先秦诸子中,对黄帝属意最多者为《庄子》和《列子》。《列子》卷二即黄帝专篇。《庄子》的黄帝叙事就更丰富漂亮了:有黄帝南征北战的军政叙事,有"黄帝遗珠、罔象得之"的神话隐喻,有黄帝斋戒问道的崆峒故事,甚至还有黄帝与炎帝比较中的批评语言。荀子评价《庄子》"明于天,暗于人"。

司马迁《史记》的首要主题就是:"究天人之际"(商人尊"帝",周人敬"天"。西周以降,"天"是与"帝""神"并列性的神圣崇高概念;涵义和歧义非常之缤纷复杂。参阅汤一介、汪德迈《天》,北京大学出版社,2011年)。

就黄帝而言,他既有"天"("帝""神")的方面,也有"人"的方面;先秦典籍中,《山海经》之外,《庄子》是"究"得最丰富与漂亮的了。1991年,王明先生指出:"黄帝历史的传述,主要是我国道家和道教学者的卓识和贡献。"(王明《道教通论·序》,齐鲁书社,1993年)那么,追寻"天人"黄帝的历史和精神"灵魂",《山海经》和《庄子》乃是优先需要面对的古典文献。令人惊异的是:早在陕北石峁遗址发掘之前,《山海经》研究专家王红旗,1987年在《民间文学论坛》杂志发表《昆仑地望探索》一文,首次指出"昆仑丘在黄河河套以南的鄂尔多斯高原","位于陕西省黄帝陵的北面"。(王红旗《全本绘图山海经·五藏山经》,武汉大学出版社,2011年)

石峁遗址

王红旗"石峁黄帝城说"提出的 1987 年，神木市石峁遗址还只是一个"县级保护单位"。石峁遗址发现不久，沈长云于 2013 年 3 月 25 日在《光明日报》上发表了《石峁遗址是黄帝部族居邑》的文章。同年 4 月 15 日《光明日报》上，除又刊发了沈先生的一篇文章外，还有青年学者陈民镇《不要把考古与传说轻易挂钩——也说石峁古城》的商榷文章。在这位青年学者看来，把石峁遗址和黄帝部族居邑的联系研究就是"轻易挂钩"。殊不知，张光直《古代中国考古学》等名著的"此类挂钩"多得很！例如：在《仰韶文化的巫觋资料》中，这位公认的考古学"巨人"和"伟人"不仅将仰韶陶壶与道教著述《抱朴子》和欧美萨满研究联系起来，还将它们与气功入定"挂钩"！（张光直《中国考古学论文集》，三联书店，2013 年）在《中国新石器时代文化断代》中，他又语重心长地说："风胡子死了两千多年之后的 20 世纪初叶，中国人对古代物质文化发展秩序的观念，仍然停留在风胡子的阶段（假如没有更倒退）。"（同前）陈民镇的文章，恰表现了一种"倒退"！

关于石峁研究上他们的观点和分歧不必说了，倒是陈民镇文章中的一句话实在让人惊诧！这句话是:"在目前的条件下,将新石器时代的考古遗存与古史传说轻易挂钩都是危险的。"这话学理上的问题与错误,沈长云《再说黄帝与石峁古城——回应陈民镇先生》大都已经指出。这里仅提两点:(1)它让人想到了"现在青年无青春"和"佛系青年"现象。胡适"大胆假设,小心论证"都讲了百年,青年学者的胆量竟比长辈还小。(2)"在目前的条件下"指什么?与沈长云观点进行商榷的文章,无论年龄老幼,皆提到"在目前的条件下"的一大情况是:"材料极度缺乏"。奇怪的是,他们既不"拿来"欧美成熟的文化人类学与神话研究成果,也不理会《庄子》和《山海经》两千年前已经写就的典籍,甚至罔顾当代王明先生的《道教通论》文章,以及唐晓峰2003年就提出的"中国北方地理的三元结构"理论。还嫌材料匮乏吗?

2013年以来,已经出版了《发现石峁古城》和《石峁王国之石破天惊》等书。石峁遗址与黄帝城的关系仍然处于严重晦蔽状态,学者们知道"危险"而三缄其口吧。这让人"在目前的条件下",想起《左传》中关于剡子与孔子的著名故事。《左传·昭公十七年》记载道:剡子曰:"'吾祖也,我知之。昔者黄帝氏以云纪,故为云师而云名……

大皞氏以龙纪，故为龙师而龙名。我高祖少皞挚之立也，凤鸟适至，故纪于鸟，为鸟师而鸟名……自颛顼以来，不能纪远，乃纪于近……'仲尼闻之，见于郯子而学之。既而告人曰：'吾闻之：天子失官，官学在四夷'，犹信。"

郯子的"高祖少皞挚"，为黄帝孙，父亲为清阳，以凤鸟为图腾。大皞氏呢，应该是"少皞挚"的父辈苗龙（参见马骕《绎史（一）·黄帝世系图》，中华书局，2002年）。《山海经》写道："有木，青叶紫茎，玄华黄实，名曰建木……大皞爱过，黄帝所为。""大荒之中，有山名曰融父山……黄帝生苗龙，苗龙生融吾，融吾生弄明。"郯子的"高祖少皞挚"后来迁徙到东方，以凤鸟为图腾。大皞氏苗龙，仍然生活于父亲黄帝的祖地（融父山），也保持着西北的"龙纪，故为龙师"的龙图腾。石峁遗址极有可能正是黄帝族邑、苗龙部落的"国都。"

作为后裔，郯子的追忆既高古深邃又情真意切。（1）一句"吾祖也，我知之"的开首语，是深情而坚定的历史意识！（2）"颛顼以来，不能纪远，乃纪于近"则是"绝天地通"的注解和旁证。（3）孔子尽管"见于郯子而学之"，但他并没有接受有关黄帝的历史学说。这既有《论语》中"子不语怪力乱神"作证,也有《尚书》以帝尧开始为证;恰恰是"不能纪远,乃纪于近"的学风例证。(4)"天子失官,官学在四夷"既是"礼失求诸野"的重言式命题,也鼓励我们在陕北神木市这些过去的"四夷"之地追寻"龙飞凤舞"的远古文明踪迹。(5)最重要的,郯子把"昔者黄帝氏以云纪,故为云师而云名"置于自己言说的最前面,无疑突出了黄帝"云中君"的神圣崇高形象,也隐含了"天高云淡"的中国北部地区就是黄帝活动的早期圣地。神木市石峁遗址的考古发掘,最大魅力正在于此。

且回到"目前"的考古现场与成果来叙事:石峁遗址是中国已发现的龙山晚期到夏早期规模最大的城址。石峁遗址距今约4300年左右,面积约425万平方米。这个曾经的"石城"寿命超过500年。1983年,石峁遗址是县级文物保护单位;9年之后,1992年,为省级重点文物保护单位;14年之后,2006年被公布为全国重点文物保护单位。1983年之前,石峁遗址是周围乡间地头的一般存在。2006年以来,它属于全国重点文物保护单位,开始和它的身份适应起来。距离石峁遗址不远的黄帝陵,是中国"全国重点文物保护单位"的"第一号"。石峁遗址以"中国文明的前夜"入选"2012年度全国十大考古新发现"和"世界十大田野考古发现"以及"二十一世纪世界重大考古发现"。2020年,石峁遗址又以皇城台的考古成果入选了"2019年度全国十大考古新发现"。考古专家李新伟在《东西对峙,何处中原》的专文评述道:"石峁遗址皇城台的发掘自2016年工作刚刚展开就引起又一次共工怒触不周山式的震动,令学界对倚天而立的西北高地更加肃然起敬。"

皇城台　石春兰　摄影

玉面人头像

　　石峁遗址,无疑强烈地启示着黄帝城与黄帝魂。黄帝时代,没有文字。明诏大号石峁遗址就是黄帝城,永无可能。考古的C14测年业已确认石峁遗址为距今4300年到3800年的古城,其庞大规模和格局也显示了它的都城形象。《越绝书》记载:"黄帝之时,以玉为兵。"石峁遗址众多的玉器中,"兵器"之外,还有礼器、法器和灵器——通灵之玉器。

比如"一目人"玉器，就是一件通灵玉器；近似于佛教的法眼与道教的玄观。石峁时期，文字尚未出现，就以"一目人"玉器表达。《山海经》对此有记述（参见杨瑞《石峁王国之石破天惊》，陕西人民出版社，2017年）。

这是硬件了。庞大城址，地理方位，众多玉器，少女祭祀……这一切与《山海经》《庄子》和《水经注》等典籍对黄帝活动历史的记载高度吻合。

特别是石峁遗址的"皇城、内城和外城"格局，这是目前中国发现最早的三重结构"都城"。《尔雅》《淮南子》《水经注》等书都记载："三成为昆仑丘。"屈原《天问》写道："昆仑县圃，其凥安在？增城九重，其高几里？""县圃""增城"即昆仑城的上面两层，最下一层即"樊桐"。最上的"增城"，"一名天庭，是为太帝之居"。它是石峁遗址的"皇城台"吗？水落石出之前，这至少可以作为一个工作假设。

如果允许科学研究归纳方法的终极"跳跃"，学者们把石峁遗址视作黄帝城就自然而然了。李零教授将之戏称为"在一定基础上的胡说"。石峁遗址的研究更需要这种"胡说"——毕竟，历史上这里长期就是"胡人"世界。而人文社会科学中的演绎方法,在面对黄帝时代的神话传说与历史文明的时候,恐怕首先得有真诚而强烈的生命感情。马林诺夫斯基:"构成灵的实质的,乃是生的欲求所有的丰富热情";"巫术信仰或宗教信仰,则与人类深切的欲求,人类的恐惧与希望,人类的热情与情操等等关系密切"。(参见《巫术、科学、宗教与神话》,李安宅译,上海社会科学出版社,2016年)石峁玉器中的"一目人",兴许就是导师!

二十一 高家堡古城

—[行知提示]—

　　石峁遗址脚下的高家堡镇,其镇治又是历史上九边重镇的重要营堡。

高家堡 石春兰 摄影

◇ 高家堡古城简介

高家堡古城位于神木市高家堡镇，地处秃尾河东岸二级阶地形成的平川内，西北距长城大边约5千米，为明长城延绥镇沿线三十六营堡之一。

据《榆林府志》《延绥镇志》等记载：明正统四年（1439）陕西巡抚陈镒将弥川寨移设于高家

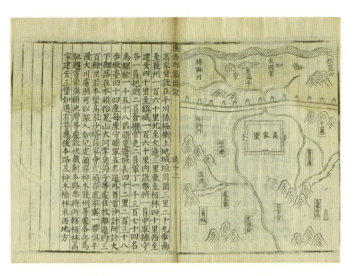

《陕西四镇图说》高家堡

高家堡城墙、街道与民居　詹潇然　摄影

庄,建立高家堡;成化八年(1472)延绥巡抚余子俊为加强营堡防御能力,主持加固工程,将高家堡城垣甃以砖石;嘉靖十年(1531)总督王琼主持补筑高家堡边垣(卫墙)工程;万历二年(1574)巡抚宋守约奏准重修高家堡城垣墩台、墩院、暗门、水口、寨城、空心墩等;万历三十五年(1607)巡抚涂宗浚主持用砖包砌垣墙。乾隆年间三次维修。民国二十四年(1935),修葺东南城角魁星楼。

城平面呈长方形,东西长500余米,南北宽270米;垣墙周长1550米,辟东、西、南、北四座大门;城内以"中兴楼"为中心,设置东、西、南、北四条大街。城内保存有部分明清时期民居、戏楼、商铺及城隍庙、财神庙、西门寺等庙宇。

垣墙基宽7~10米,顶部残宽1~4米,残留高度5~8米。垣墙内为夯土。垣墙外壁下部用条石包砌,一顺一丁砌筑16~19层,包石上面砌砖;垣墙顶部做灰渣防水层;垣墙内侧不包砖石。城垣上原建有四座角楼,现仅存东北角楼,其余仅剩夯土台。北城垣外尚存护城河,有卫墙遗迹。

四座城门中,南门不存。北门现存夯土台,上新建有三官庙。东、西两门保护尚好。东门辟三券

高家堡城墙

高家堡瓮城　詹潇然 摄影

洞,内外侧均用条石丁顺无规律砌筑,门外瓮城已遭破坏。西门辟一券洞,内外侧用条石和砖砌筑,券洞下部用条石一顺一丁包砌八层,高1.75米;券洞上部以砖三批三券包砌,券洞上部设有砖出檐。西门瓮城向南洞开,门洞下部亦用条石包砌,高度约0.9米。

中兴楼亦称中心鼓楼,位于城内四条大街交会处,由台基和木楼身两部分组成。台基为不规则矩形;设东西南北四个方向券洞,洞下部用九层条石包砌,上部用青砖三批三券包砌。四座门洞上方均嵌有一块石匾额，面东匾额题"中兴楼"三字。台基四周设有砖砌花样围栏。台上楼身为两层，重檐十字歇山顶，覆琉璃瓦，檐下施彩画。

民居多集中在中兴楼附近的南大街西侧，主要有10余处。均为砖木结构四合院，多由一进、两

进院落组成。

　　高家堡属明长城防御体系的一部分，系明长城要塞，为研究明代军事防御设施的分布、构筑、布

中兴楼　石春兰　摄影

局和明清时期营堡内居民的生活、信仰及商业活动等提供了重要的实物资料。

桂子过游,以诗记之:

高家古堡
长城大漠锁边陲,
烽燧当年旧影随。
石堡城池留史迹,
中兴楼内可存碑。

二十二 黄帝陵

黄帝陵在黄陵县县城北。

黄陵县位于洛河以西,地处黄土高原南缘,境内地貌以黄土原、沟壑、丘陵为主,地势西北高、东南低。

秦始皇二十六年(前221),置阳周县;后秦设中部县,民国三十三年(1944),因轩辕黄帝陵寝所在,中部县更名为黄陵县。

—[行知提示]—

从高家堡古城经沧榆高速、包茂高速南行500千米到黄陵县县城北1千米处,即到中华文明的精神标识、誉为"天下第一陵"的黄帝陵。

远眺黄帝陵 李国庆 摄影

◇ 黄帝陵简介

黄帝陵是轩辕黄帝陵寝。《史记·五帝本纪》载:"黄帝崩,葬桥山。"陵因山而得名。1942年,为远播黄帝声名,并区别于蒲城境内的唐睿宗桥陵而更名黄帝陵。整个陵园由陵冢、汉武仙台、黄帝庙、桥山古柏群等组成,总面积为3.24平方千米。

花墙护绕的黄帝衣冠冢和郭沫若题"黄帝陵"碑　李国庆 摄影

陵冢位于桥山半山腰，后以青山为屏，前有沮水环绕，掩映于翠柏之间。冢呈圆丘状，高3.6米，周长48米，青砖花墙护绕一周。冢前有明嘉靖滇南唐锜所题"桥山龙驭"石碑。冢南30米处为汉武仙台，传为汉武帝北巡途中祭祀黄帝陵寝所筑。

　　黄帝庙亦称轩辕庙，传建于汉代，原庙址在子午山支脉桥山西麓，北宋开宝五年（972）迁建东麓，元、明、清各代屡经修葺，占地面积约1.16万平方米，坐北朝南，由山门，供祭祀拜谒者修正衣冠、平心静气的诚心亭和祭祀大殿，以及两厢碑廊等构成。

轩辕庙祭祀大殿　刘振 摄影

山门面阔五间，仿汉代木构廊庑式建筑，歇山顶，青灰瓦屋面，阑额施旋子彩画。祭祀大殿面阔七间，进深三间，为木构庑殿式建筑，屋面青灰板瓦、筒瓦苫顶，阑额、板枋均为彩绘，楣额悬挂国民党元老程潜所书"人文初祖"匾额。殿内供奉巨幅轩辕黄帝石刻画像。

该像以山东济宁嘉祥武梁祠东汉桓帝建和元年（147）黄帝画像石为蓝本，经专家论证和国家文物局批准，适当融入现代审美理念放大刻制而成。碑廊位于院内左右两厢，竖立北宋、元代栽植管理松柏的圣旨碑和历代修葺、祭祀碑记、祭文碑刻40余通。院内还有传为黄帝手植柏、汉武帝挂甲柏等千年古柏以及国家政要所题石碑等。

桥山柏树群有柏树8万多株，林木茂密，翠色常驻，其中千年古柏3万余株，为国内最大的次生柏树林。最为著名者如黄帝手植柏，位于轩辕庙内，树围11米，7人难以合抱。另有汉武帝挂甲柏、龙角柏等，亦极其珍贵。

黄帝陵、庙自秦汉以来为炎黄子孙拜谒先祖的重要场所。据现存40余通祭祀碑石和相关文献记载，唐、宋、元、明、清历代屡有修葺。中华民国二十八年（1939）陕西省政府令设黄帝"陵园管理

黄帝手植柏　李文泽　摄影

黄帝陵祭祀大殿　李国庆　摄影

处",以中部县长兼任主任。1944年,又增建了陵园祭亭,竖立了陵碑等。中华人民共和国成立后,亦曾屡次维修。抗战期间,中共中央在驻地延安派张国焘赴黄帝陵祭拜。

1992年之后,在全国政协主席李瑞环等国家领导人的倡导推动下,陕西省成立了重修黄帝陵工作领导小组,开始对黄帝陵进行大规模的整修。先后建成入口广场、印池、桥北广场、庙前广场、山门、祭祀广场、祭祀大殿、功德坛、中华同心碑林等。总投资约2.5亿元。

1961年3月,黄帝陵被国务院公布为第一批全国重点文物保护单位,编为"古墓葬第一号"。

桂子敬谒轩辕黄帝陵,有诗两首:

中华首陵
桥山龙驭五千年,
沮水长流谒圣贤。
古柏根深磐石固,
中华九鼎立云天。

心香祭祖
紫气东来赤县天,
炎黄龙脉溯渊源。
汉唐气象今犹在,
一炷心香祭祖先。

高从宜

1 满天星斗的后裔
——黄帝陵与黄河的"文化星座"

在黄河流域,与黄帝有关的仰韶文化和龙山文化遗址已经数以千计,考古大家苏秉琦提出了著名的"满天星斗"说(参见《满天星斗:苏秉琦论远古中国》,中信出版社,2016年)。

在以黄河流域为中心的黄土分布区内,"已经发现的仰韶文化遗址有5000多处"(刘莉、陈星灿《中国考古学》,三联书店,2017年)。黄河俨然成了黄帝文化流布的河山载体,成了炎黄子孙蓬勃生息的伟大见证。可以说,仰韶文化和龙山文化遗址完全支持或确认了历史上的黄帝古史传说。下来的重点,应该是在精神思想层面开始更具体深入的文化解释学。

作家张承志有着北大考古的科班背景,在给《俞伟超考古文选》写的序文中就对已有考古成果做了颇具深度的思想探究,但没有触及黄帝陵与黄河的信仰问题。哲学家赵汀阳出版了《惠此中国——作为"神性"概念的中国》,并在为苏秉琦写的《〈满天星斗:苏秉琦论远古中国〉选编代序》中,都同样错失了黄帝陵与黄河"文化星座"的"神性"维度。首先,从"满天星斗"的词义看,它就具有"群星"和"北斗星"的"星座"分野。而北斗星的精神文化之义,《史记·天官书》写道:"北斗七星,所谓'璇、玑、玉衡以齐七政'……杓,自华以西南。夜半建者衡;衡,殷中州河、济之间……斗为帝车,运于中央,临制四乡(向)。分阴阳,建四时,均五行,移节度,定诸纪,皆系于斗。"

彬县冯晖墓天象图

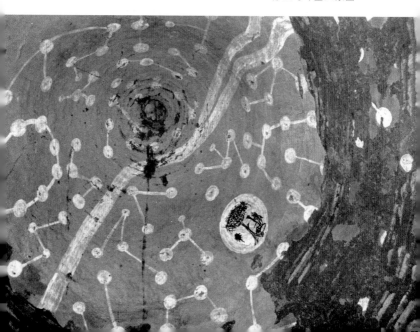

朝廷政治上的"七政"就不说它了，简单看一下"北斗星"的地理分野："华"即华山，"杓"对应以华山为界的西南之地。"衡"对应中原地区的黄河与济水，即黄河中下游。华山与黄河之间，即黄帝文明的核心区了。一切的"阴阳，四时，定诸纪，皆系于斗"。这是《史记·天官书》星象规约地理的分野关键，也是黄河文化"优越性"的文化根据：北斗的星象信仰！

关于黄帝，《史记·五帝本纪》的第一句话、同样也是整部《史记》的开篇语是："黄帝者，少典之子，姓公孙，名曰轩辕。"司马迁笔下还出现了"轩辕之时，神农氏衰"，"黄帝居轩辕之丘，而娶于西陵之女"等。那么，黄帝何以"名曰轩辕"呢？

几千年来，或者用黄帝"观转蓬之象以作车"解释，或者用"黄帝居轩辕之丘"解释。这两种说法的疑问太大了。归到黄帝名下的发明创造极多：除了"观转蓬之象以作车"之外，王明在《道教通论·序》，还列举了30多条内容（牟钟鉴、胡孚琛、王葆玹主编《道教通论》，齐鲁书社，1993年）。黄帝时期到底有无车辆的发明呢？这本身就是问题。即便以后确凿物证表明有，问题也仍然没有解决：30多项的发明创造中,黄帝何以对车辆情有独钟而成了他的轩辕之"名"呢?

山东嘉祥武梁祠黄帝石像拓片

实际上，"观转蓬之象以作车"一语就暗示了答案线索：车的发明源于"观转蓬之象"，"转蓬之象"即北斗星象。古籍所言"黄帝……母曰附宝，见大电绕北斗，枢星照郊野，感附宝"；"黄帝名轩，北斗黄神之精"（引自马骕《绎史（一）》，中华书局，2002年）等已经把答案推到我们面前了：黄帝的轩辕之"名"，源自北斗星座的星象信仰！

在典籍中，北斗星座被称之为"帝车"：上帝的御车。正是源于这种源远流长、异常深邃的北斗信仰，中国古代文化才不是黄河、长江并驾齐驱的"两河文明"，而是以黄河和黄帝文化为主体统御的"多元一体"，并且在突出"中心"作为华夏价值理念的同时，特别提醒不要忘了"北"、必须找到"北"。

例证一，汉长安城的北城墙即为北斗取象，曰"斗城"。李唐皇宫比如大明宫就位于唐代城墙的最北面，同样是北斗取象；唐皇家的宫城也位于唐城区三重结构的最北边。

例证二，众所周知："黄帝定都于涿鹿"的"冀州"之野。"冀州"在《禹贡》的九州叙述中第一个亮相登场。无论从实际的地理位置还是词义表面看，作为九州之首的"冀州"皆意味着"北"，并且意味着"希冀"和"希望",是地望更是希望。

例证三,考古学家秦建明等已经发现了"以汉长安城为中心的西汉南北向超长建筑基线"(转引自唐晓峰《从混沌到秩序》,中华书局,2010年)。实际上,这个"南北向超长建筑基线"还要更长:它南起终南山子午谷玄都坛、中经三原县天齐公祠、继续朝北便到了子午山的黄帝陵。

终南山子午谷玄都坛

子午山在《列子》等典籍中被称为"终北山",与终南山联袂表征北斗(子)与南斗(午),并指向上帝的御座:北极星!秦始皇修建秦直道也与此密切相关:以最快的速度通向"上郡",通向黄帝的"河之都"。《周易》写道:"河出图,洛出书",标划的是黄帝定都的地理方位。《帝王世纪》《尚书中候》等典籍进一步确认:它是在洛河流域,即黄陵县一带(引自马骕《绎史(一)》,中华书局,2002年)。

秦始皇把黄河命名为"德水"。榆林府谷县七星庙仍保存着硕大的"德水"石刻。七星庙又叫作昊天宫:北斗即指向上帝神圣的天宫。在汉高祖将汉江视为银河之前,秦始皇早把黄河当作"得道"的"德水"了,并且有更为源远流长、道统深邃的历史依据:"河出昆仑"。

"河出昆仑"是上古中国文化地理中最崇高、最神圣的述说命题,也是黄帝陵与黄河"文化星座"中的太阳与金字塔。"河出昆仑"属于《山海经》的黄帝叙事中心:"西南四百里,曰昆仑之丘,是实为帝之下都……河水出焉,而南流注于无达。"(《西次山经》)"海内昆仑之虚,在西北,帝之下都……非仁羿莫能上冈之岩。"(《海内西经》)

"西海之南,流沙之滨……有大山,名曰昆仑之丘。有神,人面虎身,有文有尾……有人戴胜,虎齿,有豹尾,穴处,名曰西王母。"(《大荒西经》)

受《山海经》的深远影响,郦道元《水经注》开篇就是:"昆仑虚在西北……河水出其东北隅。"历史上,周穆王亲访过西王母,秦始皇巡视全国的第一站就是西王母回中山。汉武帝派遣张骞出使西域,是否别有深意?今日,全国有可能成为"昆仑"的地方已经超过30多

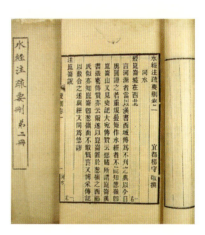

郦道元《水经注》书影

个了。唐代19岁的王维于《桃源行》指出:"不疑灵境难闻见,尘心未尽思乡县。"30多个昆仑的候选地方中,基本属于"尘心未尽思乡县"的当代案例,与昆仑的"灵境"呈现毫无关系。

其一,黄帝时代属于"农耕、渔猎、采集"的混合文明。黄帝一生且住且行:"迁徙往来无常所",

"且战且学仙"(司马迁)。作为"帝之下都"的"昆仑"也是既确定又不确定。确定者,在黄河的西北流域;不确定者,黄河的西北流域非常广阔,有好多选项。

其二,众所周知:今日新疆昆仑山源于汉武帝的西域战略。顾颉刚的结论是酒泉祁连山,谭其骧《中国历史地图集》认同这一结论。它们可能是西王母的昆仑,而不会是黄帝"轩辕台"意义上的"昆仑"。在《史记·大宛列传》结尾,司马迁就质疑道:"今自张骞使大夏之后也,穷河源,恶睹本纪所谓昆仑者乎?"因之,今日的昆仑山与《山海经》的"昆仑"有关系也没有关系。有关系者,黄帝和西王母有过"结盟"。没有关系者,"虎齿,有豹尾,穴处"的西王母还属于"山顶洞人"单纯采集的母系社会,活动区域在河源的"青藏高原"。黄帝部落的活动中心在黄河中游,并且已进入到"农耕、渔猎、采集"混合的父系文明。

其三,黄帝的"昆仑"是"昆仑墟"或"昆仑丘",而非几千米高的"昆仑山"。黄帝"昆仑丘"有自然地理基础,本质上属于部落英雄祭奠的"社稷圣地"墓冢与庙宇的双重空间,是死亡与重生的神圣场所,是张光直眼中"把两个不同世界(如生、死）分隔开来的一种象征"（张光直《中国青铜时代》，三联书店，2016年），是王国维所言的"灵殆以巫而兼尸之用者也"（李泽厚《美的历程》，文物出版社，1982年）。《山海经》的原话是：这是"帝之下都……非仁羿莫能上冈之岩"。因此，作为黄帝"昆仑丘"的"轩辕台"，如同"共工台"和"夸父冢"一样，人们不单上不去，甚至连看一眼都是莫大的禁忌神秘："有轩辕之台，射者不敢西乡射，畏轩辕之台。"（《大荒西经》）《山海经》对此有多番壮烈神圣的复调叙事。它历史又自然地具象化到了桥山黄帝陵。

黄帝陵古称"桥陵"，东濒洛河，西靠子午岭，地处黄河的怀抱中心。前引《史记·天官书》说："杓"对应以华山为界的西南之地；"衡"对应黄河的中下游地区。根据《天官书》"衡殷南斗，魁枕参首……魁，海岱以东北也"，再参照《夏鼐文集》中的"紫微宫（中宫）图"，可以看到："魁"星象上的地理分野即以黄河"几"字形大弯为轴线的陕北高原与关中平原，即"以汉长安城为中心的南北向超长建筑基线"——南起子午谷玄都坛、中经三原县天齐公祠、北到子午山黄帝陵一带。这里是连接北极（子）与南极（午）的子午线，是华夏的本初子午线:"居天之中"。黄陵县的古称,即"中部县"。《尚书纬》早已明说:"北斗居天之中,当昆仑之上",黄帝陵即轩辕台与昆仑丘吧。

《周易》的名言是:"河出图,洛出书",《史记·封禅书》的记述是:"昔三代之(君),(居)皆在河洛之间。"黄帝陵东南方不远,是史官仓颉的庙宇。黄帝陵北面的榆林神木,发现了距今4000年以上黄帝族的石峁遗址。渭河流域的

桥陵圣境碑　刘振　摄影

半坡遗址和姜寨遗址都发现了大量刻画符号和碳化的粟遗存。徐旭生《中国古史的传说时代》提出了中国古代的三大部落集团。黄河孟津——周武王和800个部落在此结盟，完成了灭商大业。现在，距今5000年左右的考古遗存被发现了：大致可以判断黄帝阪泉之战的部落数量了。三大部落在这里（河、洛之间）交战、交融的结果就是：华夏民族出现了，作为华夏盟主的黄帝产生了。

历史上最早举行黄帝祭祀始于秦灵公三年（前422）。《史记·封禅书》记载："秦灵公作吴阳上畤，祭黄帝；作下畤，祭炎帝"。此前的公元前754年，秦文公由于"梦黄蛇自天下属地，其口止于鄜衍"而营建鄜畤以祭献上帝。更前呢，这里属于"神明之隩，故立畤郊上帝，诸神祠皆聚云。盖黄帝时尝用事"。鄜畤的祭献渊源，已经到了黄帝时代。"鄜州"即今日延安市的富（鄜）县、黄陵县一带。黄帝的涿鹿之战与"鄜州"该有关系吧？这里是"神明之隩，立畤郊上帝"的地方啊！到了西汉，来黄帝陵的祭献活动就十分具体清楚了。汉武帝元封元年（前110）冬："上议曰：'古者先振兵泽旅，然后封禅。'乃遂北巡朔方，勒兵十余万，还祭黄帝冢桥山。"（《史记·封禅书》)汉武帝一方面在子午峪修筑"玄都坛",一方面到子午山祭奠黄帝。汉武帝的这种"且战且学仙",明显是对黄帝"且战且学仙"的有意模仿。结果是:汉武帝失败了。一个重要因素是:黄帝"学仙"的导师诸如广成子、西王母都在黄河西北的上游甚至河源,汉武帝的"学仙"导师多是栾大诸"海上燕、齐怪迂之方士",属于黄河下游;前者指向"天",后者指向"地"。张光直《中国青铜时代》就惊诧其间的道理:莫非真的"黄河之水天上来"!(张光直《中国青铜时代》,三联书店,2016年)

对的,古代的"河"专指黄河,也特指"银河"。李白除"黄河之水天上来"的名句外,其笔下的"日照香炉生紫烟,遥看瀑布挂前川。飞流直下三千尺,疑是银河落九天"。既把瀑布视作"银河落九天",还点明了银河的星象位置:中宫紫微垣("香炉生

黄帝陵景区汉武仙台　刘振　摄影

轩辕庙汉武挂甲柏　李国庆 摄影

紫烟")。祭奠黄帝之时,汉武帝也懂得此理。在黄帝庙的中宫紫微垣黄帝脚印石旁,有一棵汉武挂甲柏,称将军柏。史志载:"汉武帝征朔方还,挂甲于此树。"尽管修道无果,但在黄帝陵中宫紫微垣柏树上的挂甲表明:毕竟是"汉武大帝"啊。中宫紫微垣以北极和北斗为星座中心:中国之"中"源于天文!就地理而言,黄帝和炎帝、蚩尤决战的"冀州"明显不在"中"而在"北";而就天文而言,"冀州之野"正是中央紫微宫,属于争夺帝座的决战之地。战国"中原逐鹿"与黄帝的涿鹿之战不可同日语吧。

中国星占学的主导思路是"地域分野""另一条思路是'时间分野'"(江晓原《中国星占学类型分析》,上海书店,2009年)。"地域分野"的焦点就是子午南北方位,"时间分野"的焦点就是日月运行的东西方向。黄河在黄土分布区的"几"字形大弯区域,正好能满足"地域分野"的南北方位,又能满足"时间分野"的东西方向。按照黄帝时代"地法天"的星象文明:北极即中心,西极即终点。这就是《山海经》昆仑山在"西北"的文化背景,也正是"河出图,洛出书"的文明指涉。"在黄河上游、中游地区,有炎、黄两大部落,黄帝在陕西东北部和山西南部,炎帝在陕西的渭水上游。"(方光华《黄帝时代与中国思想的起源》,引自朱恪孝、谢阳举主编《黄帝与中华文化学术研讨会论文集》,西北大学出版社,2008年)地理上,黄帝陵又正处于农、牧、渔混合带。从天文地理两方面看,的确不太可能有更好的选择了。

黄帝陵中背负"河图"的天鼋在《山海经》也有重要记述:它是古老图腾,也是北方玄武。黄帝陵前的巨鼎,既是《山海经》神话中的圣物,也是《史记》铸鼎荆山的信物。黄帝陵桥山就是"轩辕之丘"和"轩辕台":既是华夏全域息壤积石的纪念碑,也是个人跨越生死河汉的天鹊桥。

关于黄帝陵与黄河的"文化星座"轮廓,王明在《道教通论·序》的总结是:其一,古史传说系统;其二,《山海经》的神话系统;其三,道教仙传系统(牟钟鉴、胡孚琛、王葆玹主编《道教通论》,齐鲁书社,1993年)。由于"子不言怪、力、乱、神",《尚书》从"帝尧"开篇,没有给黄帝立言。到了清代的《四库全书》,《山海经》连"野史"也算不上了。

陈忠实《白鹿原》的题记引用巴尔扎克语:"小

说被认为是一个民族心灵的秘史"。其实，神话才是一个"民族心灵的秘史"。《圣经》就满是神话。《圣经》分为"旧约"和"新约"两个部分。就黄帝的文明书写看，如果说《山海经》属于它的"旧约"部分，是上古巫觋文化的神话记录；那么，道教（道家）就是它的"新约"部分，是中古人文时期的高级宗教。在《圣经·旧约》"创世纪15章"，上帝对亚伯拉罕祝福道："你的后裔将如满天星斗"。就人口数量看，黄帝获得的祝福要多得多吧。

《史记》中的黄帝，铸鼎荆山、跨龙飞升。《明史》和道家《本传》中的张三丰同样死而复活、御风飞翔，堪称满天星斗黄帝后裔中的耀眼巨星。我们就用他的《谒桥陵》作为结束：

披云履冰谒桥陵，翠柏烟寒玉露轻。
衮冕霞飞天地老，文章星焕海山清。
巍巍凤阙迎仙岛，渺渺龙车驻帝城。
寂寞琼台遗汉武，一轮皓月古今明。

二十三
仓颉庙与墓

仓颉庙在白水县史官镇。

白水县位于渭河盆地北沿,桥山、黄龙山之南,洛河之滨。处于关中平原与陕北高原的过渡地带,因境内白水河而得名。

白水县在夏商时,称彭衙邑。秦孝公十二年(前350)"以县临白水"置白水县。

[行知提示]

从黄帝陵借道 X301,东南行 80 余千米,至白水县史官镇史官村,村北 500 米处有仓颉的墓寝与祀庙。

仓颉庙与墓位于黄河支流洛河流域内,东距黄河直线距离约 68 千米,南距白水县城约 30 千米。

仓颉庙　李国庆 摄影

◇ 仓颉庙与墓简介

仓颉,一作苍颉,传说为黄帝的史官、汉文字创造者。其名始见于《荀子》《韩非子》《吕氏春秋》等战国典籍。清代学者吴乘权《纲鉴易知录》记曰:"帝命仓颉为左史,沮诵为右史。仓颉见鸟兽之迹,依类象形而制字。"

仓颉庙前殿　李国庆　摄影

仓颉庙北靠黄龙山，南望洛水河，始建年代无考。据庙内碑刻及有关史料记载，东汉延熹五年（162）已具规模，宋、金、元、明、清及民国时期曾多次重建与修葺。庙院坐北朝南，分两部分，前面为祠祀建筑，后面为墓冢。整体平面前宽后窄，总占地面积约1.1万平方米。主体建筑沿中轴线自南而北依次为照壁、山门、前殿、报厅、中殿（正殿）、后殿（寝殿）、仓颉墓；两侧为东西戏楼、钟鼓楼、社房、厢房及砖窑等，建筑共计16座70余间，布局错落有致，气氛肃穆庄严。

仓颉墓花墙　李国庆 摄影

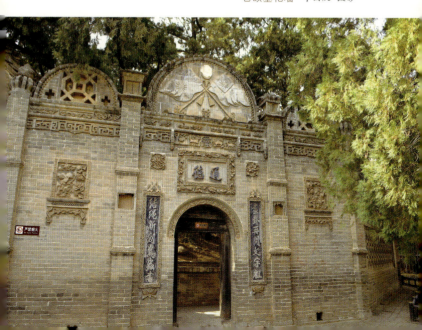

仓颉墓位于庙院最北端，以墓园形式呈现。居中为圆丘形封土，底周长约48米，高4.5米；墓前竖有明万历二十九年（1601）"仓颉墓"碑。墓园为民国二十八年（1939）增修的平面八角形砖砌花墙，砖雕有中华民国国徽和狮子、鹿、鸟、仙鹤、花瓶、水波、莲花、垂莲柱等图案，园内围绕墓冢辟有1米宽过道一周。墓园东南向、西南向各辟一券门。东南向门额题"通德"二字，两侧镌刻朱子桥题写的"画卦再开文字祖，结绳新创鸟虫书"楹联，落款"民国二十八年，山阴朱庆澜敬书"。西南向门额题"类情"二字，两侧镌刻"雨粟当年感天帝，同文永世配桥陵"楹联。"通德""类情"均出自《易经·系辞下》，意为通天地之德，类万物之情。楹联中的"桥陵"即黄帝陵。

仓颉手植柏

庙内尚存千年以上古柏46株、古槐10余株，冠名者有"仓颉手植柏""二龙戏珠柏""柏抱槐""惊贼柏""凤凰柏""喜鹊柏""三义柏"等。其中"仓颉手植柏"腰围7.28米，根围9.3米，树龄逾5000年；"柏抱槐"直径2米余，为槐坐于柏芯内，柏龄逾4000年，槐龄达千余岁，虬枝盘结，合为古树奇观。仓颉庙古柏群与黄帝陵（庙）古柏群、曲阜孔庙古柏群并称为中华三大古庙柏群。

庙内旧藏历代碑刻20余通（方），其中东汉延熹五年（162）正月刻录的"仓颉庙碑"又名"仓颉冢碑"，高1.47米，碑文隶书910余字，记述仓颉造字作书，垂示三纲六纪，理顺天地之道，启行教化之功。系金石学名贵之碑，并是中国最早的碑刻之一，已于1975年入藏西安碑林。其余碑刻现多陈展于前殿。庙院东侧新辟有"中华仓颉碑林"。2001年6月，国务院公布"仓颉墓与庙"为第五批全国重点文物保护单位。

桂子拜谒仓颉庙，有《仓颉庙》诗曰：

开蒙勾画世皆惊，鸟迹虫文造字成。
鬼哭龙藏天雨粟，只缘仓颉启黎明。

高从宜

1 人神会通：天雨粟，鬼夜哭

仓颉的古史传说在《荀子》《韩非子》《吕氏春秋》和《淮南子》皆有记载。《荀子·解蔽》称："好书者众矣，而仓颉独传者壹也。"《韩非子·五蠹》讲："昔者仓颉之作书也，自环者谓之私，背私谓之公。"《吕氏春秋·君守篇》载："仓颉作书……此六人者，所作当矣。"还有《说文解字》《世本》《淮南子》皆记载表明：仓颉是黄帝时期造字的史官，尊为"造字圣人"。特别是西汉淮南王刘安《淮南子》中的记载文字："仓颉作书，而天雨粟，鬼夜哭。史皇生而能书。"

"鬼夜哭"的道理，经典而宝贵的记载仍然源自司马迁《史记》："黄帝得宝鼎宛朐，问于鬼臾区……得天之纪"，"黄帝之所常游与神会。黄帝且战且学仙……百余岁，然后得与神通。黄帝郊雍上帝，宿三月，鬼臾区号大鸿"。道理就是：黄帝与神会，"然后得与神通"，"鬼"就哭了。太史公笔下的"鬼臾区号大鸿"，已经强烈透露出"鬼

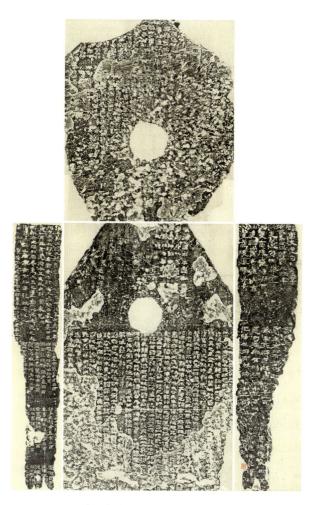

"仓颉庙碑"民国拓片(原石刻于东汉延熹五年,现藏西安碑林博物馆)

二十三 仓颉庙与墓

夜哭"的气息。淮南王刘安看得特别清楚：首先把自己的著述取名为《淮南子》，源于"鬼臾区号大鸿"，又给我们留下仓颉神圣的功业记载："仓颉作书，而天雨粟，鬼夜哭。史皇生而能书。"黄帝在鬼臾区号"宿三月，得天之纪"，仓颉作为史臣肯定也是"宿三月，得天之书"：人与神直接"会面"，从而不再有鬼的"美事"——鬼能不难过"夜哭"吗？

仓颉是黄帝的史官。上古的史官即侍神的巫官（参见陈来《古代宗教与伦理》），东汉王充的《论衡》被称之为"一部不朽的唯物主义的哲学文献"，其中记载："仓颉四目，为黄帝史。"仓颉四目也罢、石峁玉人的一目还有佛教道家的天目也好，都是黄帝"得与神通"最起码的本领和表征。没有这种最起码的本领和表征，仓颉就不可能成为黄帝的史臣与巫官，不可能成为出经入典、流芳百世的文明英雄，不可能成为创造出"天雨粟，鬼夜哭"的神圣人物。仓颉庙就是专门祭祀仓颉的神圣处所。

仓颉庙碑记载，至今可靠庙史已有1800多年；庙内现存有古碑18通，古建筑70余间，壁画19幅。在这些古建筑上面仍有刀法细腻、形象逼真的砖雕、木雕以及历代众多官宦文人留下的题匾楹联，令人

仓颉庙大殿黄帝战蚩尤壁画

目不暇接，叹为观止。

　　游览仓颉庙，给人印象最深的还是庙内四处矗立的古柏。庙内46株古柏形态各异、郁郁葱葱；与桥山黄帝陵古柏群、山东曲阜孔庙古柏群并称为中国三大古庙柏群。仓颉庙内古柏，树龄有四千年之久；树冠庞阔，遮天蔽日；树干有三人环抱之壮伟，犹如屏障历史尘埃的伟岸金刚。可以想象，古柏的根须已经埋扎于黄土高原的深处。似乎得益于仓圣的象形造字，庙内古柏多有命名寓意：有一棵名叫"不死柏"，有一棵名叫"母子柏"，有一棵名叫"不进柏"。导游介绍："不进柏"的取名非常特别，"不进柏"孤立于仓颉庙墙之外；几次试图将"不进柏"圈在庙内，墙都倒塌了。神圣之地必有神奇之事（树）。沧桑几千年，古柏屹立，掩映古庙，使白水县仓颉庙显现出其他几个纪念场地所没有的雄迈、深厚和神圣气象。

　　《易经》记载："河出图，洛出书，圣人则之。"陕西省白水仓颉庙正位于洛河岸边。今天陕西洛南县和河南洛宁县也都有纪念仓颉的专门场所，就像全国有多处纪念炎帝和黄帝的专门场所一样。不过，在早期文献中，河南洛阳市与陕西洛南县取名的河流原名是"雒"。《易经》"河出图，洛出书"中

仓颉庙古柏　李国庆　摄影

的"洛"是指发源于陕西榆林白于山、在华山脚下入渭的河流,是从仓颉庙旁边流过的洛河。洛河流入渭河不久,即汇入黄河,加上南对西岳华山,这里自古就是华夏殊胜之地。仓颉庙洛河上游的西北不远处,就是有"天下第一陵"称号的黄帝陵。

仓颉原写作"苍颉":"苍"者,跟"苍天"一样的"苍";"颉"呢?《说文解字》:"颉,直项也。从页,吉声。"这就对了:伸长脖子向上帝所在的苍天拜敬并得到了神奇美妙的"粟",即"苍颉"的语源和语义。许慎《说文解字》写着:"粟,嘉谷实也。""粟,嘉谷实",也是对"苍颉"伸长脖子向苍天敬祷的嘉奖与果报吧!太史公《史记》中"黄帝之所常游与神会……黄帝郊雍上帝,宿三月,鬼臾区号大鸿"的神文内容记述,可以说也完全印证着"苍颉"的语源和语义。

二十四 杜康墓与庙

[行知提示]

从仓颉庙出发,经 X216、S201 向西南方向行 35 千米,到白水县城西北 8 千米的杜康镇康家卫村,即到杜康墓与庙。

杜康亭、杜康庙前殿与寝殿　李国庆　摄影

◇ 杜康墓与庙简介

杜康镇康家卫村左侧有一大沟,长约十千米,最深处近百米,有泉水名杜康泉。据县志记载:"俗传杜康取此水造酒。"泉水涌出地面沿沟底流淌,形成一条小河,名曰杜康河。杜康墓与庙,即在杜康河畔。杜康泉上现建有杜康亭。

杜康是传说中以秫酿酒的第一人,发明酿酒术,被称为"酒神",为白水"四圣(仓颉、杜康、雷祥、蔡伦)"之一。东汉许慎《说文解字》记:"古者少康初作箕帚、秫酒。少康,杜康也。"三国时,曹操有诗句"何以解忧,唯有杜康"。

杜康墓相传为远古时期墓葬,墓冢为圆丘形,高5米,占地面积240平方米。冢前有1987年所立"酿酒先师杜康之墓"碑。墓冢外有两重砖砌花墙。2008年9月,杜康墓被公布为第五批陕西省文物保护单位。墓园门口处有文物保护单位标志碑两通。

杜康墓冢　李国庆 摄影

　　按清代"创修杜公祠记"碑，杜康墓旁原有清代所建杜康庙，后被毁。1985年，当地在旧址重建杜康庙。现杜康庙为前殿后窑式，前殿三间，进深一间，有回廊环绕。殿内竖清乾隆四十八年（1783）"创修杜公祠记"碑。杜康庙前殿后即窑式寝殿，为一穴居土窑洞。现在窑洞内塑有杜康泥胎粉身像一尊，塑像后白墙上隐约可见彩绘。窑洞内以青砖券顶铺地，窑洞外也有砖砌筑护墙，护墙左右各有洞门，出左门往谒杜康墓。出右门即到制酒作坊古窑遗址。

明万历《白水县志》载:"康造酒,墓侧遗槽尚存,康殁即葬于造酒之地耶。"制酒作坊古窑遗址为簸箕形场院,两面依坡相对各构筑窑洞两孔,现在已经经过整修,外有护墙,部分窑洞内有券顶,窑洞内陈设古法造酒之糟池、蒸馏设备等,亦有酒窖储酒,但主要是恢复场景以供参观之用,院内有癸丑清明(1973)杜康古庙会理事会所立"白水杜康古窑遗址简介"碑。

杜康庙附近制酒作坊古窑里的蒸馏设备　李国庆 摄影

2020年陕西杜康酒业有限公司出资修缮杜康庙。在开挖至庙后山上的拾梯时,发现一窑洞状古迹。渭南市文物部门专家赶赴现场,以杜康庙为中心,在其周围进行了初步查勘,发现大量远古时期灰坑、白灰面房址、动物骨骼、陶器残片等,在遗址朝向白水河的坡地上还发现了十余座灰坑、房址等遗迹。随后,陕西省考古研究院专家对杜康沟遗址进行了实地勘查,根据发现的陶器残片、房屋基址特征,初步判断该遗址为龙山时期晚期遗存,距今4500多年。

杜康沟遗址发现的彩陶残片

桂子游谒杜康墓与庙并饮白水杜康酒,有诗曰:

彭衙佳酿满壶觞,
古窑开坛十里香。
快意人生凭咏叹,
杜康一醉解愁肠。

高从宜

1 唯有杜康

杜康是黄帝传说时代的酒官,是酿酒的圣祖。陕西白水县杜康镇杜康沟,据说就是"酒祖"杜康的家乡。杜康酒厂就建在杜康沟畔。1973年,白水县为落实周总理"复兴杜康、为国争光"的批示,在世代延续使用的杜康酿酒老作坊的基础上,建成了现在的杜康酒厂。魏武帝曹操的名句是"慨当以慷,忧思难忘。何以解忧?唯有杜康"。

位于杜康沟畔的陕西杜康酒厂

正像卡梅隆导演的电影《阿凡达》表明：通灵神树乃风水旺盛的地标。一样处于黄河的"几"字形大弯怀抱，一样毗邻于黄陵圣地，甚至于和仓颉庙同处于白水县域，陕西杜康酒厂与仓颉庙的差别就在于缺失古柏荫护。尽管历史上颇负盛名，陕西杜康酒厂的发展不仅与中国诸多名酒拉开了距离，还要为商标命名承受诉讼、委曲求全。许慎《说文解字》记载："粟，嘉谷实也"。"嘉谷实"者，指"粟"是被祝福过的美好食物。"粟"即"黍"（谷），也泛指其他粮食作物。"粟"是古代酿酒的重要作物。张光直《中国古代考古学》研究表明：酒是中国上古巫术通神的圣水灵泉，有着重要的通神价值。那么，"仓颉作书，而天雨粟，鬼夜哭"与同处一域的白水杜康酒的关系就是极为亲切与密切的了。仓颉庙洛河下游的西南不远处，是陕西著名的杜康酒厂。

对于大众而言，酒一方面能麻痹神经疗伤，如关羽刮骨疗毒时的饮酒。一方面也能安慰心情痛苦，如杜甫安史之乱间的痛饮。安史之乱，杜甫夫妻分离，居无定所，孩子饿死；"诗圣"变成了"诗仙"或"酒鬼"："得钱即相觅，沽酒不复疑"（《醉时歌》）写他急切地买酒，酒成了生活的最高需要，成了生命的精神鸦片。《醉时歌》中的"忘形到尔汝,痛饮真吾师",写他饮酒的极高程度和境界!具体的问题是:能把"诗圣"喝到得意忘形、视作"真吾师"的酒,大概只有当地的杜康酒吧。写《醉时歌》时,杜甫正在白水县一带安家。在《奉先刘少府新画山水障歌》中,杜甫写道:"反思前夜风雨急,乃是蒲城鬼神入。元气淋漓障犹湿,真宰上诉天应泣。"痛饮之后,杜甫变成了盛唐的仓颉!由于"诗圣"杜甫的痛饮,"仓颉作书,而天雨粟,鬼夜哭"与白水杜康酒的关系一下子变得更为亲切与密切了。下来的问题仅是:杜康酿酒的"粟"中,有"仓颉作书"的"天雨粟"吗?

杜康庙附近制酒作坊古窑内存放的酒坛　李国庆 摄影

陕西杜康酒若要继续保持名酒品牌、走向全国特别是打算走向世界，对上述问题的解答将是关键性的。《圣经·出谷纪》第十六章的中心即"玛纳"叙事：在摩西与上帝会面并赞美上帝之后，第二天清晨，犹太人便看到了夜里从苍天降下的特殊食物——"玛纳"。"玛纳"（英语 Manna）的原意："这是什么啊"，面对神奇的惊奇与疑惑。如同"仓颉作书"的"天雨粟"，"玛纳"是一种天降之物，是上帝赐予的神奇食物。

二十五
唐桥陵、唐泰陵与王鼎故居

唐桥陵、唐泰陵与王鼎故居在蒲城县。

蒲城县,位于陕西关中平原东北部,地处陕北黄土高原和关中平原交接地带。地形以台原为主,地势西北高东南低。东距黄河直线距离约70千米。

《史记·秦本纪》载:"简公六年(409),堑洛。城重泉。"秦孝公十二年(前350),重泉县城始形成。西魏恭帝元年(554),改为蒲城县。

[行知提示]

从白水县杜康墓沿201省道南行约40千米,即到蒲城县桥陵。

唐桥陵北门石雕

◇唐桥陵、唐泰陵、王鼎故居简介

蒲城县境内有唐睿宗桥陵、唐玄宗泰陵、唐宪宗景陵、唐穆宗光陵4座唐帝陵,其中桥陵和泰陵规模较大、地表遗存保留较好,分别为盛唐、中唐帝陵代表。

● 唐睿宗桥陵

桥陵是唐睿宗李旦的陵墓。睿宗是高宗李治第八子,武则天幼子,先后于公元684～690年和701～712年两度登基为帝,开元四年(716)六月病逝,十月葬于桥陵。

考古勘探已知桥陵陪葬墓有17座,有明显标志的11座,3位太子,4位公主,2位皇后,1位妃子,陪葬墓均在陵区的东南方向。

唐睿宗的桥陵位于蒲城县西北15千米的丰山西南。桥陵建制与乾陵相仿,在丰山的南坡山腰处向内开凿墓道,修建玄宫。墓道以阶梯式深入山腹

唐桥陵 李国庆 摄影

达20米,以石条叠砌封闭。围绕陵山外围修筑了略呈长方形的城垣,垣墙四角均置角阙,四面各开一门,四门外各有石狮门阙1对,南、北门外均有神道,南门神道长达625米,宽110米。南门西阙以南偏西处有蕃酋殿遗址,西南有寝宫建筑群,陵园最南端筑有鹊台阙1对。

桥陵寝宫遗址由内外两重围墙构成外宫城及内宫城,总体平面呈南北向长方形,内外两宫城均在南墙中部设门。内宫城处于外宫城偏东北位置,主体建筑均集中分布于内宫城。

桥陵现存石刻50余件,其中的38尊排列在南门神道两旁,有华表、獬豸、鸵鸟各1对、仗马5

唐桥陵东门蹲狮　　王昊鹏　摄影

对、石人 10 对、石狮 1 对,神道南端有乳台阙 1 对,北门神道两侧列仗马 3 对。

桥陵是一座建成于开元盛世时的帝王陵墓,陵墓建制高大宏伟,石刻艺术造型展现出富贵壮丽的气象。

桂子过唐桥陵,有诗咏之:

春谒桥陵
（其一）
苏愚山顶接苍冥,

千载迢遥望故庭。
朱雀欲飞狮虎吼,
道旁翁仲柏枝青。

(其二)
阙楼帝冢指天穹,
神道依山太极功。
两让登基开盛世,
谦恭孝悌有仁风。

● 唐玄宗泰陵

泰陵是唐玄宗李隆基的陵墓。李隆基,唐睿宗第三子,延和元年(712)受禅即帝位。在位前期的开元年间,唐代经济文化发展达到高峰,史称"开元之治"。晚期天宝年间,生活奢靡,安史之乱后,逃亡四川。肃宗即位后,被尊为太上皇。宝应元年(762)卒,广德元年(763)三月葬于泰陵。

泰陵陪葬墓有元献杨后、内侍高力士。

泰陵位于蒲城县东北15千米五龙山余脉的金粟山,为关中唐十八陵中最东端的一座。其所在的金粟山主峰海拔851米,泰陵玄宫即开凿于主峰南

唐泰陵　李国庆 摄影

坡半山腰。陵园内现仅残存高台式建筑门阙、乳阙、角阙等基址。陵园最南端建筑为鹊台，鹊台与乳阙均为夯土结构。泰陵原有夯土城垣，大部分已损毁；四角分别筑有角阙，四面各开一门。四门结构相同，均由门址、石狮、双阙构成。乳阙与南门门阙之间为神道，直线距离468米。

神道北端西侧有蕃酋石像14件，均有残损。其中9件为上半身，4件为下半身，1件为头部。南门朱雀门外神道旁石刻自南向北依次列有：华表、翼马、鸵鸟各1对，现仍存；仗马及牵马人5对，现仍残存5个；石人10对，现仍残存9对，獬豸1对以及石柱等，不包括蕃酋像，现存41件。北向的玄武门外，原列有石马3对，现尚残存2个。

与其他陵不同的是，泰陵曾布列有"蕃酋"立像8尊，现仅残存东侧立像3尊，另于北门处，还残存1只小蹲虎。

泰陵石刻成了中唐陵墓石刻的代表。同盛唐作品相比，中唐石刻个体变小，精神魄力在大气磅礴中渐趋平和，但仍不失大唐风韵。

泰陵翁仲改变了以前唐代诸陵一律为直阁将军的模式，首次将文臣武将分行排列，左文右武，文臣持圭，武将挂剑。而武将中还出现了胡人形象。

桂子过唐泰陵，感慨唐玄宗"开元之治"与"天

唐泰陵南门东侧文臣石雕　王昊鹏　摄影

宝之乱"。遂怀古系之：

玄宗泰陵
诸峰环拱沐朝暾，
翼马蕃酋九五尊。
盛乱传奇千古事，
长生殿里恨长存。

● 王鼎故居

王鼎故居是清代名相王鼎的出生地及家祠。位于蒲城县城达仁巷54号，属关中地区传统庭院式民居。

王鼎（1768~1842），字定九，号省尾。嘉庆元年（1796）进士，官至直隶总督、军机大臣、东阁大学士。鸦片战争中，极力主战，反对议和投降割让香港。在廷谏、哭谏均告失败的情况下，于道光二十二年（1842）六月八日深夜，怀揣遗疏，自缢于圆明园，而后归葬蒲城。

王鼎故居建于乾隆年间（1736~1795），嘉庆、道光、咸丰各朝有增建、修葺，包括王鼎出生地宅院、西侧原"相国府正院"、东侧三院及其南排的

王鼎纪念馆内的王鼎雕像

王鼎为族叔母吴孺人书写的"贤孝可风"木匾

马房、花房、书房、场院等,前厅房、后楼房、庭厦相间,隔以明滴水、渗坑,建造风格皆为典型的清代关中民居。1997年4月,王鼎六代后裔将王鼎出生地宅院捐献国家;同年7月,宅院辟为"王鼎纪念馆"。

纪念馆院内收藏有匾额40余方,其中现存道光十七年(1837)御赐王鼎七十寿辰"靖共笃祜"寿匾,还有王鼎为族叔母吴孺人书写的"贤孝可风"木匾,以及林则徐在蒲城期间写的匾额"味兰书屋""槐荫书房""观察第""慈惠徽音"等诸多墨宝。还有鼓石2对、完整的碑石10通、王氏家族墓志等。

桂子访王鼎故居，感其为人，有诗赞曰：

王鼎故居

宦海沉浮两袖清，
禁烟往事见悲情。
铮言铁骨忠贞志，
一卷遗疏尸谏鸣。

孙家洲

1 "死谏"的王鼎：
价值在"刚正"而不在"清廉"
——参观王鼎纪念馆有感

"文死谏，武死战"，是古代社会人们对文武两类官员的高度赞许之词，也是一种舆论呼吁。在人们的心理和舆论体系中，这是"好官"应该具备的行为准则。但是，真正达到这个境界的人，却少之又少！正因为如此，为了朝廷的根本利益，而以"死谏"的特殊方式献出自己的生命的朝廷大员一旦出现，就会成为朝野上下歌颂的楷模。清朝道光年间，以"死谏"而名动天下的王鼎，就是这样一位罕见的忠直刚正之臣。

2022年2月27日，我有幸随西北大学出版社组织的"晋陕沿黄考察队"在陕西渭南市蒲城县的王鼎纪念馆参观，耳闻目睹，引发了许多感慨。在现场看到渭南市纪委所立的"廉政教育基地"标记，一个问题就浮现在脑海并且盘桓多日：王鼎以生命相搏所坚持的人生价值，最重要的关键词，究竟是

"清廉",还是"刚正"?这篇文章,就以讨论这个问题为焦点而展开。

网上可以查到几篇关于"王鼎纪念馆"的介绍文字,在对比之后,我选用蒲城县人民政府网站的《王鼎纪念馆简介》之说。其开篇文字是:"王鼎纪念馆是以清代爱国名相王鼎的故居为馆址而建立的,位于蒲城县城关镇达仁巷54号,是一栋古色古香的关中四进式民居建筑。1997年香港回归之际,由王鼎六世孙王丽梦女士遵照先父——原陕西省政协副主席王菊人的遗愿,将这所占地面积约1060余平方米、房屋十多间的王鼎故居捐赠给国家,用于建立王鼎纪念馆。王鼎纪念馆现属省级文物保护单位、全国第二批免费开放单位和国家AAA级旅游景区。"

进入王鼎纪念馆,庭院正中矗立着一尊高大的王鼎半身立姿塑像,系由国家级美术师、时任陕西省雕塑院院长的王天任先生亲手完成。塑像极富正义感和威严感。王鼎紧握拳头,攒眉凝目虎视前方,准确地表达出他忧国忧民的悲壮神情。再加审视,那无力回天的愤懑、绝望之情更是震撼人心!王鼎忠直无畏的体态和风范,令人过目不忘!真是一尊有吸引力、有震撼感的近代历史人物的雕像!

王鼎纪念馆大门外观

纪念馆内,设有王鼎生平事迹展室,以文字、照片、图表和实物,集中展示了王鼎一生的历史业绩。也成为入馆者粗略了解这位晚清重臣的资料来源。

王鼎,字定九,号省厓,生于清乾隆三十三年(1768),卒于道光二十二年四月晦日(1842年6月8日)深夜,终年七十五岁。他当时的官衔是军机大臣兼大学士,是庙堂之上地位很高的重臣无疑。《清史稿》卷三六三立有《王鼎传》。王鼎的仕宦经历,所到之处素有政声,值得肯定和褒奖之处很多;但是,他在朝廷之上影响最大的举动,还是他以自杀"死谏"道光皇帝的悲壮之举。

一、王鼎"死谏"遗疏的篡改疑案

我在王鼎纪念馆参观时,就产生了写一篇"观后感"文章的想法。但是,我对清史的了解实在有限,不敢随意动笔。就委托中国人民大学历史学院的刘文远博士帮助我搜索与王鼎纪念馆相关的资料。刘文远博士对清史研究有多年的积累,他提供的资料对我完成此文有很大的帮助。在他提供的资料中,有蒲城县人民政府所立的《王鼎纪念馆碑记》的照片。它形制简朴到了无"规格"可言,与王鼎的地位和"死谏"所产生的影响,很不匹配;其中记录的王鼎"死谏"前后的相关信息,却很简明扼要。我把其中最关键的文字摘录如下:

……英国输入大量鸦片,祸国殃民,王公主张严禁,荐林则徐赴广州查禁。鸦片战争爆发,王公力主抵抗。林则徐遭诬,革职遣戍伊犁。时黄河决口,王公保举林则徐同去治理。治河中,王公虽年逾古稀身染病疾,仍废寝忘食日夜巡守。河堤合龙后,林则徐仍遣戍伊犁。王公万分愤慨,在朝屡向道光帝痛陈签订不平等条约之非,怒斥穆彰阿为秦桧、严嵩,力荐林则徐、邓廷桢。道光帝拒不纳谏。王公遂愤草遗书"条约不可轻许,恶例不可轻开,穆不可用,林不可弃!"于道光二十二年(1842)四月三十日自缢殉国。

穆彰阿时为首席军机大臣,深得道光皇帝的信任和倚重,被朝野舆论公认为是对外妥协派的首领人物。王鼎的官职在穆彰阿之下,生性耿直的他却曾经多次在道光皇帝面前怒斥穆彰阿。王鼎遗疏的内容,从朝廷人事布局的角度来看,受冲击最大的就是穆彰阿。在某种意义上说来,王鼎豁出自己的老命,首要的目标就是要罢免穆彰阿。因为与改变对外"战和大计"相比较,更换首席军机大臣似乎要容易得多。

这通《碑记》的内容,有两处引起我的注意。

一是所记载的王鼎自缢殉国的时间,与史学界的后起考证时间一致。王鼎卒年,曾经有道光二十四年四月十二日之说。此说一度影响比较大,其中一个原因就是"王鼎墓志铭"提供支持。来新夏的《林则徐年谱》(上海人民出版社,1981年10月)和杨国桢的《林则徐传》(人民出版社,1981年4月)两本专著,都是颇有影响的力作,两书都认同此说。1982年出版的《中国历代名人辞典》,也沿用其说。对此提出商榷意见的是两篇文章:一是楚思《王鼎卒年的两件确证》(《陕西师大学报》哲学社会科学版,1984年第1期);一是牛济《王鼎卒年纠谬——兼与来新夏、杨国桢同志商榷》(《汉中师院学报》,1988年第4期)。牛济的文章论述更为详细,作者在征引《东华录》《清史稿》等文献记载的基础上,对"墓志铭"出现纪年讹误的成因加以探讨,由此得出考证的结论:"王鼎卒于道光二十二年四月三十日(戊申晦),即1842年6月8日无疑,而绝非道光二十四年四月十二日(戊申晦),即1844年5月28日。"《王鼎纪念馆碑记》对王鼎卒年的记载,选择了尊重学术界的新近研究成果，证明它的撰写态度是很认真、很慎重的。

二是所记载的王鼎遗疏是否被道光皇帝所知晓，是个应该探讨的问题。因为，它直接涉及王鼎以自杀的决绝方式"死谏"的效果。假如王鼎的遗疏，道光帝根本未曾得知，王鼎的"死谏"从影响而言真是大打折扣了！《碑记》的文字表述，对此没有做出交代。我们不妨先从《清史稿·王鼎传》的记载入手，探析其中的疑云。

> 自禁烟事起，英吉利兵犯沿海，鼎力主战。至和议将成，林则徐以罪谴，鼎愤甚，还朝争之力。宣宗慰劳之，命休沐养疴。越数日，自草遗疏，劾大学士穆彰阿误国，闭户自缢，冀以尸谏。军机章京陈孚恩，穆彰阿党也，灭其疏，别具以闻。上疑其卒暴，命取原稿不得，于是优诏悯惜，赠太保，谥文恪，祀贤良祠。后陕西巡抚请祀乡贤，特诏允之。
>
> 鼎清操绝俗，生平不受请托，亦不请托于人。卒之日，家无余资。子沅，道光二十年进士，翰林院编修。
>
> （《清史稿》卷三六三《王鼎传》）

《清史稿》的这段记载，尽管没有出现王鼎遗疏的文字，但是从大面来看，是可以与前引《碑记》互为补充的。《清史稿》编写者，对王鼎充满了敬意，给予"忠贞致身"的高度评价。但是，从这段记载来看，王鼎的遗疏却未能送达道光皇帝手中！道光皇帝也心存疑窦，在他的追问之下所看到的所谓"遗书"，却是被人做了手脚、篡改了内容的。主谋做"偷改遗书"手脚的人物，是时任军机章京的陈孚恩。王鼎"身后事"的大致框架是如此。但是，其中的关键环节：陈孚恩出于什么目的以及如何操作，完成了篡改王鼎遗书、帮助穆彰阿躲过惩罚的官场大骗局，《清史稿》并没有提供具体记载。

　　由于传言中的王鼎遗疏矛头直指首席军机大臣穆彰阿，而当时的穆彰阿很得道光皇帝的信任，实权在握，了解朝廷人事背景的官员，即便是知道王鼎之死的真实内幕，也不敢轻易记载和传播其事。三缄其口，装聋作哑，就成了当时官场之上的"常态"。从明哲保身的角度，这也是可以理解的。

　　古往今来，耸动朝野的异常之事，往往会有各种"坊间传闻"在社会上潜伏和流传。随着时光流逝，政坛"走马灯"转过几轮，原本是"私下流传"的某些说法，经过社会信誉较高的人士记载下来的

"旧事",有可能被更晚的人们视为纪实之作。关于王鼎遗疏被篡改之事,薛福成的《庸盦笔记》中有"蒲城王文恪公尸谏"一条,对此有详细的讲述。薛福成,一生致力于洋务运动,曾出使多国,是晚清知名的通晓国内外事务的改良派政治家,先后得到曾国藩、李鸿章的信任和重用。薛福成是有条件听闻官场内幕的人物,以他享有的社会信誉,他的所言所记,很容易被取信。薛福成生活的年代晚于王鼎大约半个世纪,他的记载,当然并非第一手资料,只能算是"传闻之词"。但是,他的说法对社会的影响很大。

按照薛福成的记载,王鼎自缢后第一个赶到王家府邸的官员是军机章京陈孚恩。他与逝者家人一起对王鼎的遗体做善后,"检衣带中得其遗疏,其大旨皆劾穆相而荐林公也"。朝廷大臣自杀又身怀遗疏,按照常规来处理,就该把王鼎自缢之事如实奏报,并将其遗疏原件转呈道光皇帝。如此处置,以王鼎在朝廷上的声望,再加上"尸谏"的决绝之势,对穆彰阿一定会形成巨大的舆论冲击,即便是皇帝在王鼎、穆彰阿之间素来亲近和袒护后者,只怕也无法"扛得住"朝野上下的舆论压力而坐视不顾,以某种方式贬抑甚至是处罚穆彰阿,大概是难免的。陈孚恩机警干练,做事低调,其为穆彰阿的"私党"的身份并不为人所知,而且王鼎之子王沆对他应该是有信任感的。王沆身为翰林院编修,基本上是"书呆子"式的人物,其父突然自缢身亡,面对如此"大变",他在极度惊骇之下,完全不知道该如何应对了。在这个关键时刻,陈孚恩对王沆说了大意如下的一段话:"皇上因为你父亲时常和他大唱反调而生气,这个遗疏如果递上去,很担心你们家会遭遇不测。"王沆当然知道父亲最近"逆龙鳞"式的进谏导致皇帝恼怒的情况,得闻此言更是方寸大乱,就拉着陈孚恩的手泣求指教。陈孚恩借势说:"你把这份遗疏交给我妥善保藏,我另外执笔拟出一个新的文本,尽表臣子犬马恋主之情,再由你呈给皇上,可保全家平安。"这个篡改大臣遗疏的做法,一旦被揭破,就是欺君之罪。没有政治见识的王沆,却认定是为了保全王家阖府上下!居然听了陈孚恩的话,如此这般,操作如仪。

王家向朝廷报告,说王鼎"暴病"身亡,道光皇帝看了伪造的遗疏,无非是君臣深情,在伤感之余,下旨厚葬王鼎,"晋赠太保,入祀贤良祠"。真是极尽哀荣。王鼎死后有知,真怕要被"气死"!陈孚恩的临机处置,真正得到"保护"的是穆彰阿。

穆彰阿由此对他十分赏识和信任，不到十年，陈孚恩官至兵部尚书、军机大臣。仕途通达，与此次设计保护穆彰阿直接相关。

王鼎"死谏"之事，清末有多种笔记有所记载，内容不尽一致，谁是篡改遗疏的主谋人，也有不同的说法，很难取得统一的结论。当代著名清史研究专家卜键研究员，出版了一部研究专著《国之大臣：王鼎与嘉道两朝政治》（陕西人民出版社，2015年出版，以下简称《国之大臣》），针对这一"疑案"做了专题探讨，为破解这一历史谜案，提供了一个很好的文本。

《国之大臣》书中对王鼎"尸谏"以及遗疏被改写的迷案，有自己的推理和判断。"王鼎的遗疏写了什么，今天已无以得知。但当时就在其怀中。穆彰阿等人自然会在第一时间看过，既然要改写，必有万万不能呈送给皇上的内容。""王鼎遗疏被修饰篡改，各书一词，当属比较可信。立意改篡的应非穆彰阿莫属，但众目睽睽之下，他还不至于蠢笨到直接下令。军机章京个个都是人精，观察此一格局，立刻便会有人提出建议或主动去做，原不用穆相授意。这是一次集体作为……"

作者进一步分析参与篡改王鼎遗疏的陈孚恩等

人的动机,"他们会有意加害逝者吗?不会,也完全没有这个必要。他们想的和做的,有为穆彰阿排解烦扰的因素,更多的当是为王鼎身后体面治丧尽点力,也帮一帮已然六神无主的王沆。""王鼎的死被说成久病亡故,其遗疏被大加修改。以惯常之通例,病逝者的临终遗言,多由儿子执笔。""王鼎的遗疏应不是全部被改换……可以推测,陈孚恩、张芾、聂沄都是重要的参与者,然执笔人应是王沆。这也是许多陕籍人士不能原谅王沆的原因,是王沆追悔自责、摒绝仕进的原因。"(第504~505页)。

我引证了自清末到当下的相关资料和论断,对王鼎身后的"应对"情况做了一番梳理。可以总结

道光十七年(1837)清宣宗御赐王鼎七十寿辰"靖共笃祜"寿扁

为：王鼎的遗疏，确实被人做了修改，道光皇帝所见到的遗疏，不过是寻常文字，高高在上的皇帝被蒙蔽。王鼎拼死相搏的"死谏"，并未在朝廷上引发他所预期的震动，穆彰阿也未曾受到冲击。就人事格局而言，拼命一搏的王鼎算是"白死"了！但是，王鼎遗疏数语"条约不可轻许，恶例不可轻开，穆不可用，林不可弃"，在坊间流传不绝，终为后世史家奉为可信之词。王鼎以身殉道，不惜一死也要发出抗议之声，这种悲壮慷慨，演化成宝贵的精神财富。只要后人对王鼎赴死的价值所在有正确的认知，其对后世的激励作用，就不会泯灭。就此而言，王鼎并没有"白死"。

二、王鼎令人感叹的"君子人格"

王鼎身为朝廷重臣，在朝野上下有很高的声誉，以他的身份和名望，他想要一个优游度日、安享富贵的晚年，实在是太容易了！他只要什么事都不做，就有俗人眼中的圆满人生。但是，他却置此不顾，而以"死谏"的决绝之举，力图挽救朝廷的衰败之势。这不是一时的"过激"行为，纵观王鼎的一生行事，他的"君子人格"，给人留下不可磨灭的印象。我们不妨以两件事来体悟他的品行之高贵。

其一,在入仕之初,拒绝官场大佬王杰的"抬爱"

《清史·王鼎传》记载:王鼎"少贫,力学,尚气节,赴礼部试至京,大学士王杰与同族,欲致之,不就。杰曰:'观子品概,他日名位必继吾后。'"王鼎出身寒门,在官场没有靠山,按照一般的人情世故,在入仕之初,能够得到同乡、同族大人物王杰的赏识,这是求之不得的好事,但是,王鼎却谢绝了王杰以私恩笼络的好意。这是王鼎正直不阿人格魅力的第一次展现。应该补充说明的是:这位王杰,是官声很好的人物,得到他的赏识,与他攀交,不会被舆论讥讽为"卖身投靠"。但即便如此,王鼎也不愿意自降身段,不容许自己成为朝廷显贵的亲信而博取富贵之路。底气何在?"力学,尚气节",就是答案所在。王鼎接受儒学教育多年,注重个人气节,显然是他一生的追求。王杰也算是尊重王鼎的选择,除了一句带有激励意味的赞叹之外,此后在官场上未曾对他施加援手(王杰的处置方式,其实也是很有意思的事)。王鼎的仕途发展并不顺利,有将近二十年的时间,他是屈沉下僚的。直到他的文章得到嘉庆皇帝赏识,才得到重用。嘉庆皇帝对王鼎的一番面谈,很能说明问题:"朕向不知汝,亦无人保荐。因阅大考考差文字，知汝学问。屡次召见奏对，知汝品行。汝是朕特达之知。"王鼎是以自己的道德文章与从政能力而被嘉庆皇帝赏识和提拔的。"汝是朕特达之知"一语，表达的是嘉庆皇帝亲自发现人才的自得之情，其实也反映出王鼎不投靠权贵、不托人情、"不走后门"的人格魅力。《清史稿》的作者盛赞王鼎："清操绝俗，生平不受请托，亦不请托于人。"身在官场之中，自身经历了寒门出身而又多年不得志，后来身居高位多年，走过了低谷，也经历了得志，不论身份和环境如何变化，王鼎始终坚持自己的志节风骨，真是罕见的官场异数！

其二，王鼎与林则徐的"君子之交"

王鼎是林则徐的前辈，他对于林则徐的赏识、推荐和保护，在几个重大场合都是史有明载的。林则徐赴广州主持"禁烟"大局，王鼎有推荐之力。战事失利，林则徐成为"替罪羊"而被降职遣戍伊犁，同样主张"禁烟"和抵御外敌的王鼎，对林则徐的不幸遭遇不仅深表同情，更设法营救。当时黄河在祥符（今河南开封）决口，灾情严重。在这个危难关头，王鼎以大学士出署东河河道总督，担当起堵塞黄河决口的重任。他向朝廷上书，以林则徐熟悉河工情形的理由，奏请留林则徐助襄河工。等到治河竣工后，王鼎又奏请任命林则徐为河督。其用意就在帮助林则徐免于远行伊犁，免遭不测。时值英人二次海上北犯，道光皇帝怕留任林则徐在内地可能得罪洋人，仍下旨令林则徐前往新疆。皇帝有他的难处和担忧而不肯借机转圜，王鼎自知无力回天，只好在黄河岸边为林则徐送行，涕泣为别。王鼎泪流满面，倾诉肺腑之言，并且表示回朝后必定给林则徐极力辩白。官场之上，明哲保身者多，甚至落井下石者也不在少数，而雪中送炭者很少，在林则徐"得罪"被贬黜之时，朝廷大臣中如此推心置腹相待的，大概也只有王鼎一人！林则徐深为感动，写下了记事诗两首，这就是林则徐的传世之作《壬寅二月祥符河复，仍由河干遣戍伊犁，蒲城相国涕泣为别，愧无以慰其意，呈诗二首》。王鼎与林则徐在河干哭泣作别时的情景，至今依然很感动人心。

林则徐听到王鼎尸谏身亡的消息，悲痛不已，写了《哭故相王文恪公》诗两首，其中一首有"伤心知己千行泪，洒向平沙大幕风"之句。后来，林则徐被召还北京时，绕路专程到了蒲城，拜访王鼎的故居，又到王氏坟茔致祭王鼎。林则徐出任陕西巡抚时，更有为王鼎"守心丧"三个月之举。林则徐对王鼎思念深远、不忘旧恩,固然可敬,其中也折射出王鼎以真心待人所得到的回报。两位名臣的"忘年交",奠定基础的当然是王鼎。

三、结语:王鼎"死谏"的价值
　　　　应该确认为"刚正"

我前面用"官场异数"的说法,表达了对王鼎的敬意。不仅是在晚清,即便是置于整个中国历史的大局中做比较和评价,王鼎都有独特的光彩,实在是很罕见的人物。他"很全面",我们不妨简单评述如下:他的学术功底很深厚,曾经得到王杰和嘉庆皇帝的赏识;他推重志节,一生以清廉自律,私德无憾;他正直立朝,面斥奸佞,直言进谏,不惧得罪权贵和皇帝;他有很强的应对危难之局的能力,曾经有改革盐政、平反冤狱,治理河患等重大政绩——有其中一项,就足以称得上是"能吏"!如果我们要设问:王鼎名垂青史最重要的原因是什么?我的答案是:"死谏"!我还有一种信念:这个答案会是很多人的选择,也会是历史定评。

"死谏"也叫"尸谏",是古代臣子对于君王的最激切的进谏方式。成书于汉代的《韩诗外传》

卷七，有一段古代读书人很熟悉的论断："正直者，顺道而行，顺理而言，公平无私，不为安肆志，不为危激行。"其下讲到了对卫国大夫史鱼的评价："生以身谏，死以尸谏，可谓直矣。"显而易见，"死谏"是把自己的生命先"捐"了出去，至于君王是否采纳其谏言，还在未可知之列。因为"代价"太过沉重，所以，历史上"死谏"的大臣实在不多，敢用这种方式（迹近以自身生命为代价而"胁迫"君王）要求君王采纳其建议，当然是刚正忠直之臣。王鼎接受过儒学的系统教育，《韩诗外传》对于"死谏"的推重，定然是耳熟能详。他选择"死谏"，就是要做刚正忠臣的典范。

我们要纪念王鼎忧国忧民的光辉形象，弘扬其浩然正气，就应该从刚正不阿、视死如归的角度，做认真体悟，向深处发掘。

至此，话题再回归开篇处的文章立意：渭南市纪委在王鼎纪念馆挂牌，标识为"廉政教育基地"，是否准确地抓住了王鼎形象和精神的要义？我以为未必。王鼎的一生，固然是以清廉自律，说他是"清官廉吏"没有疑义。但是，对王鼎的推尊和宣传，如果仅仅到"清廉"这个层次，不是对王鼎的推奖而是一种贬低。因为历史上的"清官廉吏"，不论在哪个朝代,总有一批人可以无愧此称,但是,刚正不阿到了可以"死谏"捐躯的程度,实在是少之又少!许多人可以做"清官",却不敢做说真话的进谏之臣,更不敢"死谏"!更何况,对某个历史人物的推崇和宣传,对其精神的弘扬,往往意味着现实中的缺失,以"清廉"和"刚正"为两个选择的标准,来对照现实的社会,哪一个更为关键和急需?有王鼎这样的楷模在,就该把"刚正不阿"精神作为重要的精神财富加以发掘、继承和弘扬。

身在官场,能够清廉自守,已经很不容易,人们习惯于歌颂"清官"自然有其道理;但是,与之相比,毅然"死谏"捐躯,更是难上加难!何时在王鼎纪念馆中,高悬"刚正不阿教育基地"的标志,吏治政风建设才有望进入一个新的高度和境界——我如此看,也秉执着这样的希冀,甚至是祈祷。

· 后记 ·

2018年,陕西和山西两省先后开通了沿黄公路,这是现代筑路技术改变物质世界的结果,引起了全社会的极大关注。随之黄河历史文化的专题进入我们的视野,"黄河儿女""黄河是中华文明的摇篮",与黄河相关的一系列文化专题浮现眼前,进而有了编辑出版"黄河岸边的中国"丛书的项目设想。按照项目论证的结果,我们便开始了选题的组织实施。根据专家的兴趣关注,黄河考察作为书稿编撰的基础工作,现实感、真切感是文化阐释和文明解读的问题意识的根源,出版社的组织、编辑的亲为,同样是编好书的前提。黄河中游主体在陕西山西两省交界,故而晋陕两岸的历史人文成为项目考察的第一步。

由西安出发,2018年春到2022年春,五年之内先后组织了5次考察,一月有余,考察组与母亲河并行,了解黄河母亲的真切姿容,作为旅游观光这是最具吸引力的项目,但我们关注的焦点除自然地理外,更重要的在沿岸及其流域的历史人文，以及其何以影响和构成黄河文明，这是一种历史责任和文化使命，需要考察者以考证和思考提出见识，这无疑需要一番考察之后的沉潜研究，这是项目实施缓滞的主要原因。当然从项目即将成书的内容看，成果是丰硕的，首先搞清楚了晋陕黄河两岸的历史遗存，有考古实际与文献比较结合的考证，有历史与人文的主题发掘，更有文明与神文联系的通俗解读，文字撰写者角度不同，方法各异，文化与文明亮点迭出，思想厚度与深度兼具。

现在呈现给读者的是"出入龙门"结果，5次考察中，有3次集中在晋陕黄河右岸，每次都经由韩城龙门，这也成就了《出入龙门——晋陕黄河右岸的历史与人文》一书，3次考察先后得到了陕西潼关、华阴、大荔、合阳、韩城、宜川、延川、清涧、吴堡、佳县、府谷、神木、黄陵和白水等市县党政有关部门及企业的大力支持。桂维民理事长主持的中国西部发展研究中心是本项目的重要合作单位，正是得益于该中心的大力支持，项目的考察工作才得以顺利展开。在此向给予本书编写考察提供帮助的上述沿黄各市县和桂维民理事长及其主持的中国西部发展研究中心，表示诚挚的谢意！

在沿黄考察基础上,编写出版"黄河岸边的中国丛书"是一项有开拓意义的工作,沿黄考察需要观照的系统性要素十分庞杂,我们虽将其简化为历史人文也难以穷尽罗列,文化与文明的深层意蕴发掘和解读还只是初步的,如其编写工作还有诸多需要完善,书中的错漏及未能尽善之处,请读者批评并指正。

编　者

2023 年 6 月 18 日